KB000628

글을 잘 쓰고 싶은 당신에게

글을 잘 쓰고 싶은 당신에게

글쓰기 5대 목표

*

홍성욱 지음

좋은생각

일러두기

1. 단행본과 단행본 시리즈에는 겹낫표(『』), 단편, 논문, 칼럼, 기사에는 홑낫표(「」), 간행물, 영화, 방송 프로그램은 홑화살괄호(〈〉)를 사용했습니다.
2. 본문에 실린 예문은 모두 필자의 동의를 얻어 인용했으며, 글쓰기 사례로 활용되었기에 별도의 편집 없이 원문 그대로 실었습니다.

필자가 이 책을 쓰게 된 첫 계기는 20여 년 전 일이라고 해야 할 것 같다. 그때 이화여대에서 한 첫 대학 강의 순간을 지금까지 잊지 못한다. 3시간짜리 일회성 특강이었다. 강의실에 온 학생 60여 명 전원이 필자의 말을 한마디도 놓치지 않으려고 단 한순간도 한눈팔지 않았다. 과장이 아니다. 수강생들의 시선이 수업 시간 내내 필자에게 꽂혀 있었다. 학창 생활을 21년 했지만, 학생들이 수업에 그렇게 몰두하는 광경을 보지 못했다.

얼마나 간절하면 그랬을까. 아무리 필요한 수업이라고 해도 수업 내내 집중력을 유지하긴 쉽지 않다. 필자가 해외 유학을 다녀오고 대학원 박사과정까지 마칠 정도로 학업에 관심이 있었지만, 그러지 못했다. 은사님들께는 죄송한 일이지만, 때로는 딴생각을 하기도 하고, 졸음을 참기 어렵기도 했다. 수업 전날 잠을 충분히 자지 못했거나 식사하고 나서 식곤증이 나타날 때는 특히 그랬다.

'현직 기자의 글 쓰는 법' 이야기에 불과한 이 특강에 학생들이 그 정도로 집중한 것은 글을 잘 쓰고 싶다는 생각이 그만큼 간절했기 때문이다. 그 간절함이 얼마나 큰지, 그 간절함 속에 얼마나 큰 고민과 답답함이 깔려 있는지 잘 안다. 안타까운 일이다. 이때는 주말도 없이 바쁘게 근무해야 했던 시절이라 정규수업을 맡으라는 이화여대 교수의 권유를 받아들이지 못했지만, 언젠가 형편이 되면 글 때문에 고심하는 학생들에게 실질적인 도움을 줘야겠나는 다짐을 가슴 깊이 새겨뒀다.

그날 바로 책을 써야겠다고 생각한 것은 아니다. 그러나 이 일이 없었다면 학생들에게 글쓰기 지도를 할 생각도, 그 경험을 바탕으로 이 책을 쓰는 일도 없었을 듯하다. 필자는 이 특강을 잊지 않고 있다가 주 5일 근무제가 도입된 직후부터 매주 토요일을 활용해 17년째 서울여대 학생들에게 글쓰기를 가르치고 있다. 윤세영 저널리즘 스쿨에서는 퇴근 후의 시간을 활용해 매주 2~3회씩 8년 동안 글쓰기를 가르쳐왔다.

필자는 비슷한 경험을 해서 학생들의 심정을 헤아릴 수 있다. 기자가 되려는 마음에 저널리즘 학과로 진학했지만, 어떻게 해야 꿈을 이룰 수 있는지 알 길이 없었다. 그런 방법을 가르쳐주는 분이 학교 안에 없었다. 언론사 수습기자 공채 논술시험을 통과하려면 글을 잘 써야 한다는데, 지도해주실 분을 구할 형편이 되지 못했고, 찾을 수도 없었다. 언론사 입사 후에도 마찬가지였다. 기사를 잘 쓰고 싶은 마음이 누구 못지않게 강했지만, 해결 방법을 알 수 없었다. 선배들은 기사가 나쁠 때 나무라기만 했지, 어떻게 해야 잘 쓸 수 있는지 가르쳐주지 않았다. 스스로 연구해 해법을 찾을 때까지 꽤 오랜 기간 어려움을 겪었다.

서울여대나 윤세영 저널리즘 스쿨에서 만난 학생들은 누구나 똑같은 고민을 안고 있었다. 글을 잘 쓰지 못한다고, 글 실력이 부족하다고 생각하지만 왜 그런지, 문제를 해결하려면 어떻게 해야 하는지 몰라 답답해했다. 학생 중에는 이 문제를 해결하려고 멀리 수원 광교 신도시, 인천 청라 신도시, 심지어 춘천에서 통학하는 학생도 있었다. 광교에서 서울여대가 있는 태릉까지는 편도로만 45km, 청라 신도시에서 태릉까지는 50km, 춘천에서 윤세영 저널리즘 스쿨까지는 100km가 넘는다. 이 먼 거리를 통학하면서도 학생들은 지각이나 결석을 한 번도 하지 않았다.

학생들을 생각하면 마음이 짠하다. 학생들이 내색하진 않았지만 얼마나 고단했을까. 필자가 기자 생활과 연구 과정을 통해 터득한 글쓰기 방법을 학생들에게 잘 전해줘야겠다고 생각한 배경이다. 학생들이 꿈을 이룰 수 있는 토대를 마련해줘야겠다고 굳게 마음먹은 이유, 학생들에게 실질적인 도움을 주기 위해 소규모 강의, 첨삭 지도 위주의 강의를 고집해온 이유이기도 하다. 다행히 학생들은 중도 포기 학생을 빼고는 거의 모두 목표를 이뤘다. 글 실력도 늘었고, 무엇보다 언론인이 되고자 하는 꿈을 실현했다.

이 책은 월간지 〈좋은생각〉을 창간해 우리나라 대표 잡지로 키운 정용철 대표님의 권유로 쓰기 시작했다. 필자는 그동안 책을 낸 적이 없다. 편저는 있지만 단독 출간은 이번이 처음이다. 그동안 권유가 몇 번 있었지만, 쓰려고 하지 않았다. 글쓰기 책이 이미 많아 굳이 또 낼 필요가 없다고 생각했기 때문이다. 그러나 정용철 대표님의 죽비竹篦를 내려치는 듯한 말씀에 마음을 바꿨다. 정용철 내표님은 "당신이 아는 글쓰기 지식이 온전히 당신 것이냐. 당신도 사회로부터 받은 것이 아니냐. 되돌려줘야 하지 않느냐"며 필자를 일깨우셨다.

이 책은 지난 17년간 학생들에게 가르쳐온 내용이 토대다. 글을 더 잘 쓰려면, 글 실력을 키우려면 꼭 유념해야 할 점을 정리했다. 독자들이 잘 이해할 수 있도록 학생들의 연습 글을 예로 들어 첨삭 지도를 하듯이 최대한 구체적으로 설명했다. 예문으로는 논술과 작문, 자기소개서처럼 취업준비생에게 필요한 종류의 글을 주로 선택했다.

언론사 입사 준비생들의 연습 글이다 보니, 시사 현안에 관한 내용이 많다. 이런 이유로 이 책을 언론사 입사 준비용으로만 볼 수도 있다. 그러나 이 책은 논술이나 작문, 자기소개서 잘 쓰는 법보다는 글을 잘 쓰는 기본 요령, 글 실력을 실질적으로 키울 수 있는 중요 원칙을 설명한 책이다. 어떤 성격의 글이든 글을 잘 쓰는 기본 요령이나 원칙은 같다.

글을 좋게 만들거나 나쁘게 만드는 요인은 다양하다. 그러나 그 요인이 글의 인상에 영향을 미치는 정도, 다시 말해 글이 좋게 느껴지거나 나쁘게 느껴지도록 만드는 정도는 서로 다르다. 글의 인상을 좌지우지할 정도로 영향을 크게 미치는 요인이 있는가 하면, 일반 독자는 여간해서 알아차리지 못하는 요인도 있다. 글을 잘 쓰려면 우선 글의 인상을 크게 바꾸는 결정적인 요인이 무엇인지 잘 알아야 한다. 그런 요인들을 내버려둔 채 글의 내용 일부를 바꾸거나 오탈자, 토씨, 표현 일부를 바꾼다고 해서 글이 크게 좋아지지 않는다.

이 책은 글의 인상을 결정적으로 좌우하는 중요 요인 다섯 가지를 예시를 통해 설명하고, 글을 쓸 때 이런 요인들이 잘 갖춰지도록 하려면 어떻게 해야 하는지 전하려고 했다. 평소 글을 쓸 때 이런 요인을 갖추려고 꾸준히 노력하면 글이 이전보다 좋아지고 글 실력도 기대 이상으로 는다. 필자의 수업을 들었던 학생들 역시 다 이런 과정을 거쳐 글 실력이 늘었다. 국내 최고 권위의 논술대회나 기사 공모전에서 대상이나 최우수상을 탄 학생도 여럿이고, 언론사 입사의 꿈을 이룬 학생도 150명이나 된다.

이 책은 탈고 전에 잠재 독자들을 대상으로 검증하는 과정

을 거쳤다. 언론사 입사 준비생이나 일반 대학생, 학교 독서 지
도교사, 일반인 등 34인에게 초고에 대한 의견을 묻고, 그 결과
를 최대한 반영해 원고를 고쳤다. 독자분들께 더 도움이 되게 하
려는 노력의 하나였다.

이런 점들을 생각하면, 이 책은 필자 혼자 만든 것이 아니다.
우선 이 책에는 제자들의 연습 글이 많이 들어가 있다. 대부분은
지금 현직으로 활동 중인 기자들이다. 언론사 입사 준비 시절에
훈련 목적으로 쓴 것이라 하더라도 불완전한 글을 책에 실어 공
개하는 것이 심적으로 불편할 수 있다. 그러나 글쓰기나 글 실력
키우기가 어려운 분들의 고민을 덜어주자는 책 출간 취지에 동
참하는 뜻에서, 다들 자신의 글을 예문으로 활용할 수 있도록 흔
쾌히 동의해줬다. 참 감사한 일이다.

윤세영 저널리즘 스쿨의 이재경, 송상근 두 교수님은 필자
가 집필에 앞서 꼭 읽어둬야 할 책 두 권을 권해주시고 만날 때
마다 귀담아들어야 할 조언을 해주셨다. 『On Writing Well』,
『The Elements Of Style』이라는 책이다. 『On Writing Well』은 미
국에서 논픽션 글쓰기의 고전으로 불리며, 100만 부 이상 판매
됐다고 한다. 『The Elements Of Style』 역시 영어권에서는 영작
바이블로 불린다는 유명한 책이다. 필자의 책과 성격이나 결이
달라 그 내용을 인용하지는 않았지만, 영감을 얻을 수 있었다.
두 분 교수님께 감사드린다.

출간 전 독자 검증에 참여해 긴 초고를 꼼꼼히 읽고 조언해주신 잠재 독자 서른네 분의 조언은 책을 개선하는 데 많은 도움이 됐다. 독자가 필요로 하는 것, 독자가 원하는 것을 필자가 놓치지 않게 주의하도록 해주셨다. 아무 대가도 받지 않고 이 책 출간에 힘을 보태주신 데 감사드리고 싶다.

원고의 문제점을 일일이 찾아내어 개선하느라 오랜 시간 수고한 김세나 에디터와 강로사 작가, 기획에서부터 출판에 이르기까지 귀중한 조언을 아끼지 않은 BC에이전시 홍순철 대표님께도 감사의 말씀을 드린다. 특히 월간지 〈좋은생각〉 정용철 대표님의 따뜻한 애정과 각별한 관심을 잊을 수 없을 것 같다. 머뭇거리는 필자가 집필을 결심하도록 2년간이나 권유와 독려를 해주셨다. 다시 한번 진심으로 감사드린다.

— 2022년 겨울, 북한산 서재에서

목차

제1장

효과적인 훈련의 중요성

글은 무작정 쓰기만 해서는 여간해서 늘지 않는다. 쓰지 않는 것보다야 낫겠지만, 만족할만한 결과가 나오는 경우가 드물다. 잘못된 방법으로 계속 쓰면 글 습관이 나쁘게 들어 글쓰기 실력을 키우기가 어려워질 수도 있다. 세상 모든 일이 다 그렇듯이, 글쓰기 실력을 키우려는 노력도 효과적이고 체계적이어야 한다. 그냥 노력만 할 것이 아니라 노력을 제대로 해야 효과를 볼 수 있다. 21년간 기자로 일하면서 많은 글을 쓰고, 17년간 대학에서 학생들에게 글쓰기를 가르치면서 도달한 결론이다.

지금 글을 가르치고 있는 제자 중 대학 학보사 편집국장 출신이 있다. 필자의 글 훈련 수업을 수강하기 이전인 2016년에는 제8회 〈시사IN〉 대학기자상 대상을 타기도 했고, 〈시사저널〉에서 두 달간 인턴 활동까지 했으며, 200쪽 분량의 책을 펴낸 적도 있다. 학보사에서 학생기자로 일한 기간이 2년 6개월이나 됐다. 고등학교 1학년 때부터 기자가 되는 꿈을 키웠다고 하니, 보통의 대학생보다는 어떻게 하면 글을 더 잘 쓸 수 있을지 고민도 많이 하고 글도 많이 썼을 것이다. 글을 꽤 잘 쓸 법했다. 그러나 이 학생이 작년에 필자의 글쓰기 수업에서 첫 과제로 쓴 글은 다른 수강생들의 글보다 낮지 않았다.

첫 과제는 '기자가 되려고 하는 이유를 1주일 이내에 글로 쓰는 것'이었다. 분량은 10포인트 글자체로 A4 1장, 목표는 기자 지망생이 된 이유를 독자들이 정확히 알고 잘 납득하도록 쓰는 것이었다. 어떤 내용, 어떤 형식으로 쓰든 상관없었다. 글을 읽고 났을 때 독자가 '아, 그래서 기자가 되려고 하는구나! 그럴만 하겠네' 이런 생각이 들도록 하면 되는 것이었다.

과제의 난이도는 이 학생 정도의 글쓰기 경험 소유자라면 그리 높지 않을 것 같았다. 기자 지망 이유는 글을 쓰는 본인이 다 아는 이야기니까 과제의 목표를 어렵지 않게 달성할 수 있으리라 기대했다. 그러나 결과는 달랐다. 1주일 뒤 학생이 제출한 글은 기자가 되려고 할만하다는 생각까지 들지 않았다. 다음은 학생이 썼던 글이다. 찬찬히 읽고 왜 그런지 살펴보자.

첫 번째 글

기자가 되려는 이유

❶ "그것이 나의 일이었고 나는 나의 일을 한 것뿐이에요." 영화 〈더 리더〉의 주인공 한나는 나치 전범 재판에서 이렇게 말한다. 나치 정권하 유대인 수용소의 교도관이었던 그는 수용소에 화재가 발생했음에도 수감자

들을 끝내 풀어주지 않아 그들을 몰살했다.

❷ 영화 속 이야기일까. 독일 나치 친위대 장교였던 아돌프 아이히만은 1961년 법정에서 유대인을 학살한 죄를 인정하느냐는 판사의 물음에 "저는 잘못이 없습니다. 월급을 받으면서도 주어진 일을 열심히 하지 않았다면 양심의 가책을 받았을 것입니다"라고 답했다. 수많은 나치 독일 국민들도 죄책감 없이 유대인 학살에 기여했음은 매한가지다. 무엇이 당시 독일 국민들을 죄책감 없이 끔찍한 일에 가담하게 했을까?

❸ 나치, 파시스트 이탈리아, 군국주의 일본, 북한과 같은 독재정권에는 공통점이 있다. 언론 통제와 진실의 부재不在다. 눈과 귀를 빼앗긴 시민들은 그들이 살고 있는 사회를 성찰할 겨를이 없다. 권력이 만들어놓은 구조에 순응하며 먹고 살길을 찾기 급급하다. 그렇게 평범한 사람들은 불합리한 구조를 공고히 하는 데 '성실하게' 기여한다.

❹ 독재정권의 하나같은 언론 통제 전략은 올바른 언론의 필요성을 역설한다. 시민들이 올바른 선택을 하기 위해선 사회구조에 대한 성찰이 필요하다. 먹고살기 바쁜 사람들을 위해 이 일을 하는 것이 기자다. 당연시되어 오는 관행과 절차에 '왜'라는 질문을 던지고 질문에 대한 답을 공중에게 전달하는 기자의 역할은 어느 사회에서든 필수불가결하다.

❺ 대학이라는 작은 사회에서도 마찬가지다. 2년 반 동안 학보사 기자로 활동하며 학점과 스펙, 수많은 경쟁에 치여 부당한 일을 당해도 참고 넘어갈 수밖에 없는 대학생들을 마주했다. 학비를 부담하기 위해 국가근로기관에서 미리 합의되지 않은 '청소'를 주 업무로 하면서 근로 내역에는 '데스크 업무', '교구 제작'이라고 쓰라고 강요당하는 근로장학생들, 교내 장학금을 받기 위해 자신을 최대한 가난하게 포장하며 수치심을 느끼는 학

생들. 이들의 이야기를 듣고 '이 상황이 정당한가' 하는 질문을 던지며 공론의 장을 여는 것, 기자로서 하는 일에 사명감을 느꼈다.

❻ 혹자는 '기자만 할 수 있는 일일까?'라는 질문을 던진다. 누구나 정보를 생산하고 전달하는 뉴미디어의 시대가 도래하면서다. 그러나 기자의 역할은 여전히 대체 불가하다. 공공의 이익을 위한 진실 보도를 최우선의 가치로 두는 직업은 기자뿐이기 때문이다. 언론이 정치권력과 경제시스템에 무릎을 꿇었다지만 진실을 좇는 기자들은 건재하다. 박근혜 정부 국정농단의 실체를 알린 JTBC의 '태블릿PC' 보도는 사람들을 광장으로 모이게 만들었다. 'n번방'을 끈질기게 취재해 우리 사회의 사이버 성착취 범죄를 공론화한 기자들도 있었다. 모두가 한국의 '언택트Untact 소비문화'에 자부심을 느낄 때 기자들은 그늘에 가려진 택배기사들의 삶을 조명했다.

❼ '언론의 위기' 속 저널리즘은 오히려 정도正道를 걸어갈 기회를 얻었다. 정보의 홍수 속에서 진실에 대한 갈증을 느끼는 시민들의 욕구를 충족시키는 게 오늘날의 기자가 추구해야 할 가치다. 시민의 눈과 귀가 되는 일, 당연한 것에 의문을 품는 일, 시민의 갈증을 충족하는 일에 기여하고 싶다.

❽ 이미 한 번 기자의 역할이 무엇인지 경험했다. 기사를 통해 고발된 기관의 책임자가 "명예훼손으로 고소하겠다"는 협박 전화를 걸었을 때 진실을 추구하려는 신념을 굽히지 않았다. 기사를 쓰자 대학이라는 작은 사회가 변화하는 모습을 지켜봤다. 기자 본연의 역할이 무엇인지 끊임없이 고민하자 학교와 학생들이 귀를 기울였다. 신념을 굽히지 않고 진실을 전해 변화를 만들어내는 기자, 앞으로 내가 가야 할 유일한 길이다.

이 글은 학생이 오랜 시간 많이 고민하고, 공을 들여 열심히 쓴 글이다. 글을 쓸 때 이 정도로 고심하는 학생이 일반 대학생 중에는 그렇게 많지 않다. 영화 〈더 리더〉나 독일 전범 아돌프 아이히만, 기자의 사회적 역할, 뉴미디어 시대 이야기를 글에 담은 것을 보면 그렇다. 이런 이야기를 글에 담으려면 생각도 많이 하고 자료 조사도 성실히 해야 한다. 잘 쓰려는 의지와 정성, 노력이 필요하다.

그러나 이런 이야기는 독자에게 학생의 기자 지망 이유를 납득시키는 데 도움이 되지 않는다. 기자가 되겠다는 것과 별 상관이 없기 때문이다. 특히 영화 〈더 리더〉 이야기는 더 그렇다. 주인공 한나가 유대인 수용소 화재 때 수용자들을 풀어주지 않아 수용자들이 모두 숨졌다는 이야기를 왜 꺼냈는지, 그 이야기가 제자의 기자 지망 이유와 어떤 관련이 있는지 독자가 알 길이 없다.

제자의 기자 지망 이유를 짐작할만한 내용이 글에 없는 것은 아니다. 4~6단락에 관련 설명이 있다. 그러나 독자들이 제자의 기자 지망 이유를 확실히 납득할 정도로 충분하지는 않다. 그 이유를 따져보자.

4단락 마지막 문장을 보면 '잘못된 사회 관행에 의문을 제기하고 해법을 공중에게 전하는 일이 사회에 꼭 필요해서 기자가 되고 싶나 보다'라고 추측할 수 있다. 그러나 이런 의문이 남는다. '그렇다고 해서 꼭 기자가 돼야 하나? PD나 작가, 유튜버, 시

민단체 활동가, 학자, 사회문제 연구원이 돼도 그런 일을 할 수 있지 않을까?'

글 5단락도 비슷한 문제가 있다. 이 단락을 보면 제자는 대학 사회의 부조리를 보고 기자가 되어야겠다는 사명감을 느낀 듯하다. 그러나 왜 사명감이 들었는지 알 수 없다. 부조리에 불만이나 분노를 느끼는 데 그칠 수도 있고, 항의하거나 학생회를 통해 해결을 촉구할 수도 있는데, 굳이 왜 기자가 되겠다는 사명감까지 느꼈는지 아무런 설명이 없다.

이 단락 마지막 문장에 나오는 '부조리 상황이 정당한지 질문을 던지고 공론장을 여는 일'은 기자가 아니라도 할 수 있다. 대학이라면 학생회가 할 수도 있고, 사회라면 시민단체, 감사 기관, 국회, 정부 관련 기관이 할 수도 있다. 왜 하필 기자로서 그런 일을 하려는지 설명하지 않으면 제자의 기자 지망 이유를 수긍하지 못하는 독자가 있을 수 있다.

우리가 글을 쓰는 이유는 크게 두 가지다. 1차적으로 내 생각이 어떤지를 읽는 이에게 알리고, 궁극적으로 읽는 이가 그 글을 읽고 나와 같은 생각을 하도록 설득하려는 것이다. 즉, 내 생각을 전달하고 독자를 설득하거나 공감을 유발하는 게 글의 목적이다. 일기처럼 자기 혼자 읽는 글이 아니라 제3자가 읽는 글은 다 그렇다. 읽는 이가 글쓴이의 생각을 정확히 파악하고 잘 납득할수록 잘 쓴 글이다.

첫 과제는 제자가 글의 이 두 가지 목적을 얼마나 잘 달성할 수 있는지 알아보려는 것이었다. 수업 시간에 제자의 글을 읽은 수강생들은 제자가 왜 기자가 되려고 하는지 알 수 있었으니까 이 글을 쓴 1차 목적, 즉 자기 생각을 전달하는 목적은 달성했다고 할 수 있다. 그러나 수강생들이 그 이유를 온전하게 납득하지는 못했으니까 글의 궁극적 목적, 즉 설득하기 목적은 달성하지 못한 셈이다. 제자는 수업 시간에 이런 비평을 들은 뒤 1주일 동안 글을 새로 써서 제출했지만, 여전히 기자 지망 이유를 읽는 이에게 납득시키지 못한 것이다. 글을 어떻게 써야 효과적인지 몰랐던 것이 근본적인 원인이었다.

그러나 제자가 이로부터 50주 뒤 똑같은 주제로 다시 쓴 글은 결과가 완전히 달랐다. 다음은 효과적으로 글을 쓰는 요령을 배우고 연습을 반복한 뒤에 쓴 글이다. 이 글을 읽은 다른 수강생들은 모두 '기자가 되고 싶을 만하다'라는 반응을 보였다. 읽어보고 이전 글과 비교해보라.

두 번째 글(글 훈련 후 다시 쓴 글)

기자가 되려는 이유

좋아하는 일에 몰입할 때면 자기 자신조차 잊는 상태가 된다. 이때 사람은 가장 큰 행복을 얻는다. 미국 시카고대 미하이 칙센트미하이 심리학 교수는 이런 상태를 '플로우flow'라고 명명했다. 자신이 몰입할 수 있는 일을 직업으로 갖는다면 어떨까. 자기 효능감과 높은 성취감을 느끼고 직업적으로 성공할 가능성도 커질 것이다. 나는 인생에서 딱 한 번 잊을 수 없는 플로우 상태를 경험한 적이 있다. 학보사에서 2년 반 동안 기자로 일할 때다. 기자가 되어야겠다고 결심한 순간이다.

온전히 몰입하는 상태가 되면 피곤도 잊는다. 수업이 끝나고 다른 학생들이 집으로 돌아갈 시간이 학보사 기자들에겐 출근 시간이다. 학교 문이 잠길 때까지 회의를 하고, 2주에 한 번씩은 밤을 새우며 기사를 썼다. 총학생회 선거 결과를 보도하느라 이틀 밤을 꼬박 새운 적도 있다. 그래도 즐거웠다. 내가 쓴 기사가 담긴 신문을 이른 아침 학생들에게 나눠줄 때 느끼는 뿌듯함은 피곤함을 잊게 했다. 통학 시간에도 어떤 기사를 쓸지 고민하고 해외여행을 하던 중에도 카톡으로 회의를 했다. 동기 8명중 나를 제외한 7명이 너무 힘들다며 퇴사했을 때도 혼자 학보사에 남았다. 학보사 기자 일만큼 즐길 수 있는 일이 없다고 판단했기 때문이다. 내 인생에서 단연코 가장 강렬했던 경험이라고 말할 수 있다.

몰입은 성과로 이어졌다. "20대, 가난을 팝니다"라는 기사로 시사인 대학기자상 대상을 수상했다. 아이템 회의에서 장학금을 받기 위해 가난을 증명해야 하는 학생들의 이야기를 꺼냈다. 장학금을 받으려면 300자 이상 800자 이내로 신청 사유를 작성해야 하는데, 집안 사정을 구구절절 읊으며 수치심을 느낀다는 이야기다. 평소에 대학가 사안에 귀 기울이며 알게 된 사연이었다. 이 사연을 중심으로 기사를 작성했고 심사위원들에게 구조적인 문제를 잘 짚어냈다는 평가를 받았다.

뉴스통신진흥회 탐사 취재물 공모전에서 최우수상을 탔을 때도 마찬가지다. 몰입할 땐 물불 가리지 않고 뛰어드는 추진력이 생긴다. 증가하고 있는 아파트 정전의 근본적인 원인과 해결책을 다룬 기사 "노후 아파트는 '정전'과의 전쟁 중"이라는 기사를 쓰기 위해 취재를 할 때다. 인터뷰를 거절하는 아파트 관리인에게 답을 얻기 위해 문에 발을 끼워 넣으며 질문하고, 입주민 회의가 끝날 때까지 5시간 동안 '뻗치기'를 감행했다. 그 결과 동 대표들과의 인터뷰를 성사시키고 일반인 출입이 금지된 아파트 전기실까지 볼 수 있었다. 노력 끝에 정보를 얻었을 때의 쾌감은 다른 어떤 기쁨과도 견줄 수 없다. 그 맛을 알고 나니 '기자가 아니면 안 된다'는 확신이 생겼다.

정신이 한곳에 온통 쏠려 스스로를 잊고 있는 경지를 불교에선 무아지경無我之境이라고 한다. 기자가 되어 나 자신조차 잊을 정도로 몰입하는 상태의 즐거움을 다시 한번 맛보고 싶다. 최고의 성과를 이룰 수 있는 일을 하고 싶다. 그래서 기자다.

이 학생은 필자의 글 훈련 수업 합류 이후 50주 동안 모두 14편의 연습 글을 썼다. 논술 12편과 작문 2편이다. A4 종이 1장 분량의 짧은 글들이다. 제자가 수업받기 전에 쓴 글보다 훨씬 적은 양이다. 그러나 글은 이전 사례에서 보듯이 더 효과적으로 변했다. 2021년 제4회 뉴스통신진흥회 기사공모전에서도 최우수상을 받아 학생이 동료들과 함께 쓴 기사가 공모전 출품작 중에서 유일하게 〈연합뉴스〉에 실리기도 했다. 이 상은 학생이 수업 합류 전에 받았던 〈시사IN〉 대학기자상보다 더 크고 권위 있는 상이다. 효과적이고 체계적으로 노력하는 것이 얼마나 중요한지 시사하는 단적인 예다.

이 학생과 정반대 사례도 있다. 필자의 제자 중에는 글 쓰는 것은 서툴렀지만 실력이 현저하게 늘어 자신의 오랜 꿈을 이룬 학생도 있다. 그는 현재 〈연합뉴스〉의 해외특파원으로 활약하고 있다. 그런데 이 제자는 대학수학능력시험에서 언어영역이 5등급이었다. 외국에서 초등학교에 다닌 후 중학교 시절부터 국내에서 거주한 탓에, 영어 성적은 최상위권이었지만 국어 성적은 좋지 않은 편이었다고 한다. 언어 발달기를 외국에서 지내 한국어가 또래보다 서투니 글을 잘 쓸 수 없었다. 이 제자가 나와 함께 막 훈련을 시작할 무렵에 쓴 다음 글은 당시 수강생 글 중 가장 좋지 않았다. 어땠는지 한번 읽어보자.

나목은 절망의 상징이 아니다

❶ 찬 바람이 뼛속까지 파고드는 추운 겨울이다. 짐승들은 겨울나기에 들어갔고, 여름철 내 귓가에서 맴돌던 모기떼도 언제 그랬냐는 듯 사라진 지 오래다. 사람들의 어깨도 추위에 잔뜩 움츠러들었다. 활동을 멈춘 것은 비단 이 뿐만이 아니다. 봄, 여름 화려한 자태를 자랑하던 나무도 이파리 하나 없는 앙상한 나목으로 겨울을 난다. 한파라도 몰아치는 날엔 행여나 가지가 부러지지 않을까 싶을 정도로 초라한 모습이다. 다른 생명체는 추우면 추울수록 더 껴입기 바쁜데, 왜 나목은 다 벌거벗고도 추위를 극복할 수 있을까?

❷ 나목이란 단어 자체에서도 알 수 있듯이, 나목은 벌거벗은 나무다. 여기서 분명 구분지어야 할 것은 '고목'과는 다르다는 것이다. 고목은 말

그대로 '죽은 나무'다. '나목'이 '고목'과 구분되는 점은 나목은 모습은 초라할지 몰라도, 분명 내일을 기약하고 있다는 점이다.

❸ 실제로 나목은 나무가 겨울 추위를 이겨내기 위해 잎이 떨어지고 대사활동이 거의 중지되면서 휴면에 들어간 상태를 말한다. 떨어진 잎에는 불필요한 노폐물이 포함되고 이것이 곧 낙엽으로 켜켜이 쌓여 마치 담요같은 역할을 하는 것이다. 땅 위의 모든 것들은 죽더라도 눈이나 흙 속의 뿌리만은 따뜻하게 보호해주는 것이다. 겨울이 지나고 봄이 오면 나목이 또 싹을 틔울 수 있는 이유다.

❹ 나목은 겉보기에는 앙상하기 짝이 없지만 분명 보이지 않는 곳에서 '새로운 날'을 준비하고 있다. 불교에서는 나목은 윤회의 상징이기도 하다. 얼핏 보면 상실 혹은 절망의 의미를 지니고 있지만 사실은 그 안에 또 다른 가능성, 즉 봄의 파릇파릇함을 지니고 있기 때문이다. 이혜인 수녀도 자작시 '나목 일기'에서 '나목은 의지의 뿌리'라고 묘사한 점도 마찬가지다. 지금은 아무 쓸모 없는 고목과 다름없어 보이지만 나목은 당장이 겨울의 황량함만 견뎌내면 풍성함이 기다리고 있다.

❺ 어쩌면 우리 인생사도 이와 같은 것이 아닌가 싶다. 더군다나 제2의 IMF로 불릴만큼 꽁꽁 얼어붙은 경제위기 속에서 하루하루 이 추위를 견뎌내기가 어려워 보이긴 하지만, 나목을 보며 삶의 지혜를 얻는 것은 어떨까? 이 겨울만 지나면 나목에게도 봄이 찾아오듯, 우리네 겨울도 언젠가는 끝날 것이라고 말이다.

이 글은 독자에게 희망을 심어줄 수 있는 좋은 주제를 담고 있지만, 잘못된 점이 적지 않다. 띄어쓰기 오류처럼 누구나 흔히 저지르는 잘못은 빼고 몇 가지만 짚어보자. 우선 글의 가장 기본적인 구성요소인 단어를 적절하게 사용하지 못했다. 독자가 오해하도록 사용했다. 밑줄 친 단어를 보자.

> 나목이란 단어 자체에서도 알 수 있듯이, 나목은 벌거벗은 나무다. 여기서 분명 구분 지어야할 것은 '고목'과는 다르다는 것이다. 고목은 말 그대로 '죽은 나무'다. '나목'이 '고목'과 구분되는 점은 나목은 모습은 초라할지 몰라도, 분명 내일을 기약하고 있다는 점이다.

글은 '고목'을 '죽은 나무'로 설명했다. 그러나 고목이라는 단어는 이 단어의 앞 글자 '고'가 어떤 한자인시에 따라 그 뜻이 다르다. 국립국어원의 표준국어대사전에서 찾아보면 고목이라는 단어가 7개나 나온다. 한자로 古木(옛 고, 나무 목)이라면 '여러 해 자라 더 크지 않을 정도로 오래된 나무'를 말하고, 한자로 高木(높을 고, 나무 목)이라면 '높이 자란 나무', 한자로 苦木(쓸 고, 나무 목)이라면 '소태나뭇과의 낙엽 활엽 소교목', 한자로 槁木(여윌 고, 나무 목)이라면 '마른 나무'를 뜻한다.

고목은 '죽은 나무'를 뜻하기도 한다. '시들 고枯'를 써서 한자로 '枯木'이라고 쓸 때다. 그러나 고목은 보통 '여러 해 자라 더 크지 않을 정도로 오래된 나무', 즉 '古木'이라는 뜻으로 가장 흔히 쓴다. 그래서 표준국어대사전에서도 고목의 7개 뜻풀이 중 '古木'에 해당하는 뜻풀이를 가장 먼저 하는 것이다. '죽은 나무'를 말하려고 했다면 고목 바로 옆에 적절한 한자를 함께 써줘야 한다.

원문	수정문
고목은 말 그대로 '죽은 나무'다	**고목**枯木은 말 그대로 '죽은 나무'다

그래야 고목 뜻을 '오래된 나무'로 아는 독자들이 혼란을 겪지 않는다. 더 좋은 방법은 독자들에게 익숙한 '고사목'이라는 단어를 쓰는 것이다. 한편 제자는 잘못된 정보를 글에 담기도 했다. 다시 첫 단락을 보자.

> 찬 바람이 뼛속까지 파고드는 추운 겨울이다. 짐승들은 겨울나기에 들어갔고, ❶여름철 내 귓가에서 맴돌던 모기떼도 언제 그랬냐는 듯 사라진 지 오래다. 사람들의 어깨도 추위에 잔뜩 움츠러들었다. 사람들의 어깨도 추위에 잔뜩 움츠러들었다. 활동을 멈춘 것은 비단 이 뿐만이 아니다. 봄, 여름 화려한 자태를 자랑하던 나무도 이파리 하나 없는 앙상한 나목으로 겨울을 난다. ❷한파라도 몰아치는 날엔 행여나 가지가 부러지지 않을까 싶을 정도로 초라한 모습이다. 다른 생명체는 추우면 추울수록 더 껴입기 바쁜데, 왜 나목은 다 벌거벗고도 추위를 극복할 수 있을까?

표현❶을 살펴보자. 모기는 집안에서 떼로 몰려다니지 않는다. 집안에서는 보통 한두 마리가 성가시게 할 뿐이다. 우리의 경험과 다른 잘못된 정보다. 표현❷도 마찬가지다. 한파는 '겨울철에 기온이 갑자기 크게 내려가는 현상'을 뜻한다. 바람이나 파도가 아니다. 찬 바람이 강하게 분다면 몰라도 한파는 아무리 강해도, 또 나뭇가지가 아무리 앙상해도 부러뜨릴 수 없다. 이 글에는 비문, 즉 어법에 맞지 않는 문장도 있다. 두 번째 단락을 다시 보자.

> 나목이란 단어 자체에서도 알 수 있듯이, 나목은 벌거벗은 나무다. ❸여기서 분명 구분 지어야 할 것은 '고목'과는 다르다는 것이다. 고목은 말 그대로 '죽은 나무'다. '나목'이 '고목'과 구분되는 점은 나목은 모습은 초라할지 몰라도, 분명 내일을 기약하고 있다는 점이다.

표현❸은 어법에 맞지 않는다. '구분 짓다'나 '구분하다' 같은 술어는 구분의 대상물과 함께 쓴다. 표준국어대사전의 예문 "읽을 책과 읽은 책을 구분하다"를 보라. 동사 '구분하다' 앞에 '읽을 책'과 '읽은 책'이라는 구분의 대상물이 나온다. 이 문장에서 '구분 지어야 할 것은'이라는 표현을 쓰려면 그 바로 뒤에 '다르다는 것이다' 대신 '나목과 고목이다'라는 표현을 써야 한다. '고목'이라는 단어도 앞서 지적한 대로 '고사목'으로 바꿔야 올바른 표현이다.

원문	여기서 분명 구분 지어야 할 것은 '고목'과는 다르다는 것이다
수정문	여기서 분명 구분 지어야 할 것은 나목과 고사목이다

A4 종이 1장 분량도 되지 않는 글에 문제가 이렇게 많다. 더 큰 문제는 글이 효과적이지 않다는 점이다. 그가 자기 생각을 정확히 전달하고 독자를 잘 설득해내려는 목적을 달성하려면, 나목이 절망의 상징이 아니라는 점을 독자가 납득하거나 공감하도록 하는 데 도움 되는 내용을 써야 한다. 그러나 이 글 도입부는 전혀 그렇지 않다. 도입부 전체를 삭제해도 별 지장이 없을 정도로 글의 주제와 직접적인 상관이 없다. 앞서 소개한 다른 학생의 '기자가 되고 싶은 이유' 글과 똑같은 문제가 있다.

그러나 이 제자는 글 훈련을 시작한 지 3년 7개월 만에 〈연합뉴스〉 수습기자 공채시험에 합격했고, 11년간 기자 생활을 성공적으로 해낸 뒤 회사 내 특파원 선발 경쟁까지 통과했다. 〈연합뉴스〉 수습기자 공채시험 합격은 그가 다니던 대학에서 개교 이래 50년 동안 처음 있는 일이었다.

위 두 제자만 그런 것이 아니다. 필자가 서울여대에서 가르친 17년 동안, 그리고 윤세영 저널리즘 스쿨에서 가르친 8년 동안 글쓰기 실력이 늘지 않은 학생은 1명도 없었다. 이 기간 동안 수강생 중 기자나 PD 공채시험 합격자가 150명이나 나왔다. 합격자가 수강생의 90%를 넘는다. 한국조사기자협회가 주최하는 대한민국 신문논술대회 2020년 대상 수상자와 2017년 대회 최우수, 우수, 장려상 수상자, 언론진흥재단이 개최한 2010년 제1회 신문논술대회 은상 수상자도 제자 중에서 나왔다. 전업 작가로 활동 중인 제자도 여러 명 있다.

글이 기대만큼 좋아지지 않는다면 내 노력이 과연 효과적이었는지 점검해보자. 필자의 제자들은 잘못된 글 습관을 바꾸고 글 훈련을 효과적이고 체계적으로 계속함으로써, 실력을 키우고 오래 꿈꿨던 직업을 얻었으며 인생을 바꿨다. 그렇다면 어떻게 해야 효과적으로 노력하는 것일까? 다음 장에서 살펴보자.

제2장

목표지향적인 글쓰기

활을 쏠 때 과녁을 잘못 겨누면 제아무리 명궁수라 하더라도 과녁을 명중시킬 수 없다. 글도 마찬가지다. 글을 쓰거나 글 훈련을 할 때 사전에 목표를 잘 세우고 그 목표를 달성하려고 노력해야, 즉 목표지향적으로 노력해야 좋은 글이 나오고 글 실력도 는다. 목표 없이 글을 쓰거나 글 훈련을 하는 것은 눈 감고 활을 쏘는 것과 마찬가지다. 필자는 학생들에게 이 말의 뜻을 정확하게 잘 이해시키기 위해 가시적으로 보여주는 방법을 고안해 봤다. 방법은 통했다. 목표지향적으로 글 쓰는 방법을 학생들이 잘 파악했고, 오래오래 기억했다.

방법은 이렇다. 반려견이 행복해한다는 것을 그림으로 정확히 알리고 잘 납득시키려면 어떻게 해야 하는지를 가시적으로 보여주는 것이다. 무엇이 필요할까? 우선 반려견의 외형을 그려야 한다. 반려견의 외형이 없으면 아무리 행복해 보이는 모습을 그림으로 잘 그려도 무엇이 행복해하는지, 다시 말해 행복해하는 대상이 사람인지, 반려견인지, 반려묘인지 보는 이들이 알아차릴 수 없다. 반려견의 머리와 귀, 몸통, 발 네 개, 꼬리를 반려견처럼 보이도록 그려야 한다. 주둥이의 수염까지 그리면 더 반려견처럼 보일 것이다.

눈이 특히 중요하다. 행복한 표정을 짓고 있는 것처럼 보이도록 그려야 한다. 두 눈은 가령 ^^ 이런 모양이나 ⌒⌒ 이런 모양이 좋다. 눈을 ― ― 이런 모양으로 그리면 '행복한 반려견'이 아니라 '무념무상에 빠진 반려견', 두 눈을 ＼／ 이런 모양으로 그리면 '화가 난 반려견'처럼 보일지도 모른다.

이를 보는 사람 중 반려견이 왜 행복해하는지 궁금한 이도 있을 수 있으니까 반려견 바로 앞에 아주 먹음직스러운 갈비를 1개쯤 그려놓을 필요도 있다. 요즘은 반려견의 먹이를 그릇에 담아주니까 갈비 밑에 그릇을 그려 넣을 수도 있고, 그릇이 허공에 떠 있을 수는 없으니까 그릇 밑이 땅바닥인지, 마루인지, 콘크리트 바닥인지 그림으로 분명히 해둘 수도 있다. 반려견의 집까지 그릴 수도 있다.

그러나 이 모든 것이 다 그림의 주제 '반려견이 행복해한다'를 정확히 알리고 잘 납득시키는 데 도움이 되는 것은 아니다. 오히려 방해되는 것도 있다. 그릇 밑의 바닥이 특히 그렇다. 바닥은 그림을 복잡하게 만들어 '반려견이 행복해한다'라는 주제가 뚜렷하게 드러나는 것을 막는다. 그리지 않아야 주제가 더 선명하게 부각되어 이 그림의 목적을 더 잘 달성할 수 있다. 반려견의 집도 그리지 않아야 주제가 더 잘 살아난다. 갈비를 담은 그릇이나 반려견 주둥이의 수염은 있어도 그만, 없어도 그만이다. 그려 넣는다고 해서 주제가 특별히 더 드러나지도 않고, 그리지 않는다고 해서 주제가 덜 드러나지도 않는다.

요컨대 그림을 보는 이들이 "아, 반려견이 행복해하는구나!" 하고 생각하도록 만들려면, 관련 있는 요소를 다 그릴 것이 아니라 목표 달성에 직접적으로 도움이 되는 요소만 그리는 것이 좋다. 반려견의 몸통이나 행복해하는 눈 모습, 먹음직스러운 갈비 같은 요소다. 그릇 밑의 바닥이나 반려견의 집처럼 도움이 되지 않는 요소는 뺀다. 이렇게 하는 것이 목표지향적인 것이다. 그렇다면 글의 경우는 어떻게 쓰는 것이 목표지향적일까? 앞서 소개한 제자의 글 「기자가 되려는 이유」 두 편을 예로 들어 알아보자.

결론부터 이야기하면, 그 제자가 글 훈련 수업에 들어와 처음 쓴 글은 목표지향적인 글이 아니다. 50주 동안 다른 주제의 연습 글 14편으로 훈련을 받고 다시 썼다는 글이 목표지향적인 글이다. 처음 쓴 글은 글의 목표를 잘 이루도록 할 내용이 거의 없다. 이 글의 목표는 기자 지망 이유를 독자가 잘 납득하도록 하는 것이었다. 이 목표를 이루려면 독자가 읽자마자 바로 기자가 되고 싶을 만하다고 생각되는 내용이 있어야 한다. 행복한 반려견 예시의 ^^ 또는 ^^ 같은 눈 모양을 보면 바로 '아, 반려견이 행복해하는구나!' 하고 생각하듯이 제자의 기자 지망 이유를 독자가 바로 납득할 수 있어야 한다. 첫 글에는 이런 내용이 없다.

글 첫 문장부터 이어지는 영화 〈더 리더〉의 한나 이야기나 독일 나치 친위대 장교 아이히만 이야기, 독재정권 이야기는 제자의 기자 지망 이유를 바로 납득시키지 못한다. 그 이야기와 제자가 기자가 되고 싶은 이유는 직접적인 상관이 없기 때문이다. 반려견 예시의 밥그릇 밑 바닥이나 반려견 집처럼 주제를 부각하는 데 오히려 방해되기도 한다.

제자의 기자 지망 이유를 짐작할만한 내용이 글에 아예 없는 것은 아니다. 4~6단락에 관련 설명이 있다. 그러나 이 설명 역시 앞서 지적한 대로 여러 의문이 남기 때문에 제자의 기자 지망 이유를 납득시키기 부족하다. 비유하자면 반려견의 눈을 ^^, ^^ 이렇게 그리지 않고, ^^ 이렇게 그린 것인지 ㅡㅡ 이렇게 그린 것인지, \ / 이렇게 그린 것인지 분명히 알 수 없게 그린 것이다.

반면 다시 썼다는 두 번째 글은 주제가 바로 납득될만한 내용이 들어 있다. 시카고 대 심리학 교수의 플로우flow 이야기나 기자 일을 할 때면 몰아지경에 빠진다는 이야기, 밤새 기사를 써도 힘든 줄 모르고 오히려 뿌듯한 감정이 든다는 이야기, 몰입할 수 있는 일을 해야 성취감도 느끼고 직업적으로 성공할 가능성이 크다는 이야기가 해당 주제를 뒷받침한다. 이런 이야기들은 읽자마자 바로 글쓴이가 기자가 되고 싶을 만하다고 생각하게 만든다. 두 편의 앞 부분만 다시 소개할 테니, 찬찬히 비교해가며 읽어보자.

"그것이 나의 일이었고 나는 나의 일을 한 것뿐이에요." 영화 더 리더의 주인공 한나는 나치 전범 재판에서 이렇게 말한다. 나치 정권 하 유대인 수용소의 교도관이었던 그는 수용소에 화재가 발생했음에도 수감자들을 끝내 풀어주지 않아 그들을 몰살했다.

영화 속 이야기일까. 독일 나치 친위대 장교였던 아돌프 아이히만은 1961년 법정에서 유대인을 학살한 죄를 인정하느냐는 판사의 물음에 "저는 잘못이 없습니다. 월급을 받으면서도 주어진 일을 열심히 하지 않았다면 양심의 가책을 받았을 것입니다"라고 답했다. 수많은 나치 독일 국민들도 죄책감 없이 유대인 학살에 기여했음은 매한가지다. 무엇이 당시 독일 국민들을 죄책감 없이 끔찍한 일에 가담하게 했을까?

나치, 파시스트 이탈리아, 군국주의 일본, 북한과 같은 독재정권에는 공통점이 있다. 언론 통제와 진실의 부재不在다. 눈과 귀를 빼앗긴 시민들은 그들이 살고 있는 사회를 성찰할 겨를이 없다. 권력이 만들어놓은 구조에 순응하며 먹고 살길을 찾기 급급하다. 그렇게 평범한 사람들은 불합리한 구조를 공고히 하는데 '성실하게' 기여한다.

독재정권의 하나같은 언론통제 전략은 올바른 언론의 필요성을 역설한다. 시민들이 올바른 선택을 하기 위해선 사회구조에 대한 성찰이 필요하다. 먹고 살기 바쁜 사람들을 위해 이 일을 하는 것이 기자다. 당연시되어오는 관행과 절차에 '왜'라는 질문을 던지고 질문에 대한 답을 공중에게 전달하는 기자의 역할은 어느 사회에서든 필수불가결하다. (후략)

좋아하는 일에 몰입할 때면 자기 자신조차 잊는 상태가 된다. 이때 사람은 가장 큰 행복을 얻는다. 미국 시카고대 미하이 칙센트미하이 심리학 교수는 이런 상태를 '플로우flow'라고 명명했다. 자신이 몰입할 수 있는 일을 직업으로 갖는다면 어떨까. 자기 효능감과 높은 성취감을 느끼고 직업적으로 성공할 가능성도 커질 것이다. 나는 인생에서 딱 한 번 잊을 수 없는 플로우 상태를 경험한 적이 있다. 학보사에서 2년 반 동안 기자로 일할 때다. 기자가 되어야겠다고 결심한 순간이다.

온전히 몰입하는 상태가 되면 피곤도 잊는다. 수업이 끝나고 다른 학생들이 집으로 돌아갈 시간이 학보사 기자들에겐 출근 시간이다. 학교 문이 잠길 때까지 회의를 하고, 2주에 한 번씩은 밤을 새우며 기사를 썼다. 총학생회 선거 결과를 보도하느라 이틀 밤을 꼬박 새운 적도 있다. 그래도 즐거웠다. 내가 쓴 기사가 담긴 신문을 이른 아침 학생들에게 나눠줄 때 느끼는 뿌듯함은 피곤함을 잊게 했다. 통학시간에도 어떤 기사를 쓸지 고민하고 해외여행을 하던 중에도 카톡으로 회의를 했다. 동기 8명 중 나를 제외한 7명이 너무 힘들다며 퇴사했을 때도 혼자 학보사에 남았다. 학보사 기자 일만큼 즐길 수 있는 일이 없다고 판단했기 때문이다. 내 인생에서 단연코 가장 강렬했던 경험이라고 말할 수 있다.

몰입은 성과로 이어졌다. "20대, 가난을 팝니다"라는 기사로 시사인 대학기자상 대상을 수상했다. 아이템 회의에서 장학금을 받기 위해 가난을 증명해야 하는 학생들의 이야기를 꺼냈다. 장학금을 받으려면 300자 이상 800자 이내로 신청사유를 작성해야 하는데, 집안 사정을 구구절절 읊으며 수치심을 느낀다는 이야기다. 평소에 대학가 사안에 귀 기울이며 알게 된 사연이었다. 이 사연을 중심으로 기사를 작성했고 심사위원들에게 구조적인 문제를 잘 짚어냈다는 평가를 받았다. (후략)

첫 번째 글은 기자 지망 이유와 직접적인 관련이 없는 내용이 너무 많다. 그런 문장이 글 전체 36문장의 2/3나 된다. 반면 두 번째 글은 첫 문장부터 마지막 문장까지 34문장 전체가 모두 직접 관련이 있다. 행복한 반려견 예시의 반려견 외형이나 행복해 보이는 눈 모양이 그림의 주제를 보는 이에게 잘 알리고 납득하도록 하는 데 결정적으로 기여하는 것처럼, 기자 지망 이유를 독자가 납득하도록 하는 데 모든 문장이 결정적으로 기여한다. 글은 두 번째 글처럼 목표지향적으로 써야 효과적이다.

　우리가 글로 쓰려고 하는 소재나 주제에는 관련된 것이 상당히 많다. 관련 있는 사람들, 그들의 이름, 일시, 장소, 관련 있는 일화나 사건, 관련 있게 된 경위, 그 이유, 관련 있는 숫자 등등…. 글을 목표지향적으로 쓰려면 이 많은 관련 내용 중에서 내 생각 전달과 독자 설득이나 공감 유발에 더 도움이 되는 것을 골라낼 수 있는 안목을 길러야 한다. 좋은 방법의 하나는 다른 사람 글을 통해 배우는 것이다. 좋게 느껴지는 글을 읽을 때마다 글이 왜 좋게 느껴지는지, 어떤 내용이나 문장이 그런 느낌을 만들어내는지 살펴보는 것이다. 특정 내용이 목표지향적인지 아닌지 판별하기 어려울 때는 그 내용을 글에서 빼보거나 담아보는 것도 좋다. 글에서 삭제했을 때 주제 전달이나 독자 설득에 별문제가 없다면 해당 내용은 없어도 된다. 목표지향적이지 않은, 불필요한 내용일 가능성이 크다. 반면 삭제했을 때 문제가 생기거나 글에 집어넣었을 때 주제 전달이나 독자 설득 효과가 커진다면 꼭 들어가야 할 목표지향적인 내용이다.

이런 경험이 쌓이면 어떤 내용이 목표지향적이고 어떤 것이 그렇지 않은 내용인지 잘 구분해낼 수 있는 안목이 생긴다. 외국인이 잘 사용하지 못하는 젓가락을 우리가 쉽게 사용하는 것이 오랜 경험의 소산이듯, 이런 경험이 쌓이면 목표지향적인 내용을 골라내는 것이 어렵지 않다. 지금까지 이런 과정이나 노력 없이 글을 썼다면 글 쓰는 방법을 이런 식으로 바꿔보자. 글 쓰는 방법을 개선해야 지금까지와 다른, 더 좋은 글을 쓸 수 있다.

단, 한 가지 유의할 섬이 있다. 목표지향적으로 쓰느라 진실을 왜곡하면 안 된다. 시나 소설, 작문, 영화 시나리오, 드라마 대본처럼 꾸며내는 글, 허구를 다루는 글이라면 몰라도 기사나 논술, 자기소개서, 체험기, 전기, 다큐멘터리 원고처럼 현실과 사실을 다루는 글은 절대 금물이다. 이런 글은 진실 추구가 생명이다. 목표지향적으로 쓴다고 해서 사실과 다른 내용을 글에 담거나 과장하면 신뢰를 잃을 수 있다. 사실의 토대 위에서 목표지향적인 글쓰기를 해야 한다.

제3장

글쓰기 목표 달성 훈련

글쓰기를 가르치는 동안 필자는 늘 학생들에게 글쓰기 5대 목표를 훈련시켰다. 글 훈련을 처음 시작할 때 목표 다섯 가지를 제시하고, 학생들이 글을 쓸 때마다 이 목표들을 최대한 달성하도록 해보는 것이다. 글쓰기 5대 목표가 무엇인지, 그 목표가 왜 중요한지, 그 목표를 달성하려면 어떻게 해야 하는지는 학생들이 체감할 수 있도록 예문을 통해 실증적으로 설명했다.

　학생들은 1주일 동안 초고를 쓰고 나서 5대 목표를 각각 얼마나 잘 달성했는지, 왜 그런 결과가 나타났는지 다른 수강생들과 함께 분석해봤다. 글을 다른 수강생과 함께 분석하면 자기 생각에 갇혀 성패의 원인을 잘못 찾아내는 일을 피할 수 있다.

　5대 목표 중 아예 달성하지 못하거나 충분히 달성하지 못한 목표는 더 잘 달성하도록 초고를 다시 써보도록 했다. 수업 때마다 매번 새 글을 쓰게 하는 대신 학생들이 5대 목표를 최대한 잘 달성할 때까지 초고 고쳐 쓰기를 반복하도록 했다. 잘못된 글 습관을 바꾸고, 글의 수준을 높일 수 있는 역량을 키우기 위한 것이었다.

제1 목표

글의 알맹이 잘 준비하기

❶ 더 좋은 소재 선택하기

❷ 더 좋은 주제 선정하기

❸ 더 좋은 내용 간추리기

제2 목표

무슨 이야기인지 금방 알게 하기

❶ 가독성 높이기

❷ 가해성 높이기

❸ 초점 잘 맞추기

제3 목표

이야기가 잘 납득되게 하기

❶ 타당한 논거 충분히 담기

❷ 논리적으로 문제없도록 쓰기

제4 목표

끝까지 읽게 하기

❶ 관심 유발 장치 고안하기

❷ 창의적으로 형식 바꿔보기

❸ 시각의 차별화

❹ 패러디 활용

제5 목표

표현의 완성도 높이기

❶ 명확하지 않은 문장 개선

❷ 적확한 표현 구사

❸ 피부에 와닿는 표현 활용

❹ '옥의 티' 없애기

왜 이런 목표를 세워야 할까? 일단 글의 알맹이는 글의 성패를 결정적으로 좌우한다. 글쓰기도 물건이나 음식 만들기와 본질적으로 다를 것이 없다. 구리로 금반지를 만들지 못하고 유리로 다이아몬드 반지를 만들 수 없듯이 글의 알맹이가 나쁘면 좋은 글을 쓸 수 없다. 금반지 제작자나 다이아몬드 반지 제작자, 글 쓰는 이의 솜씨가 아무리 뛰어나도 구리나 유리, 나쁜 글 알맹이의 한계를 벗어나기 어렵다. 그 한계 안에서 좀 더 좋은 것을 만들어낼 수 있을 뿐이다.

독자들이 좋아하고 잘 납득하고 공감하는 글을 쓰고 싶다면 우선 글의 알맹이부터 잘 준비하자는 목표를 세우고 글쓰기에 임해야 한다. 그런 글을 계속 써낼 수 있는 역량을 갖추고 싶다면 글을 쓸 때마다 알맹이를 잘 준비하려고 애쓰는 습관부터 가져야 한다. 이것이 필자가 말하는 글쓰기 첫째 목표다. 이 목표를 이루는 방법은 크게 세 가지다. 첫째, 글의 소재를 잘 선택하는 것. 둘째, 주제를 잘 선정하는 것. 셋째, 그 주제를 독자들에게 정확히 잘 알리고 잘 납득시킬 수 있는 내용 위주로 글을 쓰는 것이다. 이 세 가지는 이후 제4장에서 자세하게 설명한다.

글쓰기 둘째 목표, 즉 글이 무슨 이야기인지 독자들이 금방 잘 알 수 있도록 최대한 노력하자는 목표를 세워야 하는 이유는 이렇다. 글은 그 내용이 아무리 좋아도 독자들이 무슨 말인지 모르면 소용없다. 한번 생각해보자. 인류 최고의 베스트셀러이자 스테디셀러는 아마 성경일 것이다. 어떤 책도 능가할 수 없을 정도로 독자가 많고, 읽혀온 기간도 길고, 무엇보다 독자가 계속 반복해서 읽는 책이다. 여러 이유가 있겠지만, 인종과 시대를 넘어 많은 이가 공감할 수 있는 좋은 내용을 담고 있기 때문이다. 그러나 이 책이 뜻을 알 수 없는 문자로 쓰여 있다면 어떨까? 그래도 지금처럼 인류 최고의 베스트셀러이자 스테디셀러의 지위를 유지할 수 있을까?

요즘과 같은 콘텐츠 홍수 시대의 독자는 대부분 글이 무슨 이야기인지 금방 알기 어려우면 읽기를 그만둔다. 무슨 뜻인지 알려고 노력하는 독자가 드물다. 굳이 머리까지 써가면서 읽으려고 하지 않는다. 달리 읽거나 볼 것이 많고 독자의 심리적, 정신적 여유도 예전만 못하기 때문이다. 이런 일이 일어나면 글쓰기의 궁극적 목적인 독자를 설득하거나 공감을 유발하기는커녕 1차 목적인 내 생각을 정확히 전달하는 것조차 성공하기 어렵다. 그러므로 글이 무슨 이야기인지 독자들이 금방 잘 알 수 있도록 노력해야 한다.

이 목표를 이루는 방법은 세 가지다. 첫째, 글의 가독성可讀性을 최대한 높이는 것. 둘째, 글의 가해성可解性을 최대한 높이는 것. 셋째, 글의 초점焦點을 주제에 잘 맞추고 주제가 또렷하게 드러나게 하는 것이다. 구체적인 설명은 제5장에 있다.

글쓰기 셋째 목표, 즉 독자들이 잘 납득하도록 글을 쓰는 것이 중요한 이유는 이렇다. 우리가 글을 쓰는 목적은 앞서 누차 강조한 대로 1차적으로는 자기 생각을 정확하게 전달하는 것이고, 궁극적 목적은 독자를 설득하거나 공감을 유발하는 것이다. 독자 설득이나 공감 유발은 독자들이 글을 납득해야 비로소 가능해진다. 독자들이 납득하지 않으면 글쓰기 5대 목표 중 제1 목표와 제2 목표를 아무리 잘 달성해도 글의 궁극적인 목적을 이루지 못하는 것이다.

독자가 잘 납득하도록 쓰는 방법은 두 가지다. 첫째, 타당한 근거나 논거를 글에 충분히 담는 것. 둘째, 글에 논리적으로 문제가 없도록 조리정연하게 쓰는 것이다. 제6장에서 자세히 설명한다.

네 번째 목표, 즉 독자가 글을 끝까지 읽게 만드는 것도 필요하다. 요즘은 콘텐츠 홍수 시대라서 콘텐츠가 넘쳐난다. 종류도, 양도 많다. 인터넷과 휴대전화, 무선통신망의 발달로 언제 어디서나 쉽게 콘텐츠를 접할 수 있다. 독자들에게 읽히는 글보다 외면당하는 글이 훨씬 많다. 독자들이 글에 관심을 갖게 하고, 중도에 글 읽기를 중단하지 않게 만드는 것이 그 어느 때보다 중요해졌다.

독자가 글을 끝까지 읽게 만드는 방법은 여러 가지다. 첫째, 독자의 호기심을 유발할 수 있는 장치를 글에 담는 것. 둘째, 글의 형식을 창의적으로 바꿔보는 것. 셋째, 시각을 차별화하는 것. 넷째, 패러디를 활용하는 방법이 있다. 제7장에서 자세히 알아보자.

마지막 다섯째 목표, 즉 표현의 완성도를 최대한 높이는 것도 필요하다. 표현의 완성도가 낮은 글은 흠이나 하자가 있는 물건을 판매하는 것과 비슷하다. 독자들의 눈높이는 날로 높아지고 있다. 글이 누군가의 언어생활에 영향을 미칠 수도 있다. 특히 기자나 작가처럼 직업적으로 글쓰기를 하려는 분들은 표현의 완성도를 높여야 한다. 날로 대중에 대한 영향력이 커지는 유튜버도 마찬가지다. 자랑스러운 우리말 우리글이 퇴보하지 않도록 표현의 완성도를 최대한 높이려고 애써야 한다.

표현의 완성도를 높이는 방법은 네 가지다. 첫째, 명확하지 않은 문장 개선. 둘째, 적확한 표현 구사. 셋째, 피부에 와닿는 표현 활용. 넷째, '옥의 티' 없애기 등이다. 구체적인 설명은 제8장에서 할 예정이다.

이 다섯 가지 목표를 단번에 다 잘 달성하기는 그리 쉽지 않다. 처음에는 잘 안된다. 시간이 넉넉하지 않은 경우는 더 그렇다. 꽤 훈련된 사람도 다섯 가지 목표를 단번에 완벽하게 달성하긴 어려울지 모른다. 그러나 이런 목표를 유념하고 글을 쓰는 습관을 들이면 글 실력이 확실히 는다. 글쓰기 5대 목표 도표(46쪽)를 컴퓨터 스크린세이버(화면보호기)로 만들어놓고 글을 쓸 때마다 되새기면서 달성하기 위해 노력하면 효과를 볼 수 있다. 필자의 제자들은 보통 1~2년 동안 이런 훈련을 받은 후 글 실력이 언론사 입사 논술시험을 통과할 정도로 늘었다.

제4장

글쓰기 제1 목표

:글의 알맹이 잘 준비하기

1. 더 좋은 소재 선택하기

소재의 중요성

소재는 글을 쓰는 데 바탕이 되는 재료다. 필자 자신에 관한 글을 쓴다면 필자 자신이 글의 소재가 되고, 다른 누군가에 관한 글이라면 그 누군가가 글의 소재가 된다. 사건이 소재가 될 수도 있고 전쟁이나 재난, 사랑, 역경, 승리, 헌신이 소재로 선택될 수도 있다. 글의 소재로 활용할 수 있는 것은 많다. 그러나 그 가치가 다 같지 않다. 소재 가치가 적은 것도 있고 큰 것도 있기 때문이다. 다음 글은 KBS의 정용실 아나운서가 쓴 글이다. 이 글을 읽고 소재의 가치에 대해 한번 생각해보자.

> **가슴으로 만난 사람**
>
> 방송국에는 많은 사람이 모여들지만 방송이 끝나면 각자의 바쁜 삶으

로 돌아간다.

그러면서 방송이 과연 내게 무슨 의미인가를 생각했다. 방송이란 진정한 소통이고, 소통은 제대로 된 만남 없이는 이루어질 수 없기 때문이다.

이런 고민을 안고 있던 어느 날, 다정한 노부부를 만나게 되었다. 젊은 시절 교사였던 이들은 아이들과 자신의 일을 진정 사랑했고, 나이가 든 지금은 추억이 담긴 '학교 박물관'을 운영하고 계셨다.

이 분들이 처음 방송국에 도착하셨을 때 나는 웃고 계신 표정이 정말 해맑아 부인이 두 눈을 실명하셨다는 사실을 전혀 눈치채지 못했다. 그러나 스튜디오까지 남편의 안내를 받으며 들어가시는 모습을 보고서야 비로소 알았다.

토크 프로그램이 진행되면서 부인의 실명 이유를 자세히 듣게 되었다. 부인이 출근하던 길에 타고 있던 버스가 사고가 난 것이다. 목숨을 잃은 사람도 있었다.

부인은 간신히 생명은 건졌지만 두 눈을 잃게 되었다. 그러니 그렇게 사랑하던 교사 자리를 떠날 수밖에 없었다. 그때부터 남편은 그녀를 언젠가 다시 교실에 세우겠다고 결심했고, 그것을 바로 학교 박물관을 통해 이뤘다.

남편은 이 이야기를 하며 부인의 손을 꼭 잡았다. 두 사람 사이의 따스함이 내게도 전해져 왔다. 부인은 눈물을 떨어뜨리며 입을 열었다.

"이 사람은 저에게 참 소중해요. 제가 두 눈을 잃은 그날부터 집에 불을 켜지 않고 살고 있어요. 저의 고통이 어떤 것인지 함께 하기 위해서죠. 그가 어딘가에 부딪히는 소리를 들으며 그의 마음을 읽었어요."

나는 갑자기 콧등이 시큰해지면서 눈물이 왈칵 쏟아질 것 같았다. 이 두 부부의 사랑이 내 마음의 빗장을 연 것이다. 진실된 사랑이 마음을 흔들었다. 나는 방송을 통해 처음으로 진실하게 사람들과 만나게 되었다. '이렇게 만나야 하는 거구나. 이렇게 가슴으로 받아들여야 하는 거구나.'

한 장의 사진을 꾹 눌러 찍듯이 그날부터 나는 방송에서 만난 사람들을 하나씩 가슴 속 필름에 새겨놓았다. 이렇게 기억된 사람들도 나를 잊지 않았고, 우리들의 만남은 서서히 진정한 관계로 이어지기 시작했다.

이 글은 필자가 지인으로부터 전자우편으로 전달받았다. 고위 공직을 수행하느라 상당히 바쁜 분인데도 부족한 시간을 쪼개 이 글을 자신이 아는 사람들에게 읽어보도록 전파하고 있었다. 무엇이 그분을 그렇게 만들었을까?

글에 다음 내용이 없다고 가정해보자. "이 사람은 저에게 참 소중해요. 제가 두 눈을 잃은 그날부터 집에 불을 켜지 않고 살고 있어요. 저의 고통이 어떤 것인지 함께 하기 위해서죠. 그가 어딘가에 부딪히는 소리를 들으며 그의 마음을 읽었어요." 이 내용이 없었어도 필자의 지인이 감동을 나누고자 나를 포함한 주변 사람들에게 이 이야기를 전달했을까?

이 글은 사랑 이야기지만 보통의 사랑 이야기가 아니다. 두 눈을 잃은 아내의 고통을 체감하려고 '집 안의 불을 끄고 산 남편'의 아주 특별한 사랑이 글의 소재다. 집 안의 불을 끄고 살았다는 이야기가 없다면, 이 글의 소재는 교통사고로 눈을 잃고 교편까지 내려놓은 아내에게 '학교 박물관을 지어준 남편'으로 바뀐다. 그것도 좋은 소재겠지만 아내의 고통을 체감하려고 집 안의 불을 끄고 산 남편만큼 특별하고 감동적이진 않다. 필자는 학생들을 가르친 17년 동안 매 학기 학생들에게 이 글을 소개하고 반응을 살펴봤다. 학생들도 마찬가지였다. 남편이 집 안의 불을 끄고 살았다는 내용에 특별히 감동했다.

이런 이야기는 글솜씨가 아주 빼어나지 않아도 많은 독자에게 감동을 줄 수 있다. 독자의 감동을 이끌어낼 수 있는 잠재력이 큰 소재다. 이런 소재를 찾아낼 수 있다면 글로 쓰기도 쉽고, 좋은 글이 될 확률도 아주 높아진다. 좋은 글을 쓰려면 가장 먼저 좋은 소재부터 찾아야 한다.

예를 하나만 더 들어보자. 프랑스에서는 매년 7월에 유명한 사이클 대회가 열린다. '투르 드 프랑스'라는 이름의 도로 사이클 대회. 세계 3대 사이클 대회 중 하나로, 참가자들은 3주 동안 프랑스와 이웃 국가의 도로 4000km를 달려야 한다. 워낙 장거리인 데다가 어려운 코스로 악명 높아 '지옥의 레이스'로도 불린다. 대회의 역사가 1903년부터 오래 이어지다 보니 이야깃거리도 많다. 대표적인 것이 랜스 암스트롱과 얀 울리히의 이야기다. 랜스 암스트롱과 얀 울리히 각각의 이야기도 많고, 두 사람이 같이 등장하는 이야기도 있다.

암스트롱은 사이클의 황제로 불렸던 미국의 전설적인 사이클 선수다. 고환암 발견 당시 암세포가 뇌와 폐까지 퍼져 선수 생활을 계속하기는커녕 생존할 수 있을지조차 불투명했다. 그러나 초인적인 투병 의지와 재활 노력으로 암을 이겨내고 투르 드 프랑스 7연패를 달성해 인간 승리의 대명사로 널리 알려졌다.

얀 울리히는 2000년 시드니 올림픽 금메달리스트였던 독일의 사이클 선수다. 그 역시 암스트롱 못지않은 세계적 선수였으나, 꿈의 무대라는 투르 드 프랑스에서는 암스트롱에 밀려 '만년 2인자'로 불렸다. 그러다 2003년 대회 때 암스트롱을 누르고 우승할 수 있는 절호의 기회를 얻었지만, 정정당당한 승부를 펼치려다 1위 자리를 또다시 암스트롱에게 넘겨주고 말았다. 앞서가던 암스트롱이 구경나온 어린이의 가방에 걸려 넘어지는 바람에 그를 앞지를 수 있게 됐지만, 속도를 줄여 암스트롱이 다시 정상적인 경쟁을 할 수 있을 때까지 기다려준 것이다. 이 일화는 '위대한 양보' 이야기로 많은 이에게 큰 감동을 남겼다.

* 암스트롱과 울리히의 '위대한 양보' 영상

이 두 사람의 이야기는 모두 글의 좋은 소재다. 실제로 암스트롱의 사례는 난치병 환자나 어려움에 처한 사람들에게 희망과 용기를 주는 인간 승리 이야기의 소재로 많이 쓰였다. 그가 쓴 자서전 『It's Not About the Bike(자전거, 그 이상의 이야기)』는 2000년 아마존 논픽션 부문 1위에 올랐을 정도로 널리 사랑받았고, 국내에서도 그의 이야기를 담은 동영상이 많이 제작됐다. 그

*랜스 암스트롱의 영상

의 이야기는 2012년, 그가 경기력을 끌어올리려고 금지 약물을 사용했다는 사실이 드러나면서 빛이 바래긴 했지만, 그런 일이 없었다면 아주 오랫동안 감동의 서사로 전해졌을 것이다.

역경을 딛고 일어선 사람의 이야기는 많다. 어떤 분야에서든 일가를 이루거나 괄목할만한 업적을 이룬 사람 중에서 큰 어려움을 겪었던 이를 찾아보면, 암스트롱 못지않은 인간 승리의 주인공이 적지 않다. 도로 사이클 선수 이야기는 많지 않아서 암스트롱 이야기가 새로울 수 있지만, 왠지 언제 어디선가 들어봄 직하다고 느끼는 독자도 있을 수 있다.

얀 울리히는 다르다. 울리히가 2003년 투르 드 프랑스에서 얻은 기회는 그에게 다시 찾아오지 않을지도 모르는 일생일대의 기회였다. 그는 경기 도중 암스트롱이 가방에 걸려 넘어졌을 때 그냥 다른 선수들처럼 계속 달릴 수도 있었다. 도로 사이

클 경기는 불과 0.1~0.2초가 승부를 가른다. 암스트롱이 다시 일어나 본래대로 속도 경쟁을 할 수 있도록 울리히가 기다려주지 않았다면, 그는 만년 2위라는 별명을 지워버리고 우승의 염원을 풀었을 것이다. 그러나 울리히는 암스트롱의 불운을 이용하지 않음으로써 더 큰 감동을 줬다.

목적 달성을 위해서 수단과 방법을 가리지 않는 요즘 세상에 이런 사람이 얼마나 있겠는가? 글의 소재로 따지자면 울리히는 참 귀하고, 새롭고, 많은 이에게 큰 감동을 줄 수 있고, 세상을 더 좋은 곳으로 만드는 데 도움이 되는 아주 좋은 소재다. 실제로 울리히의 이야기는 '위대한 양보' 이후 오랜 시간이 지난 지금까지도 널리 회자되고 있다.

투르 드 프랑스 이야기를 쓴다고 할 때 이 두 사람 중 누구를 소재로 고르는지에 따라 글이 완전히 달라진다. 랜스 암스트롱을 소재로 쓴 글이라면 '불굴의 인간 승리 드라마', 얀 울리히가 소재라면 '우승보다 값진 위대한 양보' 이야기가 된다. 독자들이 글에서 받는 감동의 크기나 글의 사회적 의미도 다르다. 두 소재의 잠재적 가치가 완전히 다른 것이다. 우리가 더 좋은 소재를 찾으려고 애써야 하는 이유다.

어떤 것이 더 좋은 소재일까?

위에서 예를 든 소재, 누구나 좋다고 생각할만한 소재를 찾는 것이 말처럼 쉽지는 않다. 무엇보다 어떤 것이 좋은 소재인지 판단하기 어렵다. 소재를 고민해보지 않은 분들은 더 그렇다. 그러나 해결 방법이 전혀 없는 것은 아니다. 콘텐츠 생산을 전문으로 하는 곳, 가령 언론사나 방송사가 어떤 소재를 찾는지 참고해보는 것은 좋은 해법의 하나다. 이런 곳은 독자나 시청취자를 최대한 많이 확보하기 위해서 끊임없이 더 좋은 소재를 찾으려고 에쓴다. 다른 언론사나 방송사보다 더 좋은 소재를 찾으려는 동종 업체와의 경쟁도 심하다. 이런 곳이 어떤 소재를 찾는지 눈여겨보면 더 좋은 소재를 찾는 데 참고가 된다.

먼저 언론사나 방송사의 제보 접수 기준을 살펴보자. 언론사나 방송사가 접수하는 제보는 기사화나 방송을 전제로 한다. 제보 접수 기준을 보면 그 언론사나 방송사가 어떤 소재를 좋은 소재로 생각하고 있는지를 짐작할 수 있다. 다음은 언론사와 방송사 몇 곳의 제보 접수 기준이다.

언론사, 방송사 제보 접수 기준

·〈중앙일보〉: 부정부패, 비리, 따뜻한 미담

- MBC 뉴스 : 답답하거나 억울한 일, 혼자 보기 아까운 장면
- 〈뉴스타파〉 : 정부의 비윤리적인 일, 기업의 불법적 이윤 추구와 은폐
- 〈TV동물농장〉 : 신기하거나 특별한 것
- 〈순간 포착! 세상에 이런 일이〉 : 우리 주변에서 일어나는 신기하고 놀랍고 재미있고 감동적인 이야기

위 5곳의 제보 접수 기준을 보면 콘텐츠 기업이 미담이나 비리, 감동적인 이야기, 신기한 이야기, 재미있는 이야기, 놀라운 이야기, 특별한 이야기를 찾는다는 것을 알 수 있다. 그런 것들이 좋은 소재라고 생각하기 때문이다. 콘텐츠 소비자들은 그런 이야기를 좋아하고 공감한다. 콘텐츠 기업들은 오랜 경험을 통해 대중이 어떤 이야기에 관심을 가지는지 알기 때문에 위와 같은 제보 접수 기준을 바꾸지 않고 유지하는 것이다.

물론 이 기준에 맞는 제보라고 해서 콘텐츠 기업이 다 자사의 콘텐츠로 제작하는 것은 아니다. 그중에서도 더 관심을 끌기 좋은 것, 즉 더 감동적으로 생각되는 미담, 더 잘못됐다고 생각되는 비리, 더 신기하게 느껴지는 소재, 더 재미있거나 놀라운 이야기를 추려서 제작한다. 흔한 소재보다는 새로운 소재, 제보 접수 시점의 시대적 상황이나 국민 정서에 맞는 시의성이 있는 것을 골라내기도 한다. 같은 소재라도 새로운 것, 시의성 있는 것이 콘텐츠 소비자의 호응을 더 잘 끌어낼 수 있기 때문이다.

얼마나 많은 사람이 좋아하는지도 좋은 소재인지 아닌지를 가릴 수 있는 지표 중 하나다. 물론 많은 사람이 좋아하는 것 중에도 좋지 않은 소재가 있고, 반대로 많은 사람이 좋아하지 않는 것 중에도 좋은 소재가 있을 수 있다. 좋아하는 사람의 수를 절대적인 지표라고 할 수 없는 이유다. 그러나 좋아하는 사람이 많다면 그것은 일단 좋은 소재라고 말할 수 있는 비교적 객관적인 평가 기준이 된다. 책이라면 판매 부수, 영화라면 관객 수, TV 프로그램이라면 시청자 수, 유튜브 동영상이라면 조회 수가 그런 것이다.

그렇다면 이번에는 방송 프로그램 하나를 예로 들어 설명해보자. 방송 프로그램도 글과 마찬가지로 소재 선택을 잘하느냐 못하느냐가 성패를 가르는 출발점이다. 최종 결과물이 동영상이긴 하지만, 글을 토대로 제작하기도 한다.

SBS는 매주 〈TV동물농장〉이라는 프로그램을 방송한다. 2001년 5월 1일부터 이 글을 쓰고 있는 2022년까지 방송된 장수 프로그램이다. 이 프로그램은 2022년 6월 26일에 세 가지 이야기를 방송했다. 유기견 '땡구'와 어치 남매 '아돌'과 '아순', 희한한 길냥이를 소재로 한 이야기다.

땡구 이야기는 유기견 땡구를 구조하는 이야기다. 시장이 이전하고 남은 빈터에 홀로 사는 땡구를 '하영'이라는 여성이 자기 집까지 데려가는 내용을 담았다. 처음엔 하영 씨와 눈만 마주쳐도 숨던 땡구가 하영 씨는 물론 그녀의 반려견 짜롱이와 둘도 없는 친구가 돼가는 '밀당' 과정이 재미있게 그려졌다. 땡구가 시장 이전 터에 홀로 남겨지게 된 안타까운 사연도 보는 이의 마음을 적신다.

아돌과 아순 이야기는 아파트 베란다 에어컨 실외기 옆에서 태어난 어치 남매 이야기다. 어치는 산까치로 불리기도 하는 까마귀과의 새다. 아돌과 아순이 알에서 부화해서 자라나는 과정이 제보자 촬영 화면에 생생하게 담겼다. 이들을 돌보던 어미 새들이 돌아오지 않게 된 사연과 제보자 가족이 어치 남매를 살리려고 정성으로 돌보는 모습, 야생조류인 남매 어치가 애완조처럼 제보자 가족과 함께 살아가는 흥미로운 모습이 담겨 있다.

길냥이 이야기는 자동차 엔진룸에서 한 달째 살아가는 어미 고양이와 새끼 고양이를 구조하는 이야기다. 비좁은 자동차 엔진룸의 빈틈에서 잠을 자기도 하고 부품들 사이를 이리저리 옮겨 다니며 놀기도 하는 고양이들의 뜻밖의 모습이 눈길을 끈다. 인적이 없으면 새끼와 함께 엔진룸 밖으로 나와 놀다가도 사람이 접근하면 새끼를 급히 대피시키는 어미 고양이의 모성애가 애틋한 느낌을 주기도 한다. 아기 고양이의 귀여운 재롱은 미소를 자아내는 눈요깃거리다.

이 세 이야기는 모두 동물을 소재로 만든 이야기지만, 유튜브 조회 수가 서로 달랐다. 세 이야기가 방송 이틀이 지난 2022년

6월 28일 오전 9시 기준으로 유기견 땡구 이야기는 약 27만 7000회, 어치 남매 아돌과 아순 이야기는 약 28만 3000회, 자동차 엔진룸 안에 사는 길냥이 이야기가 약 51만 8000회를 기록했다. 길냥이를 소재로 만든 이야기의 조회 수가 압도적으로 많다. SBS 교양프로 공식 유튜브 채널 〈스토리〉와 〈TV동물농장〉의 공식 유튜브 채널 〈애니멀봐〉의 조회 수를 합친 결과다.

(단위: 회)

	유기견 땡구 이야기	어치 남매 이야기	길냥이 이야기
〈스토리〉 조회 수	4만 7000	7만 2000	2만 8000
〈애니멀봐〉 조회 수	23만	21만 1000	49만
합계	27만 7000	28만 3000	51만 8000

위의 세 소재 중 유기견 이야기는 흔한 소재다. 〈TV동물농장〉이 방송되는 동안 자주 다뤄졌던 소재다. 다른 동물 관련 콘텐츠에도 유기견 이야기가 많다. 땡구 이야기는 같은 유기견이라도 '밀당' 이야기와 제보자 하영 씨가 만든 특제 간식 이야기가 추가되어 다른 유기견 이야기와 조금 다르지만, 근본적으로 유기견 이야기이기는 마찬가지다. 그동안 많이 본 내용으로 느끼는 시청자들이 적지 않을 수 있다.

어치 남매 이야기는 유기견 이야기보다는 흔하지 않은 소재다. 어치 이야기가 〈TV동물농장〉에서 다뤄진 적이 있고, 유튜브에 어치 동영상이 있긴 하지만 많은 편이 아니다. 어치라는 새가 있는지 모르는 사람이 여전히 많고, 어치를 보지 못한 사람도 많다. 도시에서 특히 그렇다. 어치는 경계심이 많은 새라 사람이 가까이하기 어렵다. 그런 새가 아파트에서 사람과 함께 살면서 사람이 주는 모이를 받아먹는 모습이 신기하게 느껴질 수 있다. 새롭고 관심을 끌만한 요소를 많이 갖춘 소재라고 할 수 있다.

두 소재보다 조회 수가 2배 가량 많았던 길냥이 이야기는 특별한 소재라 할 수 있다. 새끼를 자동차 엔진룸 안에서 키운다는 것은 보통 사람들의 상식이나 통념을 깨는 의외의 이야기다. 엔진룸에 고양이가 들어 있는 모습이나 고양이가 부품 사이를 오가는 모습은 많은 사람이 신기하게 느끼고 시선을 집중하게 만든다. 유기견 이야기나 어치 남매 이야기보다 자동차 엔진룸 속 길냥이 이야기를 더 많은 사람이 본 것은 다른 이유도 있을 수 있겠지만, 그게 더 좋은 소재였던 덕이다.

기사의 경우는 '이해관계'가 좋은 소재인지 아닌지 가리는 기준이 될 수 있다. 좋은 기사 소재인지를 가리는 여러 기준이 있겠지만, 필자는 이해관계인 수, 이해관계 정도나 크기를 좋은 기준의 하나로 생각한다. 이해관계인이 많은 사안, 독자나 시청자의 이해관계가 큰 사안, 이해관계가 더 직접적인 사안일수록 더 좋은 기사 소재다.

　예를 들어보자. 돈은 대부분 사람이 민감하게 생각하는 사안이다. 물건값이든 세금이든 보험료든 부당하거나 과도하거나 많이 오르면 기사의 소재가 될 수 있다. 그러나 내가 사는 집 1채의 임대가가 오른 것보다 국민 대부분이 내는 특정 세금이 오르는 것이 더 좋은 소재다. 세금의 부당 인상이나 과다 인상이 집세 1채의 부당 인상이나 과다 인상보다 이해관계인이 훨씬 많다. 그런 소재를 고르면 더 좋은 기사가 될 가능성이 크다.

　이런 점도 생각해보자. 최근 영국 프로 축구팀 토트넘의 한국 방문 경기는 많은 이의 관심을 끌었다. 우리나라 국민 대부분이 자랑스럽게 생각하는 손흥민 선수가 속한 팀이기 때문이다. 이런 점에서 토트넘의 경기는 이해관계인이 많은 경기다. 그러나 그 이해관계가 세금만큼 크거나 직접적이지 않다. 세금의 부당 인상이나 과다 인상이 토트넘의 경기보다 좋은 소재라고 할 수 있다.

　필자는 기사 공모전에 나가는 학생들의 공모전 준비를 지금까지 5번 지도해봤다. 〈시사저널〉이 주최하는 대학언론상 1번, 뉴스통신진흥회가 주최하는 기획기사 공모전 4번이다. 필자가 지도한 학생들은 각각 대상 1회, 대상 없는 최우수상 1회, 장려상 2회를 수상했다. 학생들이 공모전 출품 기사의 소재로 이해관계인이 더 많은 것, 이해관계가 더 큰 것, 이해관계가 더 직접적인 것을 찾도록 지도하고, 학생들이 잘 따라준 덕분이다.

좋은 소재를 고르는 것이 글을 잘 쓰는 출발점이다. 이미 마음에 둔 소재가 있다고 해도 그 가치를 깊이 따져본 것이 아니라면 바로 글쓰기 준비를 시작하지 말고, 그 소재의 가치를 다시 잘 따져봐야 한다. 독자의 공감을 더 잘 이끌어낼 수 있는 더 좋은 소재가 없는지 고민해야 한다. 이런 노력을 계속해야 좋은 소재를 알아보는 눈과 찾아내는 능력이 생기고 글이 더 좋아진다.

2. 더 좋은 주제 선정하기

주제의 중요성

글의 소재를 선택했으면 이제 주제를 선정할 차례다. 소재가 같더라도 글의 주제는 여러 가지로 달리 정할 수 있다. 주제는 글을 통해서 독자에게 알리거나 납득시키려고 하는 생각이나 의견, 주장이다. 주제 역시 소재와 마찬가지로 글의 성패를 결정적으로 좌우할 수 있는 요소다. 주제가 정해진 뒤에는 글솜씨가 아무리 뛰어나도 그 주제의 테두리를 벗어나기 힘들다. 글쓰기를 시작하기 전에 내가 지금 쓰려는 글의 주제가 과연 최선인지 따져보고, 그렇지 않다고 여겨지면 더 좋은 주제가 없을지 고민해야 한다.

이 문제를 글의 종류별로 실례를 들어 구체적으로 알아보자. 먼저 흔히 '작문'으로 불리는 글이다. 필자가 강의하고 있는 윤세영 저널리즘 스쿨에서는 매년 한 번씩 재학생을 대상으로 글쓰기 대회를 연다. 다음 글은 대회 때 학생들이 SNSSocial Network Service(사회관계망)를 소재로 해서 쓴 작문 중 두 편이다. 두 글의 소재가 'SNS'로 같지만 주제는 서로 다르다. 글 한 편은 'SNS를 없애야 한다'라는 주제를 담았고, 다른 한 편은 '필터 버블Filter bubble'이 글의 주제다. 필터 버블은 뉴미디어가 맞춤형 콘텐츠를 제공함으로써 이용자들이 콘텐츠를 균형 있게 제공받지 못하는 현상을 말한다. 두 글 모두 SNS에 관해 쓴 글이지만, 독자들의 반응이 현저하게 다르다. 각각 읽어보고 어떤 생각이 드는지 이야기를 나눠보자.

작문❶

SNS를 없애야 한다

대통령님께,

안녕하세요, 대통령님. 서울에 사는 초등학교 3학년 학생입니다. 꼭 부탁드리고 싶은 게 있어서 국민신문고에 글을 올립니다.

제발 SNS 좀 없애주세요. 요즘 온 가족이 SNS 때문에 힘들어합니다. 가장 힘든 건 우리 할아버지예요. 아마 대통령님도 우리 할아버지를 아실 거예요. 청와대에서 일하시거든요. 얼마 전까지만 해도 할아버지는 검사 출신 수석 아저씨가 저지른 각종 횡령사건들을 조사하신다고 엄청 바쁘셨어요. 엄청 열심히 일하셨는데 경찰 아저씨들이 조사에 꼭 필요한 자료를 안 준다고 하시면서 집에만 오면 한숨을 푹 쉬셨어요. 그러면서 자기가 해결 못하면 검사 아저씨들이 할아버지 일을 맡을 수밖에 없다고 하셨습니다. 그런데 며칠 전 갑자기 우리 할아버지 이름이 텔레비전 뉴스에 나오기 시작했습니다. 우리 할아버지가 하는 일은 꼭 비밀을 지켜야 하는 일인데, 할아버지가 비밀을 안 지키고 기자님에게 다 말해버렸다는 겁니다. 그 증거가 SNS에 다 있대요.

그런데 그 내용은 할아버지가 꼭 지켜야 하는 '비밀'이 아니래요. 이미 신문에 다 나온 내용이고, 사람들도 다 알고 있던 사실이래요. 그런데 TV에 나오는 국회의원 아저씨들은 우리 할아버지가 약속을 안 지켰으니까 수사를 받아야 된대요. 더 놀랐던 건 할아버지랑 같이 일하는 청와대 아저씨 아줌마들도 우리 할아버지가 잘못했대요. 할아버지는 청와대에 있는 비리 저지른 아저씨 조사한 것밖에 없는데, 왜 청와대 사람들은 그 아저씨가 아니라 우리 할아버지가 잘못했다고 하는지 모르겠습니다.

대통령님도 그렇게 생각하시나요? 아직 저는 어려서 잘 모르지만, 이 모든 게 SNS 때문인 것 같습니다. 우리 할아버지가 잘못했다고 뉴스 내보낸 기자님이 SNS에 내용이 다 있다고 했잖아요. 그것 때문에 우리 할아버지가 뉴스 나오기 시작했으니까 SNS를 아예 없애면 되지 않을까요?

몇 년 전에 국정원에서 일하던 누나가 뉴스에 나올 때도 이런 생각을 했습니다. 부모님 말로는 그 누나가 SNS로 여론을 조작했대요. 댓글을 엄청 많이 써서 그렇게 했대요. 많은 사람이 이용하는 SNS로 그런 짓을 했다는 게 믿기지 않습니다. 제가 그 누나는 왜 그런 것을 한 거냐고 부모님께 물어보니까 '윗사람'들이 시켜서 그런 거래요. 학교에서 배우기로는 국정원이 우리나라 최고 정보기관으로 중립성을 유지하면서 국가 기밀도 유지해야 한다고 했습니다. 엄청난 일을 하는 사람들인데 도대체 '누가', '왜' 시시하게 SNS에 댓글이나 달라고 했는지 모르겠습니다. 아예 SNS가 없어서 그 누나가 여론을 조작할 수조차 없었다면 그런 일이 없지 않았을까요?

그래서 며칠 전, 선생님에게 SNS는 필요 없는 미디어 같다고 말씀드렸습니다. 그런데 선생님은 SNS가 꼭 필요한 거래요. SNS를 통해 전 세계 사람들이 정보를 나누고 대화할 수 있게 됐대요. 프랑스 파리에서 IS 테러가 났을 때, 전 세계 사람들이 애도의 메시지로 파리 시민들을 위로할 수 있었던 것도 SNS 덕분이래요. 전 세계를 이어주는 연결고리 같은 거래요.

그런데 제 생각은 다릅니다. 무시무시한 IS가 저보다 몇 살 더 많은 형, 누나들을 꼬셔서 IS대원으로 만들었던 것도 SNS로 한 거고, 국정원 누나가 여론조작을 한 것도 SNS로 했잖아요. 또 성주에 사드를 배치하면 참외가 오염된다는 무시무시한 괴담도 SNS에서 나왔어요. 이제는 하다 하다가 우리 할아버지 잘못도 SNS에 다 있대요. 선생님은 SNS가 '소통'의 수단이라고 하셨지만, 저는 SNS가 우리 사회를 옥죄는 '감옥'처럼 보입니다. 부모님에게 이렇게 말하니까 그건 SNS가 문제가 아니라 그걸 나쁘게 사용한 사람들 잘못이래요. 하지만 SNS가 아예 나오지 않았다면 어른들이 이런 나쁜 짓도 하지 못했을 거예요. 그렇다고 나쁜 짓을 한 어른들을 없앨 수는 없잖아요. 그러니까 SNS를 없애는 게 답일 거 같아요. 대통령님! 제발 SNS를 없애주세요!

이 글은 형식이 흥미롭다. 초등학생이 대통령에게 호소한다는 점이 독자의 관심을 끌 법하다. 글 전개도 나름의 근거를 잘 갖춰 조리 있게 이뤄진 듯하다. 그러나 많은 독자가 공감하기 어려운 한계를 가지고 있다. SNS를 없애야 한다는 글의 주제 때문이다.

SNS가 여러 문제를 초래하고 있기는 하지만, 이용자들이 체감하는 긍정적인 점도 많다. 글 마지막 두 단락에도 언급돼있는 것처럼 'SNS로 인한 문제를 고쳐 쓰면 되지, 아예 없애버리는 것은 옳지 않다'라고 생각하는 사람이 다수다. 아무리 근거를 갖춰 논리적으로 잘 쓴다고 하더라도 독자의 공감을 폭넓게 이끌어내기 어렵다. 주제의 잠재 가치가 그리 크지 않은 것이다. 저널리즘 스쿨의 교수진은 이 답안에 대해 후한 점수를 주지 않았다. 다음 글을 읽어보자.

작문❷

필터 버블Filter bubble

전 뉴스를 안 봐요. 요즘 누가 촌스럽게 신문이나 TV로 뉴스를 봐요? 재미도 없고, 그거 다 보려면 최소한 1시간은 걸리잖아요. 아실지 모르겠는데 요즘은 SNS에서 뉴스를 다 받아볼 수 있다고요. 그것도 제가 관심 있어 하고, 원하는 뉴스로만! SNS를 통한 '맞춤형 뉴스'! 얼마나 간편하고 좋은지 몰라요. 왜냐하면 사실 저는 심각하고, 어려운 소식은 별로 좋아하지

않아서 딱히 받아보고 싶지 않거든요. 왜냐고요? 머리 아프잖아요! 이 세상엔 굳이 알면 크코다치는, 모르는 게 약인 일들이 더 많다고 생각해요. 제 주변엔 다들 신문, 방송 보기보단 SNS 맞춤형 뉴스를 선호하던데. 물론 각자 좋아하거나 관심 있는 소식은 각자 다르겠지만요.

그럼 제가 좋아하는 소식의 예를 한 번 들어보라고요? 음, 가만있자… 언뜻 귀에 들리는 바로는 사드인가? 그게 좀 말이 많은 것 같던데. 제가 보려고 해서 본 건 아니고, 저희 아빠가 SNS에 공유하셨길래 어쩔 수 없이 보게 됐어요. 그런데 사드가 뭐더라. (웃음) 네? 고고도 미사일 방어체계라고요? 음, 뭐 어쨌든 정말 머리 아픈 뉴스의 전형이에요. 미국이 찬성하든지, 또 중국이 반대하든지 그건 정말 저 멀리 다른 세상 이야기 같지 않아요? 그리고 어차피 대통령이 결정하면 되는 일 아닌가요?

일방적으로 통보받은 성주 주민 입장은 생각해봤냐고요? 뭐 문제인 것 같긴 한데 솔직히 말하면 저랑 크게 상관없는 일 같아서요. 잘 모르겠어요. 다시 생각해봐도 사드는 복합한 문제군요. 머리 아파. 아빠가 또 SNS에 공유하면 이젠 '받아보지 않기' 해야지. 그럼 반대로 요즘 어떤 뉴스가 가장 핫hot한 것 같냐고요? 이건 바로 대답할 수 있죠! 아니, 얼마 전에 대형 연예기획사 몇 군데가 소속 신인 가수 음원을 사재기해서 음원차트를 조작한 거 아세요? 정말 아무리 생각해도 올해 들어서 가장 어이없고 황당한 소식 맞는 듯. 요즘 저희 학교 교실에선 친구들끼리 다 이 이야기만 한다고요. 특히 저는 소규모 연예기획사 아이돌 가수 B의 팬으로서 정말 화나고, 또 참을 수 없어요. 이거야말로 정정당당하게 경쟁해야 할 가요계의 질서를 망가뜨리는 '정의롭지 못한' 일 아닌가요? 저는 정말 참을 수 없어서 SNS를 중심으로 서명운동을 전개하고 있어요. 그래도 역시 SNS상에서는 저와 같은 생각을 하고, 제 의견에 동의하는 친구들이 주변에 많더라고요. SNS의 또 하나의 장점이죠.

혹시 SNS나 반 친구들 말고 엄마 아빠랑 이 이슈에 대해 이야기해봤냐고요? 아니요… 사실 정말 어이없는 게 제가 이 뉴스를 보자마자 집에서 열변을 토했거든요? 그런데 부모님이 처음 듣는 얘기라면서. 설사 그런 일이 있다고 해도 그게 그다지 크고 중요한 문제냐고 제게 묻는 거예요! 참나! 아니 엄마 아빠는 뉴스도 안보나?

그러고 보면 요즘 사람들 정말 문제인 것 같지 않아요? 왜 뉴스를 잘 안보지? 다 자기가 보고 싶은 거만 보면서 나머지 뉴스는 무시하는 것 같은데 그래도 되는 건가. 네? 아까는 제가 머리 아픈 뉴스는 몰라도 되지 않냐고 말하지 않았냐고요? 아니 그건… 사실, 뉴스가 그러라고 있는 것 아닌가요? 당연히 문제가 있으니까 뉴스가 생긴 거고, 뉴스 역할이 사람들에게 진실을 알려주고 더 나은 사회로 가는 발판을 만드는 거 아닌가요? 때론 불편한 것도, 또 관심 없는 것도 알아야죠. 저희 엄마, 아빠가 불법 음원 사재기 사건에 대해 알아야 하는 것처럼요.

그저 자기랑 크게 관련 없다고 해서 이렇게 '중요한' 문제에 무관심해서 되는지. 우리 사회가 어떻게 되는지 모르겠어요. 대한민국의 중학생으로서, 우리 사회의 미래가 정말 걱정돼요.

>   – SNS상에서 벌어지는 필터 버블 현상의 전형,
>   중학생 김 모 양(15살)의 인터뷰

이 글은 글쓰기 대회에 참가한 저널리즘 스쿨 학생들 답안 중 가장 좋은 점수를 받았다. 채점위원 4명 전원이 가장 좋은 글로 평가하여 최우수작으로 선정되었다. 필터 버블은 날이 갈수록 심각한 사회문제를 낳고 있다. 가족 구성원 간의 의견 대립과

이로 인한 갈등의 원인이 되기도 하고, 사회 구성원 간의 갈등을 심화시켜 사회 통합을 저해하기도 한다. 2022년 6월 14일자 〈뉴스톱〉에 실린 윤재언의 글 「일본 언론 SNS '혐한 장사'는 어떻게 이뤄지나」의 지적에서 보듯이 한일 갈등을 심화시키는 일까지 벌어지고 있다.

작문❷ 역시 작문❶처럼 형식이 흥미롭다. 중학생과의 인터뷰 형식을 빌린 점이 관심을 끈다. 그러나 그보다는 '필터 버블이 심각한 정보 편중 소비와 세대 차이를 유발하고 있다'라는 주제, "아, 그것 참 문제야!" 하고 많은 사람이 공감할만한 주제를 잘 살린 것이 훌륭하다. 다른 장점도 있시만 대중이 더 공감할만한 주제를 담은 점, 바로 그것이 채점위원들로부터 좋은 점수를 받은 가장 중요한 비결이다.

이번에는 언론사나 공기관, 공기업 같은 곳에서 신입사원을 뽑을 때 많이 치르는 논술로 예를 들어보자. 소재는 '공직자 인사'다. 2014년 5월, 국무총리 후보자로 지명된 안대희 전 대법관이 지명 엿새 만에 스스로 후보직을 사퇴하는 일이 벌어졌다. 그가 변호사 개업 이후 불과 5개월 동안 무려 16억 원 이상의 수입을 올린 것으로 드러나면서 큰 논란이 벌어졌기 때문이었다. 그가 그렇게 막대한 수입을 올린 것은 그가 고위직 출신이라 이른바 전관예우를 받은 덕이 아니냐는 논란이었다.

안대희 전 대법관은 검사 시절 불법 대통령 선거 자금 수사로 이름을 날려 '국민 검사'라는 별칭까지 얻었던 인물이다. 2003년 대법관 임명 당시에는 여당인 열린우리당(현 더불어민주당의 전신)의 적극적인 지지로 그의 임명동의안이 78.7%의 높은 찬성률로 국회를 통과했었다. 그러나 2016년 6월 지방선거를 앞두고 야당이 '안대희 방지법'을 발의하겠다고까지 하면서 그의 총리 임명을 반대하자 득표를 노린 정치공세가 아니냐는 논란도 이어졌다.

다음 두 논술은 이런 논란에 관해 자신의 견해를 밝힌 글이다. 논술❶은 그해 〈세계일보〉 수습기자 공채시험 응시생이 썼던 답안이고, 논술❷는 그해 〈조선일보〉 수습기자 공채시험 응시생이 쓴 답안이다. 두 글 모두 소재는 '공직자 인사'로 같지만, 주제는 서로 다르다. 읽어보고 어떤 글이 더 좋게 느껴지는지 비교해보자.

논술❶

공자의 제자 자천은 노나라의 작은 땅 선보를 다스렸다. 자천은 거문고나 퉁기며 소일했지만 선보를 잘 다스렸다. 자천의 후임 무마기는 이런 자천을 부러워했다. 자신은 파김치가 되도록 일해도 선보를 잘 다스리지 못해서다. 이에 무마기는 자천에게 비법을 물었다. 자천은 "나는 사람에게 일을 맡겨 일을 처리했네. 자네는 혼자 하지 않는가. 사람에 맡기면 편하고 노력에 맡기면 고된 법일세." 이는 인사의 중요성을 일깨우는 일화다. 올바른 리더는 좋은 인물을 등용해야 한다. 하물며 그 인물을 검증하는 인물

을 검증하는 인사청문회는 어때야 할까.

인사청문회의 목적은 대통령이 임명한 인물에 대해 행정부의 권력을 견제하고, 균형을 이루도록 하는 것이다. 하지만 현재 대한민국의 인사청문회는 그 목적을 잃고 있다. 정당학회 회원들의 설문 결과 '인사청문회는 목적을 상실했다'는 응답이 70% 이상 나오기도 했다. 정쟁의 도구로 변질됐다는 것이다.

현 인사청문회는 '여방야공'이다. 여당 방어, 야당 공격 말이다. 야당은 능력적 검증보다 도덕적 흠집내기가 목표다. 여당은 문제로 지적할 만한 사안에 대해서도 무조건적으로 방어하려 한다. 하지만 인사청문회에서는 잠시 당을 버려야 한다. 좋은 인물을 뽑는데 여와 야가 왜 필요한가.

인사청문회의 본래 취지를 살리기 위해서는 내정 단계에서 철저한 검증이 필요하다. 야당에 도덕적인 문제로 공격받을 빌미를 제공하지 말아야한다. 그래야만 여당도 도덕적인 흠에 대해 방어하지 않게 될 것이다. 미국은 인사청문회에서 주로 능력 위주의 검증이 이뤄진다. 비결은 백악관의 철저한 검증이다. FBI와 국세청을 통해 약 4개월 가량 조사한다. 대학시절 주차위반까지 검증할 정도다. 당연히 인사청문회에서 도덕 논쟁은 없다. 후보자의 능력 위주 검증이 이뤄진다. 한국도 내정 단계를 강화하면 여야의 정쟁도 누그러지지 않을까 기대해본다.

논술❷

국민들의 눈에는 '전관예우 변호사'로 보이는 사람이, 왜 청와대 인사위원회에서는 '혁신 검사'로 보였을까. 인사청문회도 가보지 못하고 여론의 질타 속에 사퇴한 안대희 전 총리 후보자 이야기다. 인사위원회가 인사과정에서 고려하지 않은 점이 무엇이었을까. 우리의 인사검증시스템에 구멍이 뚫린 걸까.

시스템의 문제라기보다 사람의 문제였다. 이미 집단 구성 내에 문제가 존재하고 있었다. 인사위원회의 중요한 축을 담당하는 민정 라인의 80%는 대형 로펌 출신이었다. 김기춘 비서실장은 검찰총장, 법무부 장관을 지낸 뒤 법률사무소를 연 인물이다. '전관예우'라는, 사람들에게는 중요한 문제가 이들에게 중요하지 않은 문제가 되는 이유가 바로 여기에 있다. 이들은 비슷한 생각과 배경을 공유하고 있었으며, 그들만의 프레임으로 후보자를 평가했다.

『우리는 왜 극단에 끌리는가』의 저자 캐스 선스타인의 말을 빌리자면, 이들은 라이벌들의 팀Team of Rivals이 아니었다. 인사위원회에는 같은 생각을 가진 사람들, 즉 라이벌이 아닌 사람들이 모여 있었다. 이런 팀의 사람들은 자신들이 틀릴 수 있다는 생각을 하지 못하거나 하지 않게 된다. 그런 팀은 극단으로 흐르게 된다. 미국의 부시행정부가 대표적이다. 부시는 자신과 같은 생각을 가진 사람들을 기용했고, 자신과 다른 의견은 '충성심 부족'으로 간주했다. 그 결과 부시 행정부의 경우 이라크전 등에서 집단 극단화가 만개했다.

인사에서 가장 중요한 원칙은 집단 구성의 다양성이어야 한다. 구성원이 집단에 종속되지 않고 독립적으로 사고할 수 있어야만 조직이 극단으로 흐르지 않는다. '라이벌이 아닌 자들의 팀Team of unrivals'을 이룰 수 있어야 한다. 성공적으로 평가받는 링컨 행정부는 그런 집단이었다. 링컨은 자신의 생각에 이의를 제기할 수 있는 사람들을 일부러 선택하고 이들의 주장을 경청했다. 그것이 가장 합리적인 판단에 이르는 길이라고 믿었기 때문이다.

이 두 글은 모두 지금은 현직 기자로 일하고 있는 제자들이 언론사 수습기자 공채시험에 응시했을 때 쓴 논술답안이다. 논술❶은 시험을 통과하지 못했고, 논술❷는 통과했다.

안대희 총리 후보자의 전관예우 논란은 우리나라 공직자 검증 시스템에 큰 문제가 있는 것이 아니냐는 의구심을 낳았다. 당시 그런 문제를 지적하는 여론의 비판이 많았다. 논술❶은 일리가 있기는 하지만 그런 비판과 별다른 점이 없는 이야기, 어디서 많이 들어본 것 같은 이야기다. 반면 논술❷는 일리가 있을 뿐 아니라 그동안 쉽게 들어보지 못한, 참신하고 차별화된 이야기였다.

두 글의 당락을 가른 것은 다른 이유도 있지만, 무엇보다 그런 일리 있고 차별화된 주제를 담았기 때문이다. 같은 소재로 글을 쓰더라도 더 좋은 주제를 글에 담으려고 노력하는 것이 얼마나 중요한지 보여주는 사례다.

이번에는 기사로 예를 들어보자. 기사 역시 어떤 주제로 쓰느냐에 따라 결과가 확연하게 달라질 수 있다. 아래 두 글은 '의약품 부작용'을 소재로 선택해서 쓴 기사다. 둘 다 같은 학생이 썼다. 첫 기사는 '안전하다는 진통제가 생명을 빼앗을 수도 있다'가 주제이고, 두 번째 기사는 '의약품의 부작용 설명서가 어렵다'가 주제다. 주제를 더 좋은 것으로 고르면 글의 결과가 얼마나 달라질 수 있는지 살펴보자.

안전하다는 진통제, 목숨을 빼앗기도 한다
- 편의점에서 산 의약품 사용설명서의 놀라운 진실 -

"안전한 진통제의 선구자" 한 진통제 소개 홈페이지 '브랜드 소개' 페이지에 있는 제품 설명문의 제목이다. 이 진통제는 의사의 처방전이 없어도 누구나 편의점에서 쉽게 살 수 있는 제품이다. 두통이건 치통이건, 생리통이건, 신경통이건 통증만 나타나면 남녀노소 누구나 이 제품을 떠올릴 정도로 널리 사용된다. '국민 진통제'로 불릴 정도다. 이 약의 제품 설명에는 "미국 의사들이 다른 진통제보다 (이 제품을 더) 추천한다" "안전성에 대한 흔들리지 않는 노력으로 인해 전 세계의 많은 사람들이 이 제품을 사용하고 있다"는 내용도 있다. 주로 제품의 안전성을 강조하는 내용들이다.

그러나 미국 식품의약국FDA 홈페이지에는 놀라운 내용이 나온다. 미국에서 무려 4만 3000명이 이 약 성분의 약을 먹고 나서 병원 응급실 신세를 졌다는 내용이다. 1993년부터 1999년까지 불과 7년 사이에 나타난 부작용 사례만 해도 이렇게 많다. 이 성분의 약을 먹고 간이 손상돼 병원 입원 치료를 받은 미국인도 2만 3811명(1990년~1999년까지 10년간)이나 되고, 숨진 사람도 358명(1996년~1998년 3년간)에 이른다. 적정 복용량을 지켰는데도 부작용이 나타난 사례가 이 정도다.

이 뿐이 아니다. 캐나다에도 이 성분의 약으로 인한 사고나 부작용 사례가 적지 않다. 지난 2014년 2월 21일에 있었던 토론토 스타지의 보도를 보자. 토론토 스타지는 캐나다 통계 데이터베이스를 인용해 이 약 성분이 사망의 주원인이거나 사망에 기여한 사례가 2000년부터 2009년 사이에 253건에 이르고, 2005년부터 2013년 사이에 이 약 성분 때문인 것으로 의심되는 부작용 사례가 2402건에 달했다는 것이다. 이 중 287건은 사망 사고였다.

그렇다면 우리나라의 경우는 어떨까? 지난 2014년 10월 7일 새누리당의 신경림 의원은 식품의약품안전처에 대한 국정감사에서 "이 약 성분 때문에 숨지거나 평생 장애를 안고 살아야 하는 사람이 137명이나 된다"고 밝혔다. 신 의원은 "문제의 약은 편의점에서 쉽게 구매할 수 있는 것이라 과다복용의 위험이 크다"며 한국인을 대상으로 한 이 약 성분의 부작용 평가를 촉구했다.

이 진통제 홈페이지나 제품에 동봉된 사용설명서가 부작용의 위험성을 알리고 있기는 하다. 사용상의 주의사항이 그것이다. "매일 3잔 이상 정기적으로 술을 마시는 사람은 간이 손상될 수 있다"거나 "매우 드물게 갑자기 온몸에 고름 물집이 생길 수 있다"거나 "과량을 투약하면 신장이나 심근에 괴사가 일어날 수 있다"는 등의 설명이 주의사항에 들어있다. 그러나 간 손상, 고름 물집 발생, 신장 또는 심장 괴사의 위험이 어느 정도나 높은지에 대한 구체적인 설명은 전혀 없다. 그저 그런 부작용의 발생 가능성을 간단히 언급하고 있을 뿐이다. 제약회사는 혹시 환자가 편의점에서 이 약을 사려고 할 때 부작용 가능성에 대해 한번쯤 진지하게 생각해보는 것을 원하지 않는 것일까? (후략)

기사❷

의약품 사용설명서, 아직도 어렵다

주부 김순화(55)씨는 최근 약국에서 사먹은 종합감기약 부작용을 심하게 겪었다. 김씨가 복용한 약은 감기약, 항히스타민제, 해열제 등이 모두 섞인 약. 코 감기약인 항히스타민제가 졸음을 유발할 수 있다는 설명은 들었지만, 김씨는 어쩐 일인지 눈이 빨개졌다. 눈이 빨개진 건 아스피린 알러지 증상이라는 판정을 받고 이틀 만에 증상은 가라앉았다. 집에 돌아와서 약 상자의 깨알 같이 작은 글씨를 모두 읽어보았지만, '눈이 빨개짐'과 같은 설명은 없었다. 그나마 '드물게 나타난다'는 증상과 비슷했지만 전신과 함께 나타난다는 설명과 꼭 들어맞지 않았고, 얼마나 많은 사람에게 나타나는지도 알 수 없었다.

김씨만의 일이 아니다. 실제로 약 포장지에 적힌 설명은 어렵고, 모호한 구석이 많다. 포장용기를 열면 들어있는 첨부문서에는 사용상의 주의사항만 한글 포인트 6포인트로 두 페이지 가량 된다. 내용도 '미소프로스트롤', '간성 포르피린증' 등 의학적 지식이 없는 사람이 바로 이해하기에는 어려운 단어들로 되어있다. 누구나 손쉽게 구매할 수 있는 일반의약품이지만, 어떤 부작용이 얼마나 나타나는지에 대한 설명은 불친절하기 짝이 없다. 안전상비의약품으로 바뀐 타이레놀이나 부르펜 시럽, 베아제 등도 마찬가지다. 일반의약품보다는 큼직한 글씨로 첨부문서를 확인하라는 당부와 제품 홈페이지 소개까지 덧붙였지만, 홈페이지에서도 부작용이 얼마나 일어나는지에 대한 설명은 없다. 일부 심각한 부작용에 대해서만 드물게, 흔하게 등으로 표시되어 있었다.

식품의약품안전처도 소비자의 이러한 불편을 알고 개선하려는 노력을 해왔다. 2013년 12월 20일 일반의약품의 설명을 쉽게하도록 개정고시를 발표했다. (후략)

위 기사는 둘 다 저널리즘 스쿨 학생 한 명이 쓴 연습 기사다. 이 학생은 처음에는 기사❷를 쓰려고 했다. 약학을 전공하고 대학병원에서 약사로 일했던 학생이라 의약품에 대해 아는 것이 많았다. 의약품 사용설명서에 문제가 많아서 개선할 필요가 있다는 문제의식 때문에 이 기사를 쓰려고 했다.

학생은 의약품 사용설명서를 읽기 편하고, 이해하기 쉽고, 의약품의 부작용 위험성이 명확하게 드러나도록 만들면 의약품을 잘못 복용해 환자가 고통을 겪는 일을 줄일 수 있다고 생각한 듯하다. 제대로 취재해서 잘 쓰고 좋은 매체에 실으면 우리 사회나 독자, 의약품 복용자들에게 도움이 될 수 있는 좋은 기사로 판단됐다.

그러나 필자는 이 기사를 더 좋은 것으로 만들 방법을 학생과 의논하는 과정에서 놀라운 사실을 알게 됐다. 우리가 의사의 처방전 없이 편의점에서 쉽게 살 수 있고 흔히들 복용하는 진통제를 잘못 먹으면 목숨을 잃을 수도 있다는 것이다. 미국 식품의약국FDA 홈페이지에 관련 사망자 통계까지 공개돼 있다고 했다. 그게 사실이라면 사용설명서의 부작용 설명이 부실하다는 점을 기사로 쓸 것이 아니라, 부작용 자체를 기사로 써야 하지 않은가? 부작용 기사와 사용설명서 기사를 같이 쓰는 것도 좋은 방법이다.

학생은 필자의 조언대로 주제를 '안전하다는 진통제도 과다복용하면 심각한 부작용이 나타날 수 있다'로 바꿔 기사를 다시 썼다. 그게 바로 기사❶이다. 이 기사는 저널리즘 스쿨 교수진 회의에서 '지상파 방송 밤 종합 뉴스가 머리기사로 다룰만한 좋은 기사'라는 반응이 나왔다. 「의약품 사용설명서, 아직도 어렵다」 기사였다면 아마 그런 반응이 나오지 않았을 것이다.

편의점에서 파는 진통제는 국민 누구나 복용할 수 있으므로 적정 복용량을 지켰음에도 불구하고 심각한 부작용이 나타날 수 있고, 그런 사실이 사용설명서에 잘 설명돼 있지 않다면 반드시 국민이 알아야 한다. 그러나 의약품 사용설명서가 여전히 어렵다는 기사는 상대적으로 그럴 필요가 적다. 이미 많은 사람이 알고 있다. 문제 제기가 필요하지만, 우리가 경각심 없이 흔하게 복용하는 진통제가 자칫 심각한 부작용을 초래할 수도 있다는 것보다는 그 필요한 정도가 덜하다.

이 학생처럼 더 좋은 주제가 있는데도 활용하지 못하고 그보다 못한 주제로 글을 쓰는 경우를 적지 않게 봐왔다. 글쓰기 전에 충분히 생각해보지 않았거나, 어떤 것이 더 좋은 주제인지 모르거나, 미처 더 고민해볼 시간적 여유가 없거나, 바쁘고 복잡한 일이 많아 정신적 여유가 없거나, 다른 사정이 있었을 것이다. 그러나 이유가 어쨌든 내 글을 더 좋게 만들고, 내 글 실력을 키우고 싶다면 꼭 유념해야 한다. 소재와 마찬가지로 주제도 잘못 선택하면 문장 표현이 아무리 좋아도 독자가 수긍하거나 공감하도록 하기 어렵다는 점, 더 좋은 주제를 찾으려고 노력하지 않으면 글이나 글 실력이 크게 늘지 않는다는 점이다. 누구나 인정할 만큼 절대적으로 좋은 주제까지는 아니더라도 늘 지금 주제보다 더 좋은 주제가 없는지 궁리하는 습관을 들여야 한다.

어떤 것이 더 좋은 주제일까?

그렇다면 어떤 것이 더 좋은 주제일까? 소재와 마찬가지로 주제도 어떤 것이 더 좋은 것인지를 누구나 동의하도록 한마디로 정의하기는 어렵다. 사람에 따라 생각이 서로 다를 수 있다. 필자는 우리의 삶, 사회 구성원들의 삶을 더 좋게 만드는 데 도움이 되는 주제, 공동선을 추구하는 주제가 더 좋은 주제라고 생각해왔다. 이런 주제로서 논증이 가능한 주제, 시의성이 있는 주제, 사회적 함의가 큰 주제, 과거보다는 미래 지향적인 주제를 선정하도록 학생들을 지도해왔다. 그동안 많이 들어보지 않은 참신하고 차별화된 주제라면 더 좋다. 논술의 경우가 그렇다.

작문이나 생활 에세이라면 직접적으로 관련된 이야깃거리가 충분한 주제, 흥미로운 요소가 더 많은 주제, 시의성이 있는 주제, 나만 문제로 생각하거나 좋다고 여기는 게 아니라 다른 사람도 문제로 생각하거나 좋다고 생각할만한 주제가 더 좋은 주제다. 그동안 없었던 새로운 주제라면 금상첨화다.

3. 더 좋은 내용 간추리기

글은 건축에 비유할 수 있다. 소재를 정하는 것은 석조건물을 지을지, 목조건물을 지을지, 이 두 가지가 섞인 혼합건물을 지을지 정하는 것과 비슷하고, 주제를 정하는 것은 어떤 느낌의 건물을 지을지 콘셉트를 정하는 것과 비슷하다. 글의 내용 간추리기는 건물의 콘셉트를 잘 구현하려면 여러 건축자재 중에서 어떤 자재를 쓸지 정하는 것과 같다. 주제와 관련된 여러 내용 중 주제를 독자에게 더 정확히 전달하고 더 잘 납득하도록 할 수 있는 내용을 간추리는 것이다. 글을 쓰기 전에 이 과정을 미리 거쳐야 글 쓰는 목적을 잘 달성할 수 있다.

정확한 내용 간추리기

더 좋은 내용 간추리기의 출발점은 주제와 관련된 여러 내용 중 정확한 사실을 엄선하는 것이다. 사실과 다른 내용은 신뢰를 무너뜨린다. 신뢰는 글의 궁극적 목적인 독자 설득이나 공감 유발의 토대다. 신뢰를 잃으면 소재나 주제, 내용이 아무리 좋아도 독자를 설득하거나 독자의 공감을 얻을 수 없다.

당연한 이야기라 그런 내용을 글에 담는 경우가 드물 것 같지만 그렇지 않다. 그동안 지도한 학생들의 글에 사실과 다른 내용이 적지 않았다. 사실이 아닌데도 사실로 잘못 알거나 사실인지 아닌지 따져보지 않고 글에 잘못 담아 일어난 일들이다. 부주의하거나 집중력이 떨어진 상태에서 글을 써도 이런 일이 벌어진다. 예를 들어보자.

다음은 현재 언론사 입사 준비를 하고 있는 학생이 쓴 연습글의 첫 단락이다. 주요 언론사 두 곳에서 1년 이상 인턴을 했던 학생이다. 그중 한 곳은 인턴 교육을 비교적 제대로 하는 곳으로 소문이 나 있다. 글 내용 중 사실과 다른 내용이 없는지 살펴보자.

'전원 수용 원칙'. '귀순 의사를 밝힌 탈북자는 모두 수용한다'는 방침이다. 1990년대 말, 북한의 식량난으로 국내에 입국하는 탈북자 수가 늘어나면서 당시 김영삼 정부가 추진했다. 설령 탈북자가 귀순 과정에서 살인 등 중범죄를 저질렀다 하더라도 북송하지 않고 국내에서 재판을 받도록 했다. 인도주의적 차원에서다. 실제로 20명 남짓한 탈북자가 이 방침에 따라 법정에 섰다. 그런데 30년 동안 지켜온 원칙은 문재인 정부에서 깨졌다. 2019년 11월 김책항에서 나포된 탈북 어민 2명을 북송하면서다. 시대가 변하면 원칙은 깨질 수 있다. 다만 정부가 탈북 어민을 북송한 근거와 송환 과정을 국민에게 알리지 않았다는 점이 문제다.

이 글에는 명백하게 사실과 다른 내용이 들어 있다. "2019년 11월 김책항에서 나포된 탈북 어민 2명을 북송하면서다"라는 내용이 그렇다. 북송된 탈북 어민 2명이 나포된 곳은 김책항이 아니라 동해 북방한계선 인근 해상이다. 통일부가 그렇게 발표했다.

　김책항은 한반도에서 가장 북쪽에 있는 함경북도의 남쪽 끝 김책시에 있다. 북송 탈북 어민이 김책시에서 나포됐다면 우리 선박이 북방한계선을 넘어 북한군의 경계망을 뚫고 김책항까지 올라가 북한 어민을 나포했다는 이야기가 된다. 당시 남북관계나 안보 상황에서 있을 수 없는 일이다. 수많은 탈북 어민 북송 관련 보도 중 그 어떤 보도에도 이런 내용은 없다. 그럼에도 이런 내용이 글에 담겼다. 글을 제출하기 전 퇴고 과정에서도 걸러지지 않았다. 부주의나 집중력 저하 때문에 벌어진 일이다.

　이 글에는 사실이 아니라고 단정할 수 없지만, 사실인지 아닌지가 불확실한 내용도 있다. 사실 확인이 필요한 내용이다. 바로 '귀순 과정에서 살인과 같은 죄를 저지르더라도 받아들인다는 원칙 덕에 20명 남짓한 탈북자가 국내에서 재판받았다'는 내용이 그렇다. 그러나 이런 사실이 있는지 없는지 아직 확인되지 않아 여전히 진실 공방이 벌어지고 있다. 〈연합뉴스〉의 2022년 8월 2일 자 기사 「北에서 살인 등 중범죄 저지른 탈북자 국내서 처벌한 적 있다?」가 이와 다른 내용을 전한다.

　이 기사에 따르면, 조사 과정 등에서 중국 또는 북한에서 성폭행, 납치, 감금 등 범죄를 저지른 사실이 확인돼 국내 입국한 탈북민을 처벌한 사례가 4건 있지만, 탈북 어민 북송 사건의 경우처럼 정부 당국이 합동신문 과정에서 확인한 살인 등 중범죄

전력 탈북자를 국내에서 처벌한 사례는 아직 없다. 문제의 내용은 글에 담기 전에 사실 여부 확인 과정을 거쳤어야 한다.

'우리 정부가 김영삼 정권 시절 귀순 의사를 밝힌 탈북자는 전원 국내로 받아들인다는 원칙을 추진했다'는 내용 역시 사실 확인이 필요하다. 당시 정부가 비슷한 방침을 세웠다는 것은 사실이다. 그러나 당시 관련 보도 중에 글의 내용과 다른 보도들이 있다. 정부가 귀순 의사를 밝힌 탈북자를 모두 받아들이는 것이 아니라 해상 탈출을 통해 귀순을 시도하는 탈북자만 받아들이기로 했다는 기사들이다.

바다로 귀순하는 탈북자는 목숨을 건 탈북이라 살인범이라 하더라도 인도적 차원에서 모두 수용하지만, 육지 등으로 귀순하는 탈북자는 그렇지 않다는 것이다. 1997년 5월 13일 자 〈조선일보〉 기사 「정부, 해상탈북자 전원수용 방침」, 같은 날짜 〈동아일보〉 기사 「정부 '해상탈북자 전원수용'…임시수용소 재검토」, 1997년 5월 14일 자 〈한국경제신문〉 기사 「해상탈북자 전원 수용… 정부, 종합대책 마련」도 같은 내용이다.

북송된 탈북 어민의 경우는 해상 탈출에 해당할 수 있어서 사실 이런 차이가 이 글의 설득력이나 신뢰도를 크게 떨어뜨리지 않는다고 볼 수도 있다. 그러나 이 내용이 만약 사실과 다른 잘못된 내용이라면, 그리고 이 글을 공개한 뒤에 누군가 이 글에서 이런 내용을 인용해 확산시킨다면 어떤 일이 벌어질까? 요즘 같은 '이야기 퍼 나르기 시대'에는 본의 아니게 잘못된 정보의 진원지가 될지도 모른다.

왜 이런 일이 일어났을까? 이 글을 쓴 학생은 글에 사실을 담으려고 나름대로 상당히 애썼다. 학생이 김영삼 정부의 전원 수용원칙을 처음 접한 것은 한 북한인권단체의 네이버 블로그에서였다. 블로그에 공개돼 있는 이 단체 책임자의 세미나 발제문에서 그런 원칙이 있다는 것을 알게 됐다. 탈북 어민 북송에 대해 탈북민들이 어떻게 생각하는지 알려고 관련 자료를 찾던 중에 발견했다.

학생은 이 내용이 사실인지를 확인하기 위해 자료 조사를 더 하다가 CBS 라디오 〈김현정의 뉴스쇼〉 2022년 7월 22일 방송에서도 동일한 내용을 찾았다. 다음은 김현정 앵커와 태영호 의원의 대담 내용을 〈노컷뉴스〉가 글로 옮긴 것이다.

태영호 "북송 어민은 탈북 브로커? 신뢰성 낮은 제보"

◇ 김현정: 알겠습니다. UN에서 북한이 그냥 개별 국가로도 인정받고 있는, 그러니까 어떻게 보면 우리 법상으로는 북한 주민이 우리 주민이기도 한데 또 국제적으로 볼 때는 UN에서는 한 국가로 인정받고 있는 상황이라 강제 추방이 가능하기도 하고 약간 미묘한, 복잡한 것들이 있더라고요.

◆ 태영호: 그래서 이 문제와 관련해서 이런 문제가 생길 수 있기 때문에 김영삼 정권 때 우리 정부가 전원수용원칙, 이런 걸 세웠습니다. 이건 뭔가 하면 이런 논란거리가 있기 때문에 북한에서 온 사람이면 살인자든 아니든 다 받아야 된다. 전원수용원칙을 세웠고 그 이후에 계속 우리 역대 정부는 그 원칙을 지켜왔다는 거죠.

밑줄 친 내용은 김영삼 정권 시절 정부가 살인범까지도 받아들이는 탈북자 전원수용방침을 세웠다는 학생 글의 내용과 일치한다. 학생은 공신력 있는 주요 언론 매체의 유명 뉴스 프로그램에 방송된 내용이고, 남북 관계에 관해 전문성이 있는 태영호 의원의 발언이라 사실로 생각했다고 한다.

사회관계망이나 블로그, 유튜브에 있는 내용 중에는 '사실'과 '사실인 듯 보이지만 사실인지 아닌지가 확인되지 않은 것', '사실이 아닌 것'이 섞여 있다. 언론매체 보도도 마찬가지다. 언론매체, 특히 주요 매체의 경우는 여러 단계의 사실 검증 과정을 거치기 때문에 사회관계망이나 블로그, 유튜브보다는 그런 내용이 훨씬 적지만, 사실이 아니거나 사실 여부가 확인되지 않은 미확인 정보가 없다고 할 수 없다.

현실 세계나 가상 세계에 돌아다니는 이야기를 글에 담으려면 사실 여부를 철저하게 확인하는 것이 좋다. 가장 편한 방법은 공신력이 있는 언론매체의 관련 보도 내용을 여러 건 찾아보는 것이다. 여러 언론매체가 지속적으로 같은 내용으로 보도하고, 관련 당사자가 아무런 반박이나 해명, 정정보도 요구를 하지 않았다면 그것은 사실일 가능성이 매우 크다.

물론 관련 당사자가 시인하면 당연히 사실이다. 더 좋은 방법은 가급적 관련 기관이나 관련 당사자의 발표문이나 입장문 전문을 찾아 읽어보는 것이다. 이보다 더 좋은 방법은 가능하다면 정보공개청구 등의 방법으로 관련 자료를 확보해 사실 여부를 직접 확인하는 것이다.

목표지향적으로 내용 간추리기

더 좋은 내용을 간추리는 또 다른 요령은 글에 담을 내용을 앞서 설명한 것처럼 목표지향적으로 고르는 것이다. 정확한 사실이라고 해서 주제에 다 도움이 되는 것은 아니다. 제2장의 예시에서 보듯이 도움이 되는 정도도 내용마다 다르고, 도움이 되는 게 아니라 방해가 되는 것도 있다. 글에 담을만한 내용 중에서 주제 전달과 독자 설득 또는 공감 유발에 더 도움이 되는 것을 골라 글에 담아야 한다.

이번에는 자기소개서를 예로 들어 어떻게 더 좋은 내용을 간추리는지 알아보자. 자기소개서는 학생들이 가장 쓰기 어려워하는 글이다. 자기소개서 내용은 자신이 누구보다 가장 잘 아는

'자기 이야기'다. 그런데 이상하게도 학생들은 자기소개서 쓰기를 어려워한다. 문장 표현력이 부족하지 않은 학생들도 다른 글보다 어렵게 생각한다. 자기소개서를 어떻게 쓰는 것이 효과적인지 잘 몰라서 그런 게 아닌가 싶다.

자기소개서의 소재는 '나', 주제는 '내가 다른 지원자보다 더 나은 지원자'다. 직원을 채용하는 회사에는 보통 선발 예정 인원보다 많은 지원자가 몰린다. 구인하는 입장에서는 지원자 중 더 나은 인재를 뽑으려고 하기 마련이다. 내가 더 나은 지원자라는 점을 설득하지 못하면 자기소개서 심사를 통과하기 어렵다. 자기소개서는 이 설득 목표를 잘 달성할 수 있도록 내용을 담아야 하는 것이다.

다음 글 두 편은 YTN에서 기자로 일하고 있는 제자가 학생 시절에 쓴 자기소개서의 일부다. 한 편은 초고, 다른 한 편은 입사하려는 곳에 실제로 제출한 최종 원고다. 두 글을 비교해서 읽어보고 어떤 자기소개서의 주인공이 더 나은 지원자로 느껴지는지, 즉 자기소개서의 목표를 더 잘 달성했다고 느껴지는지 분석해보자.

'파주특파원', 세상의 청진기를 꿈꾸다

길 가던 사람 붙잡고 "아픈 곳 없냐?"고 물어보면 정신 나간 사람 취급을 받는다. 그런데 병원에서 청진기를 들이대면 아픈 사람들이 기꺼이 제 몸을 보여준다. 처방전은 의사가 쓰지만, 청진기는 가장 가까이서 문제를 짚을 수 있다. 겉으로 티 안 나는 병도 맥을 짚어 밝혀낸다. 나는 사회의 청진기가 되고 싶다. 세상이 얼마나 아픈지 보고 싶어서 언론사 인턴으로 일했다. AP통신이었다. 주로 북한뉴스를 다뤘지만, 분단현실에서는 남북한 이슈를 통해 사회 문제를 볼 수 있었다. 작년 개성공단 사태가 발생했을 때 우리 측 근로자들의 눈물을 보며 느꼈다.

나는 AP통신의 '파주특파원'으로 통했다. 한 달 내내 통일대교와 남북한 출입국사무소 현장을 담당했기 때문이다. 뉴스가 많아지자 데스크 선배님은 현장에 있는 내게 점점 많은 기사를 맡겼다. CNN, BBC 기자들이 내가 쓴 기사를 참고할 것이라고 생각하니 긴장됐다. 우리 말을 영어로 바꾸면서 정확한 의미를 전달하려고 노력했다.

4월 3일부터 5월 3일까지 매일 4시간씩 자면서, 나는 하루도 지각하지 않았고 한 번도 실수하지 않았다. 매일 새벽에 출근했지만 언제나 선배보다 30분 일찍 사무실에 도착했다. 카메라 선배님이 지각한 날에는 혼자서 삼각대, 카메라, 노트북을 짊어지고 현장으로 달려가기도 했다. 정확하고 빠른 뉴스, 생생한 뉴스를 전달하는 SBS에도 나 같은 '특파원' 한 명쯤은 있어야 한다. 세상에도 나 같은 '청진기' 하나쯤은 있어야 한다.

AP통신 '파주특파원', SBS에서 '내 일'을 봅니다

❖ 2개월 차 인턴, 로이터를 제치다

AP통신 서울지국에서 나는 '파주특파원'으로 통했다. 작년 4월 개성공단이 일시적으로 폐쇄된 후, 한 달 동안 통일대교와 남북한 출입국사무소를 담당했기 때문이다. 뉴스가 많아지자 데스크께서는 현장에 있는 내게 점점 더 많은 뉴스를 맡겼다. 우리 측 관계자 7명이 마지막으로 개성공단을 나오던 날, 나는 세계 4대 통신사 중 AP통신과 경쟁관계에 있는 로이터를 제치고, '단독'으로 뉴스를 내보냈다. CNN, BBC 기자들이 내가 쓴 기사를 토대로 관련 뉴스를 작성했다. 기자의 꿈을 더 다지는 계기가 됐다.

❖ 파주에서 만난 사람들, 내가 '기자'를 꿈꾸는 이유

현장에서 나는 보았다. 혹시나 입경이 허락될까 매일 CIQ를 찾던 화물차 운전사, 개성공단에서 짐 하나라도 더 빼오려고 차에 보따리를 산처럼 쌓아온 근로자. 차 안에서 운전대를 잡고 엉엉 울던 입주기업 사장. 나는 이런 분들의 목소리를 세상에 알리는 삶을 살고 싶다.

❖ SBS문화재단 장학생, SBS에서 내일을 봅니다

인턴을 마친 후 '기자'라는 꿈에 확신을 갖고 뛰어든 곳이 '프런티어 저널리즘 스쿨'이다. SBS문화재단이 이화여대와 공동으로 운영하는 예비 언론인 과정의 조교로 일하며 공부했다. 『저널리즘의 기본 원칙』을 읽으며 앞으로 기자로 살아가며 명심해야 할 언론윤리를 배웠다. 인턴 시절 현장에서 넓은 시야를 얻었다면, 저널리즘 스쿨에서는 깊은 관점을 배웠다.

AP통신에서 '파주특파원'으로 일한 한 달 동안 매일 4시간씩 자면서, 나는 하루도 지각하지 않았고 단 한 번도 실수하지 않았다. 정확하고 빠른 뉴스, 생생한 현장을 전달하는 SBS에도 나 같은 '특파원' 한 명쯤은 있어야 한다.

두 글은 똑같이 제자 자신의 이야기다. 자기 생각과 경험을 자기소개서에 담았다. 그러나 그 내용과 성격은 서로 다르다. 초고는 제자가 어떤 지원자인지를 설명하는 내용이다. 왜 SBS 기자가 되고 싶은지, 어떤 준비를 해왔는지 설명하는 내용 위주로 썼다. 청진기 이야기나 AP통신 인턴 경험 이야기가 그런 내용이다. 다른 지원자보다 더 나은 지원자임을 설득한다는 자기소개서의 목표를 잘 이루도록 쓴 것이 아니라, 내가 어떤 지원자인지 알리는 데 그쳤다.

물론 AP통신에서 인턴을 했다는 내용이나 하루도 지각하지 않고 한 번도 실수하지 않았다는 내용이 있기는 하다. 그러나 그 정도로는 부족하다. 좋은 지원자라는 인상을 주기는 하지만, 다른 지원자보다 더 좋은 지원자라는 인상은 주지 못할 수 있다. 언론사 지원자 중에는 인턴 경험이 있는 지원자도 많고, 당연히 성실하고 치열한 지원자도 많다. 청진기에 자신을 빗댄 이야기가 흥미롭긴 하지만, 다른 지원자보다 더 잘할 것 같다고 생각되지는 않는다.

반면 최종 원고는 다른 지원자보다 더 좋은 지원자라는 인상을 줄 수 있도록 목표지향적으로 쓰였다. "2개월 차 인턴, 로이터를 제치다"라는 중간 제목부터가 그렇다. 로이터는 역사가 160년을 넘고 취재망도 여러 나라에 두고 있는 세계적인 거대 통신사 중 하나다. AP통신 역시 로이터에 필적하는 거대 통신사지만, 인턴이 입사 두 달 만에 그런 통신사와의 취재 경쟁에서 이겼다는 내용을 읽으면 자기소개서 심사자가 "아. 그래? 그런 경험이 있어?" 이런 생각을 할 만하다. 단독 기사를 써서 CNN, BBC 기자들이 그 기사를 토대로 관련 뉴스를 작성했다는 설명과 파주특파원으로 일한 한 달 동안 매일 4시간씩 자면서, 하루도 지각하지 않았고 단 한 번도 실수하지 않았다는 내용까지 읽으면, 평가위원들은 이 학생을 다른 지원자보다 더 나은 인재라고 생각할 수 있다.

단독 기사를 잘 쓰면 언론사의 이미지를 좋게 만들고, 독자를 늘리는 데 도움이 된다. 그러나 누구나 단독 기사를 취재하지는 못한다. 취재기자라면 누구나 욕심을 내지만, 단독 기사를 쓰는 것은 그리 쉽지 않다. 단독 기사다운 단독 기사를 평생 1건도 써보지 못하는 기자도 많다.

우연히 단독 기사를 취재해 내는 경우도 드물다. 필자는 21년 동안 보도 업무에 종사했지만 특별한 경우를 제외하고는 그런 경우를 거의 보지 못했다. 입사 2개월 만에 단독 기사를 써냈다는 것은 그만큼 취재를 남보다 열심히 했다는 말이고, 취재를 남보다 잘할 가능성이 있는 지원자라는 의미다.

자기소개서를 효과적으로, 목표지향적으로 쓰려면 이렇게 해보자. 내 생각, 내 경험을 내가 더 나은 지원자라는 근거로 활용하는 것이다. 단순히 "내 생각은 이래요, 나는 이런 경험을 했어요,

이렇게 실력을 쌓았어요" 이런 식으로 쓰지 않고 "내가 남다른 지원자라는 이유는 이런 거예요, 이렇게 좋은 생각을 해왔고, 이렇게 잘 해왔거든요" 이렇게 이유를 설명하는 방식으로 자기소개서를 써보자.

필자의 제자들은 모두 자기소개서를 이런 식으로 써서 소기의 성과를 거뒀다. 자기소개서 전형을 통과하지 못해 고민했던 제자들도 쓰는 방법을 이런 식으로 바꾼 뒤 모두 자기소개서 전형을 통과했다. 언론사 지망생뿐 아니라 일반 직장 지원자들도 효과를 봤다. 글의 내용을 목표지향적으로 쓰는 것이 얼마나 중요한지 알 수 있는 단적인 사례다.

목표지향적인 내용을 최대한 많이 담기

글은 그 내용이 목표지향적인지 아닌지의 영향을 받지만, 그뿐이 아니다. 그런 내용이 글 전체에서 얼마나 되는지, 다시 말해 목표지향적인 내용이 글에 얼마나 많은지에 따라서도 완전히 달라진다.

앞서 소개한 두 번째 학생의 글 「나목은 절망의 상징이 아니다」를 예로 들어보자. 그 글의 주제는 제목에서도 나타나듯이, 나목은 절망이 아니라 내일을 기약하는 희망의 상징이라는 것이다. 글이 이 주제를 독자가 수긍하거나 공감하도록 하려면 '그래, 나목은 절망의 상징이 아니야!' 이런 생각이 들만한 내용을 글에 담아야 한다. 이것이 바로 목표지향적인 글쓰기다. 글에서 3~5단락은 바로 그런 내용이다. 독자가 주제를 납득하도록 하는 데 꼭 필요하다. 그 내용의 설득력 정도나 설득 성공 여부와 상관없이 그렇다. 이 세 단락을 글에서 빼버리면 독자가 글의 주제를 전혀 납득할 수 없다. 글 전체를 읽어보고 한번 생각해보자.

초고

나목은 절망의 상징이 아니다

❶ 찬 바람이 뼛속까지 파고드는 추운 겨울이다. 짐승들은 겨울나기에 들어갔고, 여름철 내 귓가에서 맴돌던 모기떼도 언제 그랬냐는 듯 사라진 지 오래다. 사람들의 어깨도 추위에 잔뜩 움츠러들었다. 활동을 멈춘 것은 비단 이 뿐만이 아니다. 봄, 여름 화려한 자태를 자랑하던 나무도 이파리 하나 없는 앙상한 나목으로 겨울을 난다. 한파라도 몰아치는 날엔 행여나 가지가 부러지지 않을까 싶을 정도로 초라한 모습이다. 다른 생명체는 추우면 추울수록 더 껴입기 바쁜데, 왜 나목은 다 벌거벗고도 추위를 극복할 수 있을까?

❷ 나목이란 단어 자체에서도 알 수 있듯이, 나목은 벌거벗은 나무다. 여기서 분명 구분지어야 할 것은 '고목'과는 다르다는 것이다. 고목은 말 그대로 '죽은 나무'다. '나목'이 '고목'과 구분되는 점은 나목은 모습은 초라할지 몰라도, 분명 내일을 기약하고 있다는 점이다.

❸ 실제로 나목은 나무가 겨울 추위를 이겨내기 위해 잎이 떨어지고 대사

활동이 거의 중지되면서 휴면에 들어간 상태를 말한다. 떨어진 잎에는 불필요한 노폐물이 포함되고 이것이 곧 낙엽으로 켜켜이 쌓여 마치 담요같은 역할을 하는 것이다. 땅 위의 모든 것들은 죽더라도 눈이나 흙 속의 뿌리만은 따뜻하게 보호해주는 것이다. 겨울이 지나고 봄이 오면 나목이 또 싹을 틔울 수 있는 이유다.

❹ 나목은 겉보기에는 앙상하기 짝이 없지만 분명 보이지 않는 곳에서 '새로운 날'을 준비하고 있다. 불교에서는 나목은 윤회의 상징이기도 하다. 얼핏 보면 상실 혹은 절망의 의미를 지니고 있지만 사실은 그 안에 또 다른 가능성, 즉 봄의 파릇파릇함을 지니고 있기 때문이다. 이혜인 수녀도 자작시 '나목 일기'에서 '나목은 의지의 뿌리'라고 묘사한 점도 마찬가지다. 지금은 아무 쓸모 없는 고목과 다름없어 보이지만 나목은 당장 이 겨울의 황량함만 견뎌내면 풍성함이 기다리고 있다.

❺ 어쩌면 우리 인생사도 이와 같은 것이 아닌가 싶다. 더군다나 제2의 IMF로 불릴만큼 꽁꽁 얼어붙은 경제위기 속에서 하루하루 이 추위를 견뎌내기가 어려워 보이긴 하지만, 나목을 보며 삶의 지혜를 얻는 것은 어떨까? 이 겨울만 지나면 나목에게도 봄이 찾아오듯, 우리네 겨울도 언젠가는 끝날 것이라고 말이다.

이 글에서 나목이 사실은 휴면 상태일 뿐 뿌리는 살아 있기에 봄에 또 싹을 틔울 수 있다는 이야기(3단락), 불교에서는 나목이 윤회의 상징이라는 이야기(4단락), 나목을 보며 삶의 지혜를 얻자는 이야기(5단락)는 모두 글의 주제와 직접적인 상관이 있다. 독자가 나목이 절망의 상징이 아니라는 생각을 떠올리게 할

만한 내용이다. 첫 단락은 어떤가? 첫 단락도 3, 4, 5단락과 같은 효과를 낼 수 있을까? 첫 단락을 다시 읽어보자.

❶ 찬 바람이 뼛속까지 파고드는 추운 겨울이다. 짐승들은 겨울나기에 들어갔고, 여름철 내 귓가에서 맴돌던 모기떼도 언제 그랬냐는 듯 사라진 지 오래다. 사람들의 어깨도 추위에 잔뜩 움츠러들었다. 활동을 멈춘 것은 비단 이 뿐만이 아니다. 봄, 여름 화려한 자태를 자랑하던 나무도 이파리 하나 없는 앙상한 나목으로 겨울을 난다. 한파라도 몰아치는 날엔 행여나 가지가 부러지지 않을까 싶을 정도로 초라한 모습이다. 다른 생명체는 추우면 추울수록 더 껴입기 바쁜데, 왜 나목은 다 벌거벗고도 추위를 극복할 수 있을까?

1단락은 겨울 추위가 왔음을 알리고 나목이 그 추위를 어떻게 견디는지에 대해 독자의 관심을 유도하는 것이 주 내용이다. 나목이 절망의 상징이 아니라는 글의 주제와 직접 관련이 없다. 글에서 빼버려도 독자가 주제를 납득하도록 하기에 아무 지장이 없다.

글에는 도입부가 필요하니까 그 용도로 썼다고 생각할 수도 있다. 그러나 이 글의 2단락 역시 비슷한 내용이다. 독자 설득에 도움이 되는 내용이 아니다. 표현과 내용을 조금 바꾸면 2단락에 도입부 역할을 맡길 수도 있다. 그렇게 되면 1단락은 필요가 전혀 없다. 2단락을 다시 읽어보자.

❷ 나목이란 단어 자체에서도 알 수 있듯이, 나목은 벌거벗은 나무다. 여기서 분명 구분지어야 할 것은 '고목'과는 다르다는 것이다. 고목은 말 그대로 '죽은 나무'다. '나목'이 '고목'과 구분되는 점은 나목은 모습은 초라할지 몰라도, 분명 내일을 기약하고 있다는 점이다.

제목과 공백을 제외한 이 글의 전체 글자 수는 816자다. 전혀 목표지향적이지 않은 1단락이 214자, 내용 대부분이 목표지향적이지 않은 2단락이 116자, 3단락이 157자, 4단락이 200자, 마지막 5단락이 129자다.

1단락만 따져도 목표지향적이지 않은 내용이 글 전체의 약 26%다. 글의 1/4을 넘는다. 2단락까지 합치면 목표지향적이지 않은 내용이 전체 글자 수의 약 40%나 된다. 효과적인 글로 볼 수 없다. 냉정하게 말하자면, 주제를 더 잘 알리고 더 잘 납득시킬 기회를 헛되이 썼다고 할 수 있다.

각 단락의 글자 수

	1단락	2단락	3단락	4단락	5단락	계
글자 수	214자	116자	157자	200자	129자	816자
전체 글에서 차지하는 비중	26.2%	14.2%	19.2%	24.5%	15.8%	

(＊ 소수점 둘째 자리 이하 절사)

제자는 수업 시간에 필자와 다른 수강생들의 검토 의견을 듣고, 이를 참고해 6일 뒤 개선 원고를 제출했다. 개선 원고는 어떤지 찬찬히 검토해보자.

나목은 절망의 상징이 아니다

"그가 불우했던 시절, 온 민족이 암담했던 시절을 그는 바로 저 김장철의 나목처럼 살았음을 나는 알고 있다." 박완서의 〈나목〉의 한 대목이다. 소설 속에서 주인공은 말라 비틀어져버린 낡은 고목이 그려진 그림을 자신의 암울한 상황과 동일시한다. 그러나 시련을 극복하고 새 날이 찾아온 뒤 같은 그림을 보고는 비로소 그 그림이 '고목枯木'이 아니라 사실은 '나목裸木'이었다고 생각하며 소설이 끝난다.

여기서 고목과 나목은 차이가 없지 않나 하는 의문도 있을 수 있겠다. 나목이 종종 '절망'의 상징으로 생각되는 이유도 고목과 나목을 구별하지 못해서가 아닐까 싶다. 한자만 보더라도 알 수 있듯이, 우리는 말라서 죽어버린 나무를 두고 '고목'이라고 한다. 고목은 무늬만 나무일 뿐, 새로운 싹을 틔울 가능성이 없는 것이다. 반면 '나목'은 벌거벗은 나무, 즉 잎이 떨어지고 가지만 앙상히 남은 나무를 말한다. 고목과 달리 '죽은' 상태가 아닌 '정지' 상태기 때문에 추운 겨울만 잘 견디면 봄을 기약할 수 있다. '절망'이 아닌 '희망'이다.

실제로 봄, 여름에 온갖 화려한 연둣빛 색채를 자랑하던 나무는 가을이 되면서 잎이 하나둘씩 떨어진다. 휴면 상태에 들어가기 위해서다. 나뭇잎은 생장하기 위해 많은 수분을 필요로 하는데, 기온이 급격히 떨어지는 추운 겨울에는 수분 때문에 나무가 얼어버릴 가능성이 높다. '살기 위해' 낙엽이 지는 것이다. 낙엽이 지고 나목은 대사활동을 일체 중지하고 '동면'에 들어간다. 뿐만 아니라 떨어진 잎은 불필요한 노폐물이 포함되고 이것이 곧 낙엽으로 켜켜이 쌓여 담요같은 역할을 해준다. 보기에는 가지만 앙상히 남아 추워보이지만 사실은 그것이 나목 나름대로 추위를 이겨내기 위한 방법인 것이다. 이 추위만 이기면 '새 날'이 오니까 말이다.

나목의 이러한 특성 때문에 불교에서는 나목을 윤회의 상징으로 보기도 한다. 칼바람을 맞고 있는 지금 나목의 모습은 절망적이지만 사실은 그 안에 또 다른 가능성, 즉 봄의 파릇파릇함을 지니고 있기 때문이다. 이혜인 수녀도 자작시 「나목일기」에서 나목을 '의지의 뿌리'라고 묘사한 것도 마찬가지다. 사면이 얼어붙고 보이는 것이라고는 앙상한 가지뿐이지만 나목은 추위 속에서 더 광대한 싹을 틔우는 행복한 희망 아래 벌거벗고 있는 것이다.

새해가 밝았지만 어쩐지 예년만큼 밝지가 않은 것 같다. 아마도 추운 날씨만큼이나 꽁꽁 얼어붙은 경제 때문일 것이다. 더군다나 우리나라만의 문제가 아닌 전 세계적으로 경제난에 봉착해 있다. 이럴 때일수록 나목에게서 삶의 지혜를 배우는 것은 어떨까. 당장은 끝이 보이지 않는 매서운 칼바람만 몰아치지만, 내일이 더 나아진다는 막연한 희망을 품고 묵묵히 매서운 바람을 맞는 벌거벗은 나목처럼 산다면, 그것이 곧 오늘을 살 수 있는 원동력이 되지 않을까. 겨울이 지나면 봄은 반드시 오기 마련이니까.

개선 원고의 내용 중 초고와 가장 다른 단락은 첫 단락, 즉 글의 도입부다. 첫 단락을 완전히 다시 썼다. 초고와 어떻게 다른지 비교해보자.

초고 1단락	찬 바람이 뼛속까지 파고드는 추운 겨울이다. 짐승들은 겨울 나기에 들어갔고, 여름철 내 귓가에서 맴돌던 모기떼도 언제 그랬냐는 듯 사라진 지 오래다. 사람들의 어깨도 추위에 잔뜩 움츠러들었다. 활동을 멈춘 것은 비단 이 뿐만이 아니다. 봄, 여름 화려한 자태를 자랑하던 나무도 이파리 하나 없는 앙상 한 나목으로 겨울을 난다. 한파라도 몰아치는 날엔 행여나 가 지가 부러지지 않을까 싶을 정도로 초라한 모습이다. 다른 생 명체는 추우면 추울수록 더 껴입기 바쁜데, 왜 나목은 다 벌거 벗고도 추위를 극복할 수 있을까?
개선 원고 1단락	"그가 불우했던 시절, 온 민족이 암담했던 시절을 그는 바로 저 김장철의 나목처럼 살았음을 나는 알고 있다." 박완서의 〈나목〉의 한 대복이다. 소설 속에서 주인공은 말라 비틀어져 버린 낡은 고목이 그려진 그림을 자신의 암울한 상황과 동일 시한다. 그러나 시련을 극복하고 새 날이 찾아온 뒤 같은 그림 을 보고는 비로소 그 그림이 '고목枯木'이 아니라 사실은 '나목 裸木'이었다고 생각하며 소설이 끝난다.

　　초고의 첫 단락은 맨 마지막 문장을 제외하고는 별 의미가
없다. 끝 문장만 남기고 다 없애도 이 글의 주제 전달 능력이나
독자 설득 능력을 떨어뜨리지 않는다. 그러나 개선 원고의 첫 단
락은 그렇지 않다. 이 단락을 없애면 글의 주제 전달력이나 설득
력을 떨어뜨린다. 제자는 나목(이파리가 다 떨어져 앙상해진 나무)을
'고사목(말라죽은 나무)과 대비시켜 나목이 새 희망을 품고 있다는

점을 납득시키려고 했다. 나목과 고사목의 비교가 이 글의 중요한 설득 장치다. 이 시도가 얼마나 성공적이었는지와 상관없이 일단 이 내용 자체는 글에 꼭 필요하다.

그런 의미에서 개선 원고는 초고보다 진일보했다고 할 수 있다. 초고보다 미흡한 점이 있고, 또 아직 내용 전개를 효과적으로 하는 능력을 키우지 못한 데다가 문장이 세련되지 않아서 여전히 글을 잘 썼다는 느낌이 들지 않지만, 내용이 주제와 더 상관이 있는 내용, 즉 목표지향적으로 바뀌었다.

목표지향적인 내용이 적으면 적을수록 글이 무슨 이야기인지 독자가 잘 알기 어려워진다. 글의 초점을 흐리기 때문이다. 다음 장에서 자세히 설명하겠지만, 글의 초점은 글쓰기 5대 목표 중 두 번째 목표에 결정적인 영향을 미치는 요소다. 글 전체 내용 중 목표지향적인 내용이 많을수록 이 목표를 잘 달성할 수 있다. 목표지향적인 내용의 분량은 글의 설득력이나 공감 유발 능력에도 영향을 미친다. 주제의 토대나 논거를 탄탄하게 만들 수 있기 때문이다.

어떤 것이 더 좋은 내용일까?

글에 담기에 더 좋은 내용은 '주제를 정확히 알리고 잘 납득시키는 데 더 도움이 되는 내용'이다. 주제의 정확한 전달과 독자 설득 또는 공감 유발이 글을 쓰는 목적이기 때문이다. 어떤 주제로 글을 쓰든 이 목적을 더 잘 달성할 수 있도록 할 수 있다면 그것은 좋은 내용이 될 수 있다. 주제와 더 직접적으로 관련 있는 내용, 행복한 반려견 예시의 반려견 눈에 해당하는 내용이 그렇다.

글을 쓰기 위해 관련 내용을 간추렸다면 그중 어떤 내용이 주제를 더 잘 전달하고 독자를 설득하는 데 효과적인지 미리 생각해보는 습관을 들이자.

글쓰기 제1 목표 : 글의 알맹이 잘 준비하기
- 더 좋은 소재 선택하기
- 더 좋은 주제 선정하기
- 더 좋은 내용 간추리기

글쓰기 제2 목표

: 무슨 이야기인지 금방 알게 하기

글은 내용이 아무리 좋아도 독자들이 무슨 말인지 모르면 별 소용이 없다. 대부분의 독자는 글이 무슨 이야기인지 금방 알기 어려우면 읽기를 그만둔다. 이런 글은 글쓰기의 궁극적 목적인 독자 설득이나 공감 유발은커녕 글쓰기의 1차 목적인 주제의 정확한 전달도 이루기 어렵다. 글쓰기 5대 목표 중 첫 단계인 글의 알맹이 준비를 마쳤다면, 이제 글이 무슨 이야기인지 독자가 금방 알 수 있도록 노력해야 한다.

방법은 세 가지다. 첫째, 글의 가독성可讀性을 최대한 높이는 것. 둘째, 가해성可解性을 최대한 높이는 것, 셋째, 글의 초점을 주제에 잘 맞추고 주제가 또렷하게 드러나게 하는 것이다. 하나하나 자세히 알아보자.

1. 가독성 높이기

가독성은 문자 그대로 '읽기가 가능한 정도'를 말한다. 표준국어대사전은 '인쇄물이 얼마나 쉽게 읽히는가 하는 능률의 정도'가 가독성이라고 설명하고 있다. 인쇄하지 않고 손글씨로 직접 쓰는 경우도 해당된다.

가독성은 독자에게 여러 영향을 미친다. 글이 어떤 내용인지 알아차리기 쉽게 만들거나 그 반대로 어렵게 만든다. 글을 아예 보지 않도록 만들기도 한다. 독자가 글을 읽는 속도에 영향을 미친다는 연구 결과도 있다. 임학래가 2014년 6월, 석사학위 논문으로 쓴 「노안 인구 증가에 따른 글자의 적정 크기에 관한 연구 : 단행본 본문 글자를 중심으로」가 그런 연구 중 하나다.

일반인 중에는 가독성을 중요하게 생각하지 않거나 아예 신경을 쓰지 않는 분도 많다. 그러나 가독성을 높이지 않으면 애써 쓴 글이 무용지물이 될 수도 있다. 그런 일이 없도록 어떤 것들이 가독성에 영향을 미치는지 잘 알아둬야 한다. 실례를 들어보자.

손글씨

다음은 윤세영 저널리즘 스쿨 학생이 쓴 논술시험의 답안 중 일부다. 윤세영 저널리즘 스쿨은 논술시험을 치를 때 학생들에게 손글씨로 답안을 쓰도록 한다. 수습기자를 공개 채용할 때 논술시험 답안을 손글씨로 작성하도록 하는 언론사가 여전히 많기 때문이다. 학생들이 실제 시험을 볼 때 낯설지 않도록 하려

다. 새벽을 ○○지 않고 가장 어두운 정치적 겨울
입니다. 지난 2002년 대선 이후 만들어진 거대양
당은 군소정당에게 성장선결의 자유를 주지 않았
습니다. 정의당, 사회성, 녹색당은 ○3○로 쉽지 못
한 군소중정은 이름을 빼앗기고 해산되어야 했습
니다. 지역격표 선거에서 10%에 가까운 표를 얻
고 광주 역사가 10만이 넘는 통합진보당은 ○정
에 의존한 행정해산정판소송에 휘말려야 했습니다.
노무현 대통령 서거 우렸던 우한촌 자유에 긴축
면 이와 같은 중치적 후퇴는 반동이라 불러도
무방합니다.

*학생의 논술 답안❶

임기를 줄이고 재신임을 물을 수 있는 제도가
필요하다. 4년 중임제가 대안이다. 4년 중임제는
대통령의 정치적 책임을 강화하고 정책에 대한
국민적 심판과 피드백을 강화하는 제도다. 이는
대통령을 선출한 국민의 의사를 정책에 더 반영
한다는 점에서 국민주권의 원리에 더 부합한다.
나아가 대통령에 책임을 부여해 장기적 안목의
정책결정을 가능케 한다. 현재 4년 중임제를 채택

*학생의 논술 답안❷

는 조치다.

   답안❶은 글씨가 엉망이다. 무슨 글씨인지 바로 알 수 없는 것도 있다. 어떤 이야기를 썼는지 한눈에 금방 들어오지 않는다. 여간 주의를 기울이지 않으면 독자가 글의 내용을 금방 파악할 수 없다. 가독성이 낮은 글이다.

일반 독자에게 이런 글씨로 쓴 글을 보여주면 어떻게 될까? 인내심까지 발휘해가면서 글을 다 읽을 독자가 많을까? 낙관하기 어렵다. 앞서 말했지만 요즘 독자는 불편을 참고 읽지 않는다. 읽을거리가 워낙 많고, 읽는 대신에 할 일도 많다. 굳이 머리 아프게 어떤 글씨인지 일일이 살펴가면서 읽지 않는다. 이러면 내가 쓴 글이 무슨 이야기인지를 독자에게 잘 알리는 것이 애당초 불가능해진다. 답안❷를 읽어보자. 답안❶보다 글이 술술 잘 읽히지 않는가? 답안❶과 달리 가독성이 높은 글이다.

손글씨로 글을 쓸 때는 신경을 써야 한다. 멋지게 잘 쓰지는 않더라도 독자가 무슨 글씨인지는 금방 알 수 있도록 해야 한다. 독자에 대한 최소한의 배려이자 도리다. 컴퓨터로 글을 쓰는 것이 보편화됐지만, 취업을 준비하는 학생이라면 손글씨 연습도 틈틈이 해둬야 한다. 신입사원 채용시험을 보는 곳 중에 아직 손글씨로 답안을 작성하도록 하는 곳이 있다. 글씨가 엉망이면 채점자에게 나쁜 인상을 남겨 불리한 결과가 나올 수 있다.

글자 크기

손글씨만 가독성에 영향을 미치는 것이 아니다. 컴퓨터의 글자 크기도 가독성에 영향을 미친다. 영향을 미치는 정도가 생각하는 것보다 크다. 다음 두 글을 비교해보자. 바로 아랫글은 6포인트 글자체로, 그다음 글은 10포인트 글자체로 쓴 글이다. 어떤 것이 더 읽기 쉽고 편한가?

6포인트로 쓴 글

가독성은 문자 그대로 '읽기가 가능한 정도'를 말한다. 표준국어대사전은 '인쇄물이 얼마나 쉽게 읽히는가 하는 능률의 정도'가 가독성이라고 설명하고 있다. 예를 들어보자. 나쁜 글씨로 쓴 첫 번째 답안은 쉽게 읽히지 않으니까 가독성이 낮은 글이라 할 수 있다. 반면 술술 읽히는 두 번째 답안은 가독성이 높은 글이다.

10포인트로 쓴 글

가독성은 문자 그대로 '읽기가 가능한 정도'를 말한다. 표준국어대사전은 '인쇄물이 얼마나 쉽게 읽히는가 하는 능률의 정도'가 가독성이라고 설명하고 있다. 예를 들어보자. 나쁜 글씨로 쓴 첫 번째 답안은 쉽게 읽히지 않으니까 가독성이 낮은 글이라 할 수 있다. 반면 술술 읽히는 두 번째 답안은 가독성이 높은 글이다.

학생들은 수업의 과제물이나 보고서처럼 교수나 동료 학생들이 읽는 글을 주로 쓴다. 가독성에 유의할 필요를 크게 느끼지 못한다. 그러나 일반 대중을 독자로 할 때는 그렇지 않다. 일반 독자 중에는 작은 글씨가 불편한 분이 많다. 나이가 들어 노안이 오기 시작했거나 이미 노안이 된 분이 그렇다. 그런 분은 작은 글씨로 쓴 글을 읽는 것이 불편하고 고통스럽기도 하다.

"컴퓨터의 글씨 크기를 키워 읽거나 안경을 쓰면 되지 않아?" 이런 생각을 할 수도 있겠다. 그러나 독자 중에는 그런 수고를 감수하면서까지 글을 읽으려는 분이 많지 않다. 제4장에서 예로 든 의약품 사용설명서 경우를 보면 알 수 있다. 의약품은 심각한 부작용의 위험이 있기 때문에 복용 전에 주의사항을 꼭 읽어야 한다. 그러나 사용설명서를 꼼꼼히 읽지 않는 분이 많다. 설명이 어려운 탓도 있지만, 무엇보다 글씨가 워낙 작아 읽을 엄두가 나지 않는 분이 많다. 금융상품 약관도 마찬가지다. 조건을 잘 모르고 계약했다가 돈을 잃는 일을 막으려면 잘 읽어둬야 하지만 읽지 않는 분이 대부분이다. 글씨가 깨알처럼 작은 탓이다. 독자를 쫓지 않으려면 글자 크기를 적절하게 키워야 한다.

출판계는 이런 이유로 글자의 크기를 키워왔다. 2017년 5월 9일 자 〈서울신문〉의 「침침한 노년층, 큰 활자 끌린다」 기사에 따르면 1960년대 세계문학전집의 본문 크기가 8포인트였다. 그러나 이 기사가 실린 2017년 당시에 출판되던 책의 본문 크기는 10포인트 혹은 10.5포인트였다고 한다. 글씨 크기가 31%나 커진 셈이다. 마찬가지로 신문도 독자를 위해 글자 크기를 키운다. 수십 년 전에 발행된 신문보다 요즘 신문의 글자가 더 크다.

글자 크기처럼 행간行間, 즉 글의 줄과 줄 사이나 자간字間, 즉 글자와 글자 사이도 가독성에 영향을 미친다. 행간이나 자간이

지나치게 좁거나 넓으면 가독성이 떨어지고, 적절해야 가독성이 높아진다. 위의 예문을 서로 다른 행간으로 비교해보자.

아래아 한글 90% 행간

> 가독성은 문자 그대로 '읽기가 가능한 정도'를 말한다. 표준국어대사전은 '인쇄물이 얼마나 쉽게 읽히는가 하는 능률의 정도'가 가독성이라고 설명하고 있다. 예를 들어보자. 나쁜 글씨로 써진 첫 번째 답안은 쉽게 읽히지 않으니까 가독성이 낮은 글이라 할 수 있다. 반면 술술 읽히는 두 번째 답안은 가독성이 높은 글이다.

아래아 한글 160% 행간

> 가독성은 문자 그대로 '읽기가 가능한 정도'를 말한다. 표준국어대사전은 '인쇄물이 얼마나 쉽게 읽히는가 하는 능률의 정도'가 가독성이라고 설명하고 있다. 예를 들어보자. 나쁜 글씨로 써진 첫 번째 답안은 쉽게 읽히지 않으니까 가독성이 낮은 글이라 할 수 있다. 반면 술술 읽히는 두 번째 답안은 가독성이 높은 글이다.

단락의 길이

언론매체에 실리는 글은 일반 서적의 글과 두 가지 다른 점이 있다. 단락과 단락 사이를 한 줄 띈다는 점과 각 단락의 길이가 길지 않다는 점이다. 비교적 짧은 기사를 내는 일간 매체는 물론, 기사의 길이가 상대적으로 긴 월간 매체도 그렇다. 특히 일간 매체의 기사는 두세 문장으로 한 단락을 채우는 경우도 많다. 독자가 부담감을 느끼지 않고 편하게 읽도록 하려는 것이다. 단락의 길이가 길면 글의 가독성이 떨어진다. 가급적 단락의 길이를 길지 않도록 하는 것이 좋다.

2. 가해성 높이기

내 글이 무슨 이야기인지 금방 잘 알 수 있도록 하기 위해 필요한 두 번째 조치는 가해성을 높이는 일이다. 가해성은 글이 잘 이해되는 정도를 말한다. 앞서 설명한 가독성과는 다르다. 글이 잘 읽히는 정도가 가독성이고, 가해성은 글이 잘 이해되는 정도를 말한다.

단적인 예를 하나 들어보자. 어떤 단어를 잘 알아볼 수 있도록 아주 큰 글씨를 썼다고 하자. 그 단어는 가독성이 높을 것이다. 그러나 그 단어를 사람들이 잘 모르는 상형문자로 썼다면 어떨까? 상형문자를 배우지 않은 거의 모든 독자는 단어의 뜻을 이해할 수 없을 것이다. 그 단어는 가독성은 높지만 가해성은 매우 낮은 것이 되고 만다.

그렇다면 가해성이 높은 글은 어떤 글이고, 가해성이 낮은 글은 어떤 글일까? 다음 글 두 편을 비교해서 읽어보자. 첫 글은 현재 MBC에서 기자로 활약 중인 제자가 학생 시절에 쓴 글이고, 그다음 글은 서울대 법학전문대학원 천경훈 교수가 〈중앙일보〉에 기고한 2015년 12월 7일 자 칼럼이다.

제자의 글

가짜 뉴스

가짜뉴스 생산자에 책임을 묻기 위한 '법적 규제'는 그 선의에도 불구하고 '기본권 제약'이란 그릇된 결과를 초래할 가능성이 크다. 가짜뉴스를 생산한 가해자를 처벌하여 보호하려는 법익은 허위 날조된 정보로 인해 피해를 입은 개인의 인격권과 공익이다. 문제는 가짜뉴스라는 범죄 수단을 구성하는 요건과 그로 인해 침해받은 공익이 무엇인가를 정의하는 일이 어려운 탓에 법률은 명확해야 한다는 '죄형법정주의'에 위배된다는 점이다. 모호하게 정의된 가짜뉴스는 결국 관련 처벌 조항의 자의성을 높여서 국가 권력에게 표현물의 위법성을 판단할 수 있는 광범위한 공간을 부여하는 우를 범하게 된다.

'허위 정보'를 법으로 처벌해온 역사에서 얻을 수 있는 교훈은 가짜뉴스 처벌 문제에서도 유효하다. 헌재는 2013년 "공익을 해할 목적으로 전기통신설비에 의하여 허위의 통신을 발한 자"를 처벌하는 전기통신기본법 47조 1항에 대해 '허위성'과 '공익'을 명확한 개념으로 볼 수 없다는 사유를 들어 위헌 판결을 내렸다. 또한 박정희 정권 시대에 '유언비어 유포'를 처벌하기 위해 발표된 긴급조치 일부 조항에도 같은 이유를 들어 위헌이라 결정했다. 정권에 반하는 의견을 '허위 정보'라 명명했던 독재 정권의 역사를 돌이켜보면 가짜뉴스를 처벌하려는 시도도 어떤 위험으로 연결될지 짐작할 수 있다. 뿐만 아니라 명예훼손법을 비롯한 현행법은 허위 정보 유통으로 인해 피해를 입은 개인 인격권을 이미 보호하고 있다. 가짜뉴스를 처벌하는 새로운 법안은 사회적 안전과 공익을 해하는 표현물에 대한 규제라는 기능만 담당하게 되는 셈이다. 사회적 안전과 공익이 무엇인지에 관해 명확한 사회적 합의가 이뤄지지 않은 시점에서 가짜뉴스 생산에 대한 법적 규제는 도입돼서는 안 된다.

가짜뉴스가 법적 규제까지 검토되는 이유는 '사상의 자유시장'이 기능부전 상태에 빠졌기 때문이다. 17세기 영국 시인 존 밀턴은 저서 '아레오파지티카'에서 틀린 표현이라 할지라도 '사상의 자유시장'에서 그릇됨을 증명하는 과정에서 진리를 발견하도록 도와주는 사회적 쓸모가 있다고 설명했다. 우리 사회에서도 모든 의견이 자유롭게 토의가 이뤄지는 공론장이 있다면 가짜뉴스가 유통될지라도 자정작용이 일어날 것이라 기대할 수 있다. 그러나 디지털 시대에서 정보 유통은 밀턴의 생각과는 다른 방향으로 전개된다. 의견을 나눌 수 있는 공간이 이른바 '필터 버블'에 막혀 개인화된 탓에 다른 의견과 충돌하고 더 나은 앎으로 발전할 수 있는 동력은 상실됐다. 또한 선정적인 정보일수록 주목을 끌고 수익으로 연결되는 구조로 인해 혐오표현을 등에 엎은 가짜뉴스가 대거 생산되고 있다.

가짜뉴스를 자정 작용하는 공론장을 기대하기 어렵다면 공적 개입은 필수적이다. 2018년 EU가 가짜뉴스에 대응하기 위해 결성한 집행위원회를 모델로 삼아 정보전달 생태계를 바로 잡기위한 조치가 필요하다. 문제의 현상을 겨냥하는 대신 허위 정보가 유통되는 경로를 점검해 원인을 제거하기 위한 정책프로그램이 적절하다. EU 집행위원회는 자율규제를 최우선 원칙으로 삼아 저널리스트, 온라인 플랫폼, 공적 기관, 팩트체크 기구 등 이해관계자를 총망라한 협력체계를 구축했다. 정보의 출처를 투명하게 밝혀서 수용자들이 비판적으로 습득할 수 있게 하는 조치와 미디어 리터러시 교육 강화와 같은 방안이 해당 위원회에서 나왔다. 법적 규제라는 선택지에 비해 많은 정책들이 조합돼야 하지만 그 지난한 과정에서 가짜뉴스에 대응하는 공동체적 역량이 길러지기를 기대한다.

사시존치론, 조선 말 과거제 집착과 비슷하다

나라가 망해 가던 19세기 말, 조선에 상비군이라고는 8000명이 안 됐다. 이웃 나라들은 수백만의 서구식 군대를 키우던 때다. 군사만 부족한 게 아니라 쓸 만한 기술자도 전문가도 없었다. 나라 꼴이 이러니 힘 한번 못 써 보고 고꾸라진 게 놀랍지 않다.

그러면 조선 땅의 그 많은 인재는 다 무얼 하고 있었는가. 과거시험을 보고 있었다. 늙어서 노망이 나도록 되지도 않는 과거시험을 붙잡고 있었다.

일본과 굴욕적인 강화도조약을 맺은 지 3년 뒤인 1879년, 정시 문과 응시자 수만 21만 3500명이었다. 15명이 합격했으니 경쟁률은 1만 4000대 1. 합격자 평균 연령은 세종 때 20대 후반이었으나 고종 때에는 38세였다. 평균수명이 40세가 안 되던 시절이다.

정약용, 이익 등 선각자들은 과거제 폐지를 주장했다. 그러나 당시 여론조사를 했더라도 과거제 찬성론이 압도적으로 우세했을 것이다. 과거는 누구나 응시할 수 있는 '희망의 사다리'로 여겨졌기 때문이다. 결국 1894년 갑오개혁에서 과거제가 폐지됐지만 조선이 근대화의 격랑에서 살아남기는 이미 늦었다. 개천에서 난 용들은 나라를 구하긴커녕 대개는 친일파가 되었고 더러는 향리에 숨었다.

우리 민족은 왜 그렇게 과거제에 집착했을까. 왜 지배 엘리트조차 그 폐해를 끊는 결단을 하지 못했을까. 오랫동안 가졌던 의문에 대해 답 아닌 답을 얻었다. 21세기의 법무부도 7년 전에 법률로 정한 약속을 홀랑 뒤집어 사법시험 폐지를 연기하겠다는 걸 보니, 깜깜하던 19세기에 어찌 다른 선택이 가능했으랴 싶다.

과거제는 누구나 능력이 있으면 출세할 수 있는 당시로선 선진적인 제도였다. 그러나 모든 사람을 상대로 동일한 시험을 치러 성적으로 선별한다는 아이디어는 근대 문명의 다양한 전문가를 길러내는 데 적합하지 않았다. 그래서 선진국의 주류적인 엘리트 충원 방식은 시험을 통한 '선발'이 아니라 교육을 통한 '양성'이 됐다.

건국 초부터 대한민국은 고시로 법률가를 선발했다. 의대를 안 나와도 의사고시만 붙으면 의사가 되던 시절도 있었다. 교육시설과 역량이 부족하던 시기에는 불가피한 선택이었다. 그러나 제대로 된 나라라면 의학이나 법학 고등교육을 이수하지 않은 자에게 시험 한 방으로 의사나 변호사 자격증을 주지 않는다. 한국이 사법시험을 통한 '선발' 대신 법학전문대학원에서의 '양성'을 택한 것은 시대적 흐름에 맞는 결단이었다. 역사적 사명을 나한 사법시험 제도는 이미 7년 전 법으로 정해놓았듯이 예우를 갖춰 작별 인사를 하면 됐었다. 7년 차에 이른 로스쿨을 더 좋게 다듬는 것이 우리의 할 일이었다.

그런데 법무부는 느닷없이 사시 폐지를 4년 연기한다고 발표했다. 여론이 사법시험 존치를 지지한다는 이유다. 여론이 그런 건 당연하다. 정확한 속사정을 모르는 국민들로서는 사시가 가지는 역사적 상징성과 형식적 공정성을 저버리기 어렵기 때문이다. 강화도조약 후에도 20만 명씩 과거를 봤던 시험지상주의가 우리 DNA에 새겨져 있는지도 모른다. 19세기 말의 여론도 압도적으로 과거제 존치였을 것이다.

하지만 정부가 여론에 따라 정책을 손바닥 뒤집듯 바꾸는 것은 무책임한 일이다. 법무부가 내놓은 여론조사만 봐도 사시 존치에 찬성한다는 답변과 폐지에 찬성한다는 답변을 합치면 109%나 된다. 존치할지 물어도 예, 폐지할지 물어도 예라고 답한 사람이 꽤 있는 것이다. 게다가 설문에는 사법시험에 대한 미사여구가 붙어 있어 공정성 시비도 있다. 이런 오락가락하는 여론대로 결정한다면 인민재판과 무엇이 다른가. 여론조사에만 따른다면 미국산 쇠고기는 매년 수입 금지와 허가를 반복해야 할 것이고, 학교 급식은 무상인지 유상인지 학기마다 새로 정해야 할 것이다.

물론 로스쿨의 문제점도 많고 개선할 것도 많다. 교육의 질도 손봐야 하고 교수들도 각성해야 한다. 그러나 사시 존치는 그 해결책이 전혀 되지 못하고 문제를 악화시킬 뿐이다. 이제 와서 사시 신규 응시자들을 불러들이는 것은 사시의 문제점을 확대재생산하면서 로스쿨 본연의 기능도 망치는 최악의 선택이다. 필자는 22년 전 합격했던 사시와 훌륭한 교육을 시켜준 사법연수원에 애틋한 고마움을 갖고 있다. 그러나 필자의 직업적 양심에 따른 판단으론 이제 사시는 예정대로 역사 속으로 고이 보내고 로스쿨 개선에 힘을 모아야 한다.

주무부서인 법무부는 정녕 사시 존치가 필요하다고 믿었다면 공청회에서 당당하게 근거를 밝히고 토론해야 했다. 그러나 차일피일 입장을 유보하다가 신기남 의원 건으로 로스쿨 비난 여론이 비등한 시기에 기습 발표를 했다. 뭐가 그리 급했는지 대법원이나 교육부와도 전혀 의견 교환이 없었다. 발표문에서는 어떠한 비전도 찾기 어렵고 그저 허술한 전화 여론조사의 등 뒤에 숨었을 뿐이다. 반대 목소리에 놀라 하루 만에 최종 의견이 아니라고 물러섰지만 그 속내는 모른다. 대한민국 법무부가 어쩌다 이 지경이 되었나. 그 무책임과 비겁함이 슬프다.

두 글 중 천경훈 교수의 글이 술술 잘 읽히는 데 비해 제자의 글은 그렇지 않을 것이다. 천경훈 교수의 글은 무슨 이야기인지 금방 잘 알 수 있는데, 제자의 글은 내용 파악이 쉽지 않다.

제자의 글은 무슨 이야기인지 정확히 알려면 정신을 집중해서 정독해야 한다. 그렇게 하지 않으면 제자가 무슨 이야기를 하려 느지 문장을 읽는 족족 바로 알기가 어렵다. 제자의 글이 천경훈 교수 글보다 가해성이 훨씬 낮은 글이다. 무엇이 이런 글의 가해 성 차이를 만들어낼까? 원인은 여러 가지다. 필자가 그동안 학 생들의 글에서 발견한 여러 원인을 하나하나 살펴보자.

잘못된 단어의 사용

글의 가해성을 높이거나 낮추는 요인 중 가장 중요한 것은 단어다. 단어를 정확하게 사용해야 글을 읽는 사람이 글 쓰는 이 의 생각을 정확히 알 수 있다. 단어 본래의 뜻과 다르게 잘못 사 용하면 독자가 글 쓰는 이의 생각을 잘 이해하기 어렵다. 남성을 지칭하려고 하면서 '여성'이라는 단어를 쓰거나, 반려견을 '반려 묘'로 쓴다고 생각해보라. '에이~ 설마 그런 일이 있겠어?' 이런 생각이 들지도 모르지만, 여러 단계의 엄격한 수정 과정을 거치 는 언론보도에서도 그런 일이 일어난다. 대표적인 예를 하나 들 어보자.

박근혜 전 대통령 탄핵 파동이 있었던 2016~2017년, 우리 언 론에 자주 등장했던 단어가 하나 있다. '농단'이라는 단어다. 수 업 시간에 학생들에게 이 단어의 뜻을 물어보면 늘 이런 대답이 돌아온다. "그거, 가지고 논다는 뜻 아닌가요?" 학생들은 농단을 '농락籠絡', 즉 남을 교묘한 꾀로 휘어잡아서 제 마음대로 놀리거나 이용하는 것으로 잘못 알고 있다.

그러나 농단은 그런 뜻이 아니다. 국립국어원의 표준국어대사전은 '농단'의 뜻을 두 가지로 설명하고 있다. '깎아 세운 듯한 높은 언덕' 또는 '이익이나 권리를 독차지함'을 이른다. 어떤 사람이 시장에서 높은 곳에 올라가 사방을 둘러보고 물건을 사 모아 비싸게 팔아 상업상의 이익을 독점하였다는 데서 농단이라는 단어가 유래했다고 한다.

우리 언론의 잘못된 단어 사용 탓에 이제는 농단을 농락의 뜻으로 잘못 아는 국민이 훨씬 더 많아졌겠지만, 이 단어가 처음 언론보도에 잘못 쓰이기 시작했을 때는 농단의 의미를 정확히 알고 있던 독자들이 관련 기사를 읽을 때마다 왜 농락이라고 하지 않고 농단이라고 쓰는지 몰라 꽤 혼란스러웠을 것이다.

앞에서 예로 든 두 글의 경우는 그런 단어가 없지만, 요즘 대학생의 글 중에는 단어의 뜻을 정확히 모르고 사용한 경우가 적지 않다. 단어의 뜻을 어렴풋이 알기 때문에 단어의 뜻을 물어보면 제대로 답변하지 못하는 학생도 많다. 예를 들어보자. 다음은 언론사 입사 준비 중인 학생이 쓴 글의 일부다. '재원'이라는 단어가 나오는데, 표준국어대사전에서 살펴보면 재원은 재화나 자금이 나올 원천을 뜻한다. '세금은 국가 재정의 바탕이 되는 재원이다' 같은 예문처럼 재화나 자금을 마련했거나, 마련하거나, 마련한다고 할 때 잘 맞는 단어다. 이 글의 경우처럼 무언가를 나눠 준다고 말하려고 할 때는 재원이 아니라 '자원'이라고 써야 한다.

> (전략) 우리 국회는 역행하고 있다. 사회 전체의 이익이 제한된 상황에서 기성세대가 득을 보면 청년이 손해를 보고 있기 때문이다. 중장년층의 목소리가 크다 보니 청년 문제는 뒤로 밀려나 불공정한 **재원** 분배를 받고 있다. 그 원인에는 청년 과소대표 문제 탓이 크다. 21대 총선 청년 당선자는 300명 중 13명으로 4.3%에 불과하다. 입법 과정에서도 청년의 의견은 묵살당하는 경우가 다반사다. 승자와 패자로 나뉘어 **재원**과 정책의 양극화 현상이 일어나고 있는 것이다. 논제로섬 정치가 필요한 이유다. (후략)

단어의 뜻을 정확히 알지 못하고 글에 쓰면 자기 생각을 정확히 전달하고 독자를 설득하거나 공감을 유발하는 데 지장을 줄 수 있다. 과장이나 왜곡, 근거 없는 주장, 논리적 비약의 원인이 될 수도 있다. 글을 쓸 때는 국어사전을 늘 곁에 두도록 하자. 뜻을 확실하게 알지 못하는 단어가 있으면 사전을 찾아보는 습관을 들여야 한다. 이런 습관이 쌓이면 단어를 정확하게 구사할 수 있게 된다.

한자어의 사용

얼마 전 우리 사회에서 벌어진 한자어 사용 논란은 한자어를 가능한 한 쓰지 않는 일이 얼마나 중요해졌는지를 알려준다. 거의 모든 언론이 다뤘던 '심심甚深한 사과' 논란이다. 사연은 이렇다. 최근 서울의 한 카페가 '심심한 사과 말씀을 드린다'라고 사과문을 올렸다. 그러자 '심심한 사과? 난 하나도 안 심심해' 이런 비난의 글이 이어졌다. 제대로 된 사과가 아니라는 것이었다. 매우 깊고 간절하게 사과한다는 뜻의 '심심한 사과'를, 하는 일이 없어 지루하고 재미가 없어 하는 사과로 오해한 데서 비롯됐다. 이를 두고 어떻게 이런 기본적인 단어를 모를 수 있느냐며 황당해하는 반응도 있었지만, '진심 어린 사과'나 '깊은 사과'처럼 쉬운 말도 있는데 굳이 '심심한 사과'라는 말을 써야 했느냐는 지적도 나왔다.

우리말에는 한자어가 워낙 많아서 한자어를 사용하지 않는 것이 그리 쉽지는 않다. '심심한 사과'의 경우는 쉽게 우리말로 바꿔 쓸 수 있지만, 그렇지 않은 경우도 많다. 한자어를 뜻과 느낌까지 정확하게 전달되도록 우리말로 풀어 쓰는 것이 어렵기도 하다. 한자어를 우리말로 풀어서 쓰다 보면 글이 길어지는 부작용이 생기기도 한다.

그러나 한글 전용 정책이 펼쳐진 지 오래되면서 우리 사회에는 한자어 뜻을 모르는 분이 점점 늘어나고 있다. 평소에 많이 사용하지 않는 한자어는 물론 일상적인 한자어도 꼭 필요한 경우를 빼고는 가능하면 쓰지 않는 것이 좋다. 글이 다소 길어지더라도 가해성을 높이는 것이 더 중요하다.

도입부에서 소개한 제자의 글이 무슨 이야기인지 금방 알 수 없었던 중요한 이유 중 하나도 한자어가 너무 많다는 것이다. 이에 비해 천경훈 교수의 글이 그렇지 않다. 한자어가 없지만 제자 글에 비하면 훨씬 적다. 과연 그런지 두 글의 첫 단락만 다시 비교해보자.

제자 글의 1단락	가짜뉴스 생산자에 책임을 묻기 위한 '법적 규제'는 그 선의에도 불구하고 '기본권 제약'이란 그릇된 결과를 초래할 가능성이 크다. 가짜뉴스를 생산한 가해자를 처벌하여 보호하려는 법익은 허위 날조된 정보로 인해 피해를 입은 개인의 인격권과 공익이다. 문제는 가짜뉴스라는 범죄 수단을 구성하는 요건과 그로 인해 침해받은 공익이 무엇인가를 정의하는 일이 어려운 탓에 법률은 명확해야 한다는 '죄형법정주의'에 위배된다는 점이다. 모호하게 정의된 가짜뉴스는 결국 관련 처벌 조항의 자의성을 높여서 국가 권력에게 표현물의 위법성을 판단할 수 있는 광범위한 공간을 부여하는 우를 범하게 된다.
천경훈 교수 칼럼의 1단락	나라가 망해 가던 19세기 말, 조선에 상비군이라고는 8000명이 안 됐다. 이웃 나라들은 수백만의 서구식 군

> 대를 키우던 때다. 군사만 부족한 게 아니라 쓸 만한 기
> 술자도 전문가도 없었다. 나라 꼴이 이러니 힘 한번 못
> 써보고 고꾸라진 게 놀랍지 않다.

한자어를 우리가 평소 쓰는 말로 바꾸면 글의 가해성이 좋아진다. 제자의 글 첫 단락을 그렇게 바꿔보면 안다. 한자어 중에서 우리가 평소에 잘 쓰는 단어로 바꿀 수 있는 것은 바꿔보는 것이다. 한자어가 가해성에 미치는 영향을 알려고 해보는 것이니까 가급적 다른 것은 손대지 말고 한자어만 바꿔보자. 그리고 가해성이 얼마나 달라지는지, 얼마나 더 잘 이해되는지 눈여겨보자.

원문	수정문(한자어를 쉬운 우리말로 변경)
가짜뉴스 생산자에 책임을 묻기 위한 '법적 규제'는 그 선의에도 불구하고 '기본권 제약'이란 그릇된 결과를 초래할 가능성이 크다.	가짜뉴스 생산자에게 책임을 묻겠다고 법을 만들면 그 뜻이 좋다고 해도 '기본권 제약'이란 잘못된 결과를 낳을 가능성이 크다.
가짜뉴스를 생산한 가해자를 처벌하여 보호하려는 법익은 허위 날조된 정보로 인해 피해를 입은 개인의 인격권과 공익이다.	가짜뉴스 생산자 처벌로 보호하려는 것은 가짜뉴스 피해자의 인격권과 공익이다.

문제는 가짜뉴스라는 범죄 수단을 구성하는 요건과 그로 인해 침해받은 공익이 무엇인가를 정의하는 일이 어려운 탓에 법률은 명확해야 한다는 '죄형법정주의'에 위배된다는 점이다.	문제는 무엇이 가짜뉴스인지, 그로 인해 침해받은 공익이 무엇인가를 정의하는 일이 어려워 법률은 명확해야 한다는 '죄형법정주의'에 어긋난다는 점이다.
모호하게 정의된 가짜뉴스는 결국 관련 처벌 조항의 자의성을 높여서 국가 권력에게 표현물의 위법성을 판단할 수 있는 광범위한 공간을 부여하는 우를 범하게 된다.	가짜뉴스가 어떤 것인지를 모호하게 정의해두면 결국 관련 처벌 조항을 자의적으로 해석할 가능성을 높인다. 국가 권력에게 표현물이 위법인지 아닌지를 판단할 수 있는 권한을 너무 폭넓게 주는 잘못을 저지르게 된다.

법 이야기는 사실 쉽게 쓰기 어렵다. 일반인들이 잘 모르는 개념과 전문용어가 많기 때문이다. 예컨대 제자 글에도 나오는 '법익' 같은 단어다. 법익은 법 규정이 보호하려는 이익이다. 법을 공부한 분은 잘 아는 단어지만, 일반인 중에는 한 번도 못 들어본 분도 있다. 더 어려운 단어도 많다. '위하력', '조각사유', '부종성', '용익권', '기판력' 등 법률 전문가가 아니면 그 뜻을 모르는 단어가 부지기수다. 그런 단어를 빼고는 글을 쓰기 어려운 경우가 많다. 그러나 꼭 필요한 경우를 제외하고는 가급적 어려운 단어를 피해야 독자가 이해하기 좋다. 부득이한 경우라면 부

연 설명을 통해 그 뜻을 설명해줘야 한다. 예시에서 보듯이 그런 단어만 줄여도 가해성이 높아진다. 의학이나 과학 분야의 글도 마찬가지다.

대중화되지 않은 외래어, 외국어의 사용

앞서 소개한 가짜뉴스에 관한 글 3, 4단락에는 외래어 5개가 나온다. '필터 버블', '저널리스트', '온라인 플랫폼', '팩트 체크', '미디어 리터러시'가 그것이다. 여기서 '저널리스트'나 '온라인 플랫폼', '팩트 체크' 같은 단어들은 그동안 하도 많이 사용되어서 일반인들도 대부분 그 뜻을 다 안다. 그러나 '필터 버블'과 '미디어 리터러시'는 그렇지 않다. 그 뜻을 정확히 모르는 독자가 많을 수 있다. 이런 단어는 부연 설명을 해줘야 글의 가해성을 떨어뜨리지 않는다.

더 좋은 방법은 가능한 한 우리말을 쓰는 것이다. 우리말 표현을 모를 때는 국립국어원 홈페이지의 도움을 받으면 된다. 국립국어원 홈페이지는 외래어를 대신할 수 있는 우리말을 안내하고 있다. 가령 필터 버블은 '정보 여과 현상', 미디어 리터러시는 '매체 이해력'으로 쓰도록 권한다. 국립국어원 홈페이지 첫 화면의 '공공언어 개선 – 다

* 국립국어원 홈페이지

듬은 말' 메뉴에서 외래어 대신 쓸 수 있는 우리말을 쉽게 찾을 수 있다.

그러나 의외로 외래어나 외국어 표현을 그냥 우리말 대신 쓰는 학생이 많고, 일반인들이 잘 모르는 외래어나 외국어 표현을 부연 설명 없이 쓰는 경우가 적지 않다. 다음 글을 읽어보자. 〈이데일리〉 기자로 일하고 있는 제자가 2021년 6월에 쓴 글의 일부다.

> **스케이프 고트식 외교**로는 양국 모두 이익을 담보할 수 없다. 책임을 물어야 할 대상이 된 상대국은 협상, 협력의 파트너라기보다는 배척해야 할 대상에 가깝다. 그만큼 타협의 여지는 적어진다. 명확한 현실 인식과 이성을 바탕으로 꾸려나가야 할 외교의 장에 감정이 재배하게 되는 과정이다. 특히나 지리적으로 밀접한 위치에 있는 한일 관계를 절연할 수도 없다. 국제적 분업으로 질서있게 분담해오던 수출 수입 관계도 **스케이프 고트식 외교**로 인해 한차례 홍역을 치른 바 있다. 2년 전 일본의 수출 규제 조치로 한국 기업의 피해가 막대했던 사례가 이를 방증한다. 혐오를 걷어내지 않고 말 폭탄만 주고받는 관계에서 미래를 논할 순 없다.

해당 글에서 '스케이프 고트식 외교'라는 표현이 나온다. 이 말의 뜻이 무엇인지 금방 아는 독자가 얼마나 될까? 스케이프 고트scape goat는 '희생양' 또는 '속죄양'이라는 뜻의 영어 표현이다. 옥스퍼드 영영사전은 '남이 저지른 잘못이나 실수 때문에 비난받는 사람'을 스케이프 고트라고 부른다고 뜻풀이를 하고 있다. 이 제자의 글은 대일 외교정책의 문제점을 지적한 글이다.
사전의 뜻풀이를 충실하게 적용했을 때 제자는 짐작하건대 이런 생각을 했던 것이 아닌가 싶다.

> · 스케이프 고트 = 남의 잘못이나 실수 때문에 비난받는 사람
> · 남의 잘못 = 한반도 식민 지배에 책임이 있는 제국주의 시대 일본
> · 남의 잘못 때문에 비난받는 대상 = 현재의 일본
> · 스케이프 고트식 외교 = 과거의 일본이 저지른 잘못 때문에 현재의 일본을 비난하는 외교

그러나 일반 독자 중에 '스케이프 고트식 외교'라는 표현이 이런 뜻으로 한 말인지 알 수 있는 사람이 그리 많지 않을 것이다. 제자가 설사 다른 뜻으로 쓴 표현일지라도 결과는 마찬가지다. 의무적으로 꼭 읽어야 하는 경우가 아니라면 필자처럼 이렇게 사전의 뜻풀이를 토대로 분석해가면서 글을 읽는 독자는 없다. 이런 표현은 피해야 한다. 다음 글은 JTBC에서 기자로 일하고 있는 제자가 학생 시절에 쓴 글이다. 이 글도 비슷한 문제를 안고 있다.

> **Quid pro quo** 내가 귤을 주면 상대는 적어도 내게 사과를 줘야 한다는 교류의 원칙이다. 핵심은 대가 교환의 '약속'을 지키는 데 있다. 2018년 남북미 관계가 순풍을 달린 힘도 약속 이행에 있다. 한미는 연합군사훈련을 중단하고 북한은 핵실험을 중단했다. 이른바 쌍중단이다. 시계를

조금 더 과거로 돌려보자. 오바마 행정부는 북한을 방치하는 전략적 인내를 사용했는데, 그 뒤에도 약속이라는 키워드가 숨어있다. 북미가 2.29 합의를 이뤄냈는데, 북한이 위성을 발사해 약속을 깼기 때문이다. 이를 기점으로 워싱턴 '대화파'는 씨가 말랐다. 바이든이 당선된 지금, 약속은 여전히 중요한 키워드다. 바이든 행정부의 대북정책은 북미가 서로의 '약속'을 지켜내느냐가 핵심이 될 것이다. (후략)

이 글 첫 단락에는 일반인들이 알 수 없는 외국어 표현이 나온다. 'Quid pro quo'라는 라틴어다. 영어로 직역하면 'what for what(무엇인가에 해당하는 무엇)'이라고 한다. 웹스터 영영사전은 이 표현을 "당신이 다른 누군가를 위해 무엇인가를 주거나 무슨 일을 해줬을 때 그 대가로 당신에게 무엇인가를 주거나 무엇을 해주는 것"이라고 설명한다.

글은 'Quid pro quo'라는 표현 바로 다음에 "내가 귤을 주면 상대는 적어도 내게 사과를 줘야 한다는 교류의 원칙"이라는 문장을 이어 붙였다. 이 라틴어 표현이 어떤 뜻인지 알지 못하는 독자의 이해를 돕기 위한 배려다. 좋은 생각이다. 그러나 이 정도로는 부족하다. 'Quid pro quo'의 뜻을 잘 모르는 독자가 오해할 소지가 있다. 이 라틴어 표현이 '무엇인가에 해당하는 무엇'을 뜻하는 것이 아니라 '내가 귤을 주면 상대는 적어도 내게 사과를 줘야 한다'를 뜻하는 것으로 잘못 이해할 수 있다. 'Quid pro quo'를 웹스터 사전의 뜻풀이대로 알고 있는 독자 중에는 '내가 잘못 알고 있나?' 하고 혼란을 겪을 수 있다. 제자가 'Quid pro quo' 바로 다음에 붙인 문장은 일종의 예시일 뿐, 그 라틴어 의 뜻은 아니다.

〈주간동아〉는 이 표현을 기사로 쓴 적이 있다. 2019년 11 월 15일 자 권재현 기자의 기사 「美 대통령 탄핵정국에 등장한 'Quid pro quo(대가성)' - 한국의 한자성어에 해당하는 영미권의 라 틴 숙어」로, 재미있게 잘 쓴 기사라서 아래에 일부만 소개한다.

퀴드 프로 쿼의 문자 그대로의 뜻은 '뭔가에 해당하는 뭔가what for what' 다. 누군가 뭔가를 가져오면 그에 걸맞은 뭔가를 내놓는다는 의미다. 뜻만 놓고 보면 '눈에는 눈, 이에는 이'에 해당하는 '팃 포 탯tit for tat'을 연상케 한다. 받은 만큼 돌려준다는 뜻은 같지만 '팃 포 탯'이 주로 보 복, 앙갚음을 의미할 때가 많은 반면, '퀴드 프로 쿼'는 혜택받은 것에 대한 대가 지불을 의미한다. 우리 속담 가운데 '가는 정이 있어야 오는 정이 있다'에 해당한다고나 할까.

* 기사 「美 대통령 탄핵정국에 등장한 'Quid pro quo(대가성)'
- 한국의 한자성어에 해당하는 영미권의 라틴 숙어」

글이 무슨 이야기인지 독자가 금방 알고 혼란을 겪지 않으 려면 가령 다음 수정문❶처럼 써야 한다. 그래야 독자를 오도하 지 않을 수 있다. 더 좋은 것은 〈주간동아〉의 기사처럼 친절하게

쓰는 것이다. 그렇게 수정한 것이 수정문❷다. 이렇게 고치면 독자가 더 쉽게 이해할 수 있다.

원문	*Quid pro quo* 내가 귤을 주면 상대는 적어도 내게 사과를 줘야 한다는 교류의 원칙이다. 핵심은 대가 교환의 '약속'을 지키는 데 있다.
수정문❶	*Quid pro quo* 내가 무엇인가를 주면 상대도 무엇을 줘야 한다는 영미권의 라틴 숙어다. 가령 내가 '귤'을 주면 상대는 적어도 내게 '사과'를 줘야 한다는 것이다. 교류가 잘 이뤄지도록 하려면 꼭 유념해야 할 원칙이다. 핵심은 대가 교환의 '약속'을 지키는 데 있다.
수정문❷	*Quid pro quo* 내가 무엇인가를 주면 상대도 무엇을 줘야 한다는 영미권의 라틴 숙어다. "가는 정이 있어야 오는 정이 있다"는 우리 속담과 같은 말이다. 가령 내가 '귤'을 주면 상대는 적어도 내게 '사과'를 줘야 한다는 것이다. 교류가 잘 이뤄지도록 하려면 꼭 유념해야 할 원칙이다. 핵심은 대가 교환의 '약속'을 지키는 데 있다.

고사성어, 중국 고전 명구의 부연 설명 없는 인용, 부정확한 설명

일반인이 잘 모르는 고사성어나 중국 고전의 구절을 충분한 부연 설명 없이 인용하는 것도 글의 가해성을 떨어뜨린다. 다음 글을 읽어보자. 이 글은 우리나라 여야가 길을 잘못 가고 있다는 점을 지적하기 위해 중국의 『손자병법』을 인용했다. 『손자병법』은 중국 춘추시대 때 오나라의 명장 손무가 쓴 것으로 여겨지는 유명한 병법 책이다. 이 책은 전쟁에 이기는 법을 다뤘지만, 경영이나 외교 같은 다른 분야에서도 좋은 전략을 세우기 위해 널리 활용된다.

> 손자는 병법에서 지천지지知天知地, 승내가전勝乃可全을 강조했다. 여기서 지천은 시간을, 지지는 지형을 뜻한다. 즉 타이밍과 지형을 알면 이길 수 있다는 것이다. 오늘날 여야는 손자의 말과 먼 행보를 걷고 있다.

윗글 첫 문장에서 인용한 "지천지지知天知地, 승내가전勝乃可全"은 『손자병법』 지형편 맨 마지막에 나오는 구절이다. 『손자병법』에서 손무는 '전투는 어떤 때, 어떤 지형에서 벌이느냐에 따라 그 결과가 달라질 수 있다'라고 지적했다. 가령 아군이 적을 공격할만한 상태라 하더라도 적의 상태가 공격하지 말아야 할 때라면 승리할 확률이 반에 불과하고, 적을 공격할 때를 안다고 하더라도 아군의 상황이 공격할만하지 않다는 것을 모르면 공격해도 이길 확률이 반밖에 되지 않는다는 것이다. 또 전진하기 쉽지만 후퇴하기 어려운 지형, 즉 괘형掛形에서 적이 대비하고 있을 때 전투에 나서면 이기기 어렵고 후퇴하기도 어려워 불리하다며, 전투 시작 전에 지형부터 살펴야 한다고 했다.

이런 점을 본다면 "타이밍과 지형을 알면 이길 수 있다"라는 이 글의 인용구 뜻풀이는 인용구의 취지를 잘 설명했다고 볼 수 있다. 그러나 여기서 생각해봐야 할 점이 있다. 우선 그 바로 앞 문장의 뜻풀이가 잘못됐다. 지천知天은 직역하자면 알 지知, 하늘 천天, 즉 '하늘을 안다'는 말이다. 지지는 알 지知, 땅 지地로 '땅을 안다'는 뜻이다. "지천의 '천'은 시간을, 지지의 '지'는 지형을 뜻한다"라고 하면 몰라도, 원문처럼 "지천은 시간을, 지지는 지형을 뜻한다"라고 하면 잘못된 뜻풀이다. 문장 앞의 '여기서'라는 표현도 불필요하다. 삭제해도 전혀 문제되지 않는다.

잘못된 설명	바른 설명
지천은 시간을, **지지**는 지형을 뜻한다.	지천의 '천天'은 시간을, 지지의 '지地'는 지형을 뜻한다.

그러나 이 부분의 잘못된 점을 바로 잡아도 문제는 남는다.

독자가 바로 그다음 문장을 읽을 때 이해되지 않을 수 있기 때문이다. 왜 그런지 살펴보자.

> 손자는 병법에서 '지천지지知天知地, 승내가전勝乃可全'을 강조했다. 지천의 '천天'은 시간을, 지지의 '지地'는 지형을 뜻한다. 즉 타이밍과 지형을 알면 이길 수 있다는 것이다. 오늘날 여야는 손자의 말과 먼 행보를 걷고 있다.

손자병법 지형편의 내용을 아는 독자는 이 정도만 개선해도 아무 문제점이 없다고 느낄지 모른다. 그러나 그렇지 않은 독자는 의문을 품을 수 있다. 한자를 잘 아는 독자도 의문을 품는다. '하늘 천天이 왜 시간을 뜻한다는 거지? 하늘 천天 글자에 그런 뜻도 있나?' 하늘 천天 글자는 하늘, 하나님, 자연 등 6개 뜻을 가진 것으로 한자사전에 나오지만, 시간을 나타낸다는 뜻풀이는 없다.

땅 지地의 경우도 마찬가지다. 땅 지地는 땅, 곳, 처지, 바탕 등 13개 뜻을 가진 것으로 한자사전에 나오지만, 지형은 뜻풀이에 없다. 땅 지地 글자의 뜻을 다 알거나 한자를 잘 몰라 한자사전을 찾아본 독자라면 지지의 지地가 왜 지형을 뜻한다는 것인지 의아하게 생각할지 모른다.

둘째 문장의 '시간'이라는 의역을 셋째 문장에서 타이밍으로 부연설명하면서, '지형'이라는 둘째 문장의 의역은 그냥 같은 표현으로 셋째 문장에 반복해 쓴 것도 부적절하다. 문제를 해결하려면 다음과 같이 손질해야 한다.

수정문

지천지지知天知地, 승내가전勝乃可全. 세계 최고 전략서 중 하나로 꼽히는 손자병법 지형편의 마지막 구절이다. '하늘을 알고知天: 알 지, 하늘 천 땅을 알면知地: 알 지, 땅 지, 가히可: 가히 가 온전히全: 온전 전 이길 수 있다'는 말이다. 하늘은 '적절한 시점을', 땅은 '지형'을 뜻하는 것으로 손자병법 지형편은 설명한다. 전투에서 이기려면 적절한 시간과 지형을 잘 알아야 한다는 것이다. 그러나 오늘날 우리 여야는 이와는 다른 길을 가고 있다.

이런 일이 생기는 주원인은 대략 두 가지다. 하나는 부주의다. 참고 자료 중에는 부정확하거나 설명이 불충분한 내용도 있는데, 사실 여부나 정확성 여부를 확인해보지 않고 그대로 인용하면 본의 아니게 독자가 이해할 수 없도록 만들거나 오해를 낳는다. 윗글을 쓴 학생도 손자병법 지형편의 원문을 직접 해석해 글에 담은 것이 아니라 어디선가 부정확한 해설을 읽고 잘못 인용했다가 이런 문제를 남긴 것이다

나머지 이유는 인용할 내용을 완벽하게 이해하지 못한 경우다. 글의 인용할만한 내용이라 하더라도 그 내용의 뜻이나 시사점을 잘 소화해서 내 것으로 만들지 못하면 글의 취지나 주제, 다른 내용과 잘 들어맞도록 쓰지 못해 독자들이 이해하기 어렵게 만든다. 글에 인용할만한 글감을 찾으면 인용하기 전에 그것

이 어떤 의미가 있는지, 내가 쓰려고 하는 내용과 어떤 상관이 있는지 면밀하게 미리 따져봐야 한다.

긴 문장의 사용

제5장 도입부에 소개한 제자의 글이 천경훈 교수의 글보다 가해성이 낮은 또 하나 중요한 이유는 각 문장이 천경훈 교수 글의 문장보다 길다는 것이다. 제자의 글은 모두 1313자로 이뤄져 있다. 문장은 총 23개다. 평균적으로 각 문장을 57자로 쓴 꼴이다. 천 교수의 글은 1838자로 쓰였다. 문장 수는 54문장이다. 한 문장을 쓰는 데 평균 34자씩 썼다. 제자가 쓴 문장의 평균 길이가 천경훈 교수 문장 길이의 약 1.6배나 된다.

긴 문장은 짧은 문장보다 가해성이 낮다. 무슨 이야기인지 독자들이 금방 잘 알기 어렵다. 다른 예를 들어보자. 필자가 기자 생활과 학생 글쓰기 지도 활동을 해온 지난 38년 동안 본 가장 긴 문장은 법원이 쓴 글들이었다. 어려운 단어도 많은 편이지만 문장이 길다는 것이 특징이었다.

아랫글은 대법원이 2022년 6월 20일, 홈페이지에 공개한 손해 배상 사건 보도자료다. 2쪽 앞부분만 소개한다. 첫 문장이 206자, 두 번째 문장이 212자, 세 번째 문장이 59자다. 첫 문장은 천경훈 교수 문장 평균 길이의 6배, 두 번째 문장은 6.2배, 가장 짧은 세 번째 문장도 1.7배나 된다. 심지어 가독성이 낮은 제자의 글보다도 문장 길이가 최대 3.7배까지 길다. 이해하기 얼마나 어려운지 한번 읽어보라.

- 피고는 원고들과 가맹계약을 상담하고 체결하는 과정에서 원고들의 점포예정지에서 1년간 발생할 것으로 예상되는 매출액 범위를 '예상매출액산정서'로 제공하였는데, 피고가 위와 같이 제공한 '예상매출액 산정서'에는 「가맹사업거래의 공정화에 관한 법률」(이하 '가맹사업법'이라 한다) 시행령 제9조 제4항에서 정한 바에 따라 점포 예정지에서 가장 인접한 5개 가맹점들의 매출환산액(직전 사업연도 ㎡당 매출액)을 기준으로 예상매출액 범위를 확정하였다고 기재되어 있었음

- 피고가 제공한 '예상매출액 산정서'에는 점포 예정지에서 가장 인접한 5개 가맹점들 중 직전 사업연도 매출환산액이 낮은 가맹점 일부를 임의로 제외하고 다른 가맹점을 포함시켜 그 가맹점들의 매출환산액을 기준으로 예상매출액 범위를 확정한 것이었고, 그 결과 원고들에게 '예상매출액 산정서'로 제시된 예상매출액 범위 최저액은 가맹사업법 시행령 제9조 제4항에서 정한 바를 따랐을 경우의 그것보다 약 370만 원/㎡ 내지 약 500만 원/㎡ 더 큰 매출환산액(직전 사업연도 ㎡당 매출액)이 되었음

- 원고들 운영의 가맹점은 개설 이래로 계속 점포 차임 등 지출비용을 매출로 충당하지 못하여 그만큼의 영업손실(순익이 마이너스임)이 발생함

언론매체는 독자나 시청자가 생존의 토대다. 독자나 시청자가 많으면 존속하거나 성장할 수 있지만 그렇지 않으면 다른 매

체와의 경쟁에서 살아남기 어렵다. 독자나 시청자를 늘리기 위해 끊임없이 노력한다. 앞서 소개한 것처럼 가독성을 높이기 위해 글자 크기를 키우기도 하고, 가해성을 높이려는 노력도 기울인다. 대표적인 것이 긴 문장을 쓰지 않는 것이다. 2022년 6월 21일 자 〈중앙일보〉의 사설과 칼럼의 문장 길이를 위에서 소개한 제자의 문장과 비교해보자. 〈중앙일보〉 기사의 평균 길이는 전국 종합지 중에서 가장 짧은 편이다.

	제목	글자 수	문장 수	문장당 평균 글자 수
제자의 글	가짜뉴스	1313자	23문장	57자
천경훈 교수의 글	사시존치론, 조선 말 과거제 집착과 비슷하다	1838자	54문장	34자
〈중앙일보〉 사설 1	'경제고통지수 최악인데 국회는 뭐하고 있나'	1037자	27문장	38.4자
〈중앙일보〉 사설 2	보수·진보 교육감들의 한심한 '교부금 밥그릇 지키기'	1058자	23문장	46자
〈중앙일보〉 칼럼 1	경제위기 때 필요한 건 자유보다 따뜻함	1969자	68문장	28.9자
〈중앙일보〉 칼럼 2	김건희 내조는 조용해도 요란하다	1360자	43문장	31.6자

구조가 복잡한 문장의 사용

구조가 단순하지 않은 문장도 글의 가해성을 떨어뜨린다. 구조가 복잡한 문장은 수식어구[1]나 절[2]이 길게 붙거나, 수식어구나 절을 다른 수식어구나 절이 또 꾸며주는 문장을 말한다. 이런 문장은 독자가 수식 관계를 파악하기 전까지는 무슨 이야기인지 금방 파악하기 어렵다. 예를 들어보자.

> 문제는 가짜뉴스라는 **범죄 수단**을 구성하는 **요건**과 그로 인해 침해받은 **공익**이 무엇인가를 정의하는 **일**이 어려운 탓에 법률은 명확해야 한다는 '**죄형법정주의**'에 위배된다는 **점**이다.

이 문장은 길기도 하지만, 구조가 복잡하다. 한 문장 안에 수식어구가 6개나 들어 있다. '범죄 수단'과 '요건', '공익', '일', '죄형법정주의', '점'에 각각 수식어가 붙었다. 2중 수식어구도 2개나 된다. 2중 수식어구는 수식어구 안에 또 수식어구가 들어 있는 표현을 말한다. 이런 문장은 주의를 기울여 잘 읽어보지 않으면 수식 관계를 금방 알 수 없다.

---

1 둘 이상의 단어가 모여 절이나 문장의 일부를 이루는 말 토막으로, 절보다 짧다.
2 주어와 술어를 갖췄지만 독립해서 쓰이지 못하고 다른 문장의 한 성분으로 쓰이는 말 토막으로, 구보다는 길고 문장보다는 짧다.

이 문장처럼 구조를 복잡하게 하지 않으면 독자가 훨씬 읽기 편하다. 해법은 문장을 나누는 것이다. 이렇게 하면 가해성이 높아져서 독자가 편하다. 원문에는 사실 손질해야 할 내용이 더 있다. 죄형법정주의에 관한 설명이다. 꼭 틀린 설명이라고 할 수 없긴 하지만 오해의 소지가 있다. 그러나 지금은 가해성 문제를 다루고 있으니 이 문제는 제쳐두고 원문과 개선 글의 가해성 정도만 비교해서 읽어보자.

원문	문제는 가짜뉴스라는 범죄 수단을 구성하는 요건과 그로 인해 침해받은 공익이 무엇인가를 정의하는 일이 어려운 탓에 법률은 명확해야 한다는 '죄형법정주의'에 위배된다는 점이다.
수정문	문제는 '죄형법정주의'에 위배된다는 점이다. '죄형법정주의'란 법률은 명확해야 한다는 원칙이다. 가짜뉴스라는 범죄수단을 구성하는 요건과 그로 인해 침해받은 공익이 무엇인지를 정의하는 일이 어렵기 때문이다.

국내에서는 가해성에 관한 논의가 많지 않지만 미국에서는 그렇지 않다. 구글에서 'comprehensibility'로 검색해보라. 아주 많은 관련 자료가 나온다. 글의 가해성 정도를 평가하는 프로그램도 공개돼 있다. 글의 가해성을 높이는 것이 그만큼 중요하기 때문이다.

가해성 낮추기가 어려운 글도 있기는 하다. 복잡한 개념이

들어갈 수밖에 없는 분야의 글이 그렇다. 의학이나 과학 분야가 좋은 예다. 그러나 이런 분야도 노력하면 가해성을 일반인이 이해하기 편한 수준까지 높일 수 있다. 칼 세이건은 그 어려운 우주과학을 아주 알기 쉽게 설명한 『코스모스』라는 출판물로 과학 교양서의 고전을 만들어냈다.

3. 초점 잘 맞추기

내 글이 무슨 이야기인지 금방 잘 알 수 있도록 하기 위해 필요한 세 번째는 글의 초점을 잘 맞추는 일이다. 글의 내용이 주제에 꼭 맞도록 쓰는 것을 말한다. 글은 내용이 주제에 잘 맞아야 글 쓰는 이가 어떤 이야기를 하고 있는지 독자가 알아차릴 수 있다. 그렇지 않으면 독자는 무슨 이야기인지 몰라 혼란에 빠지고 만다. 다음 글을 읽어보자. 저널리즘 스쿨에서 글 훈련을 받고 있는 학생이 쓴 글이다.

이 글은 우크라이나가 러시아에게 침공당한 것에서 우리나라가 교훈으로 삼아야 할 점이 무엇인지에 대해 쓴 글이다. 글 내용 중 잘못된 것이 있는지, 사실과 다른 이야기가 없는지, 옳은 주장인지, 다른 문제가 없는지는 따지지 말고, 여기서는 글이 어떤 이야기인지 금방 알 수 있는지만 살펴보기로 하자.

병력 증강은 국방개혁에서 상수여야 한다

❶ 무기검증은 어렵다. 평소에 잘 관리해도 실전에 들어가면 예상치 못한 사태를 만날 수 있다. 1982년 아르헨티나와 영국이 벌인 포클랜드 전쟁은 첨단무기 전쟁이었다. 공중전이 선봉이었는데, 포클랜드 하늘에서는 교전이 벌어지지 않다시피 했다. 양국이 미사일을 퍼부으면서 전투기가 비행할 수 있는 시간이 5~15분에 불과했기 때문이다. 전쟁은 예측대로 돌아가지 않고, 승패는 전면전으로 가려지곤 한다. 21세기에도 병력 증강을 고민해야 하는 이유다.

❷ 한국의 국방개혁 2.0은 우크라이나의 국방정책과 유사해 같은 결과를 낳을 수 있다. 우크라이나는 본래 세계 4위의 군사 강국이었으나 병력을 25만 명까지 줄이고, 징집 면세 대상을 확대했다. 그 결과 러시아의 공격에 제대로 대응하지 못했다. 크림반도 합병 당시에 우크라이나는 투입할 수 있는 병력이 부족해서 무력대응에 나서지 못했다. 올해도 러시아의 영토침입을 조기에 막지 못했다. 문제는 한국의 국방개혁이 우크라이나의 국방정책과 유사하다는 점이다. 국방개혁 2.0은 "상비 병력을 50만으로 감축하겠다"는 목표를 담고 있다. 이 개혁안은 2000년대 초 도널드 럼즈펠드 전 국방장관이 추진한 국방개혁을 참고한 것으로, 2차·3차 산업에 기반을 둔다. 부대 규모를 줄이면서 병력이 많이 드는 재래식 병력을 늘리는 방향이라 갈수록 병력 소요가 증가한다. 병력 감소로 골치인 한국에 안 맞는 계획인 셈이다.

❸ 차기 정부는 병력을 늘리는 방향으로 국방개혁을 손봐야 한다. 한국군의 숫자는 저출산과 군 복무기간 단축으로 빠르게 줄고 있다. 정부는 첨단 장비로 병력 공백을 메우겠다는 심산이나 기술적 한계가 관찰된다. 최전방 지역에 있는 육군 22사단은 2009년에 민간인이 철책을 자르고

월북했다. 3년 뒤에는 '노크 귀순' 사건이 있었고 재작년에는 북 민간인이 철책을 뛰어넘어 귀순했다. 22사단은 넓은 책임반경을 과학화 경계 시스템으로 관리하겠다고 밝혔다. 하지만 바람이나 동물에 의한 기계 오작동이 잦고, 현장을 확인할 인력이 부족해서 감시에 구멍이 있다. 국방개혁 2.0에 따라 23사단이 해체되면 22사단의 책임구역은 늘어난다. 우크라이나 사태에서 알 수 있듯이 전면전에서는 지상군의 병력이 여전히 중요하다. 이라크 전쟁부터, 조지아, 우크라이나까지 이어진 현대전은 '선 폭격 후 진입'의 경향이 있다. 미사일 폭격 후 전면전에서 국토를 방어하려면 병력이 뒷받침돼야 한다. 그러므로 정부는 첨단무기뿐만 아니라 병력도 지금보다 늘려야 한다.

❹ 한국은 미국이 한반도 위협에 나서지 못할 상황을 대비해 병력을 길러야 한다. 미국의 아프가니스탄 철수는 나라 간의 동맹이 각국의 이해에 따라 흔들릴 수 있음을 보여준다. 러시아의 우크라이나 침공 당시에도 미국과 유럽은 군사 개입에 선을 그었다. 한국은 미국과 상호방위조약을 맺고 있어서 우크라이나보다 상황이 낫다. 하지만 러시아의 군사도발로 미국의 주의가 동서로 양분되고 있다. 이제 미국은 중국, 러시아와 2대 1로 경쟁해야 한다. 우크라이나 사태가 길어지면 미국이 동아시아 안보에 이전만큼 주의를 기울이기 어렵다. 오바마 전 미국 대통령이 북한과의 2.29 합의에 집중하지 못한 배경에는 이란 핵합의란 이중고가 있었다. 그러므로 한국은 동맹정치가 실패할 상황에 대비해야 한다. 병력 증강과 무기 보완으로 복잡한 국제정세로부터 국민의 안전을 보장해야 할 것이다.

글은 우리나라가 우크라이나처럼 되지 않으려면 무언가 대책을 세워야 한다는 주장을 펴고 있다. 그러나 어떤 대책을 세워야 한다는 것인지 분명하지 않다. 군인 수를 늘려야 한다는 건지,

군인 수와 무기를 다 보완해야 한다는 건지 금방 알기 어렵다.

이 글은 제목부터 군인 수를 늘려야 한다고 말하고 있다. 1 단락에는 우크라이나가 병력을 25만 명으로 줄이고 군대에 가지 않아도 되는 사람을 늘렸다가 러시아의 공격을 제대로 막지 못했다는 이야기가 있다. 우크라이나 땅이었던 크림반도가 러시아에 강제로 합쳐질 때도 군인 수가 부족해서 그런 일을 당했다는 내용도 있다. 3단락 첫 문장 역시 정부가 군인 수를 늘려야 한다고 했다. 글 전반부가 이런 내용인 것을 보면 군인 수를 늘리라는 주장인 듯하다.

그러나 3단락 마지막 문장, 4단락 마지막 문장에 다른 주장이 나온다. 무기와 병력을 다 늘리라는 것이다. 그 이유를 설명하지도 않았다. 글쓴이가 어떤 생각을 하고 글을 썼는지 확인할 길이 없는 독자로서는 어떤 것이 이 글의 주장인지 헷갈릴 수밖에 없다.

1단락은 무슨 이야기를 하려고 하는지 더 알기 어렵다. 제목은 "병력 증강이 국방개혁에서 상수여야 한다"이다. 상수는 '변하지 않고 늘 일정한 값을 갖는 수'를 뜻하는 수학 용어다. 그렇다면 국방개혁을 할 때 늘 병력 증강, 즉 군인 수 늘리는 것을 생각해야 한다는 뜻으로 제목을 단 듯하다. '왜 그래야 하지?' 이런 궁금증을 만들만한 제목이다. 그런데 제목 바로 다음에 나오는 첫 문장부터 제목 내용과는 다른 무기 검증 이야기가 나온다.

독자는 '어? 이 이야기가 왜 나오지? 병력 증강과 무슨 상관이 있지?' 이런 생각이 들 수 있다.

그다음 문장은 "평소에 잘 관리해도 실전에 들어가면 예상치 못한 사태를 만날 수 있다"이다. 앞서 무기 검증이 어렵다고 한 이유를 부연해서 설명하려고 한 듯하다. 그러나 두 문장이 서로 잘 맞지 않는다. 첫 문장이 '검증' 이야기인데 두 번째 문장은 '관리' 이야기이기 때문이다. 검증과 관리는 서로 다르다. 둘 다 무기 이야기이긴 하지만 논리적으로 바로 연결되지 않는다. 독자로서는 제목, 첫 문장, 두 번째 문장, 이렇게 세 문장을 읽었는데 무슨 이야기를 해나가고 있는지 알 수 없다. 서로 상관없는 문장을 계속 덧붙여나가고 있기 때문이다.

그 뒤 포클랜드 전쟁 이야기도 마찬가지다. 이 이야기를 왜 꺼냈는지, 병력 증강이나 무기 검증과 무슨 상관이 있는지 독자가 알 수 없게 돼 있다. 반면에 다음 글은 무슨 이야기인지 금방 알 수 있다. 미국 기업 아마존에서 일하고 있는 제자가 언론사 입사 준비 시절에 썼던 연습 글이다.

> ### 한국정치의 문제점과 해법
>
> 특별 대우에 익숙해진 사람의 행동은 어떻게 달라질까? 미국 버클리 대학의 사회심리학자 폴 피프Paul Piff는 이런 특권 실험을 해봤다. 한 쌍의

참가자를 모집해 조작된 모노폴리 보드게임을 하도록 했다. 한 명에게는 돈을 더 많이 주고 보드에서 더 많이 움직일 수 있는 권한을 주었다. 시간이 갈수록 특권을 받는 쪽은 거만한 행동을 보였다. 특권에 익숙해질수록 상대적 약자인 상대방에 대한 공감능력을 잃어갔다. 특권이 만들어낸 부정적인 결과를 극명하게 보여준 실험이었다.

이 실험은 최근 화제가 되었던 '국회의원의 200가지 특권'을 떠올리게 한다. 우리나라 국회의원들은 지나치게 많은 특권을 누린다. 국회의원은 1인당 국민소득의 5배인 연봉을 받으며(선진국의 경우 많아야 2~3배에 지나지 않는다) 가장 적은 보험료를 낸다. KTX, 선박, 항공을 무료로 이용할 수 있고 항공의 경우 비즈니스석이 제공된다. 전용 출입구가 있고 국회 본청에 깔려있는 레드카펫은 국회의원만 밟을 수 있다.

2013년 SBS 〈리더의 조건〉에서는 우리나라 국회의원들의 특권 목록을 스웨덴 국민들에게 보여줬다. 그들은 "도대체 이런 것들이 왜 필요해요?", "정말입니까?"라며 놀랐다. 물론 의정활동을 위한 기본적인 조건과 권한들은 분명 필요하다. 하지만 현재 국회의원에게 주어지는 권한은 국민 상식선을 넘었다. 필요한 것 이상으로 제공된다는 말이다. 최근 심상정 의원의 "국회의원 수를 늘리고 특권은 줄이자"라는 발언을 역시 이런 문제의식을 반영한다.

상식을 넘은 특권은 국회의원이 '국민을 위한' 활동을 하는 데 도움이 되지 않는다. 특권에 둘러싸인 환경은 일반 국민 대다수의 삶과 차이가 난다. 일상의 경험과 환경은 공감의 밑바탕이다. 피프의 실험처럼 특권에 둘러싸인 국회의원들은 서민의 삶에 대한 공감의 기회가 부족할 수밖에 없다. 선거철에만 동네 시장, 노인정을 반짝 방문하는 것으로는 역부족이다.

퇴임 당시 지지율 80%를 기록한 핀란드의 여성 대통령 타르야 할로넨은 12년간 재임하며 현재 핀란드 복지시스템의 많은 부분을 정비했다. 교육과 보육 부문의 복지 정책들은 그녀의 일상 경험의 산물이었다. 할로넨은 미혼모였다. 정치인을 위한 보좌관이나 개인 비서 같은 특권이 없는 핀란드에서 그녀는 국회의원 활동을 하면서도 매일 아이를 데리고 다녔다. 평범한 국민으로서 겪은 일들이 정책의 바탕이 된 것이다.

연간 1400만 원의 명절휴가비를 챙기고 한의원, 치과, 내과, 이발소, 사우나까지 무료로 이용할 수 있는 우리나라 국회의원들의 고민은, 일반 서민의 그것과 차이가 날 수밖에 없다. '국회 청소노동자들에게는 노동3권을 보장해줄 필요가 없다'던 과거 한 의원의 발언이나, 최근 무상급식에 관해 문자를 보낸 학부모에게 '문자 보낼 돈으로 급식비 내라'던 또 다른 의원의 답변이 보인 인식으로는 국민 일상의 문제를 해결하기 어렵다.

특권은 유능한 대표자를 위한 하나의 인센티브라는 주장이 있다. 조금 더 특별히 대우하고 많은 보상을 주어야 인재들이 국민을 위해 일하지 않겠느냐는 것이다. 하지만 공직에서의 '유능함'은 단지 학벌과 스펙으로만 정의내려지지 않는다. 우리는 똑똑하지만 공복의식 없는 정치인들이 부정부패를 저지르거나 학연과 지연으로 파벌싸움을 벌이는 일을 봐왔다.

국회의원의 능력은 얼마나 국민의 삶에 공감하고, 일상의 불편함을 고치는 데 열정적으로 일하느냐에 달렸다. 특권이 절대적으로 필요한 게 아니라는 사실은 스웨덴의 사례가 증명한다. 우리나라 국회의원들이 기름값과 차량 유지비 등 연간 1700만 원에 이르는 지원금을 받을 때 스웨덴 국회의원들은 자전거나 대중교통을 통해 출근한다. 연금 조건은 더 까다롭고 개인비서나 보좌관도 없다. 특권 없는 국회의원들이 만들어가는 스웨덴은 모두가 부러워하는 '살기 좋은 나라'다. 국회의원에 특권이 집중된 우리나라는 '국회의원만 살기 좋은 나라'인 것은 아닌지 되돌아봐야 할 때다.

스웨덴 국회의사당 식당에서는 환경미화원들과 국회의원들이 한 데 섞여 식사한다. 이런 문화는 국회의원들도 국민의 한 사람일 뿐, 그 이상도 이하도 아니라는 인식에서 비롯된다. 정치인도 슈퍼마켓 직원이나 환경미화원처럼 수많은 직업 중 하나일 뿐이다. 그것은 특별히 더 대우를 받거나 예외를 인정받을 수 있는 자리가 아닌 것이다.

국회의원직은 국민과 같은 눈높이에서 같은 생각을 하며 구성원들과 하나가 되어야 하는 자리다. 그래야만 국민의 목소리를 반영해서 낼 수 있고, 국민의 생각을 대표할 수 있다. 지금처럼 국회의원에게 제공되는 각종 특혜는 그들의 눈높이를 높여, 다수의 국민과 멀어지게 할 뿐이다. 특혜가 계속되는 한 '국민을 위한 정치'는 점점 실종될 것이다.

이 글은 '국회의원들의 지나친 특권은 공감 능력을 떨어뜨려 국민을 위한 정치를 실종시킨다'가 주제다. 특권을 줄이자는 것인지, 없애자는 것인지, 상식 수준에 맞추자는 것인지 불분명하지만. 글의 주제가 그런 것임을 금방 잘 알 수 있다. 먼저 소개한 글처럼 무슨 이야기를 하고 있는지 알기 어렵지 않다.

왜 이런 차이가 나타났을까? 근본적인 이유는 글을 목표지향적으로 쓰지 않았기 때문이다. 목표지향적으로 쓴다는 것은 제2장에서 설명한 것처럼 주제를 잘 알리고 납득시키는 데 도움이 되는 내용 위주로 글을 쓰는 것을 말한다. 글을 목표지향적으로 쓸 줄만 알게 되면 초점 문제는 저절로 해결된다. 이렇게 글 연습 습관을 들여보자.

❶ 내가 글에서 독자를 납득시키려고 하는 주제를 한 문장으로 적어본다.

❷ 주제를 독자가 잘 납득하도록 하려면 어떤 내용을 글에 담는 것이 좋은지 생각해본다.

❸ 그 내용을 어떤 순서와 형식으로 써내려가는 것이 더 좋을지 생각해본다.

글쓰기 제2 목표 : 무슨 이야기인지 금방 알게 하기
- 가독성 높이기
- 가해성 높이기
- 초점 잘 맞추기

제6장

글쓰기 제3 목표

: 이야기가 잘 납득되게 하기

우리가 글을 쓰거나 글 훈련을 할 때 삼아야 하는 세 번째 목표는 '독자에게 글이 잘 납득되도록 하는 것'이다. 글의 설득력을 최대한 높여야 한다. 독자 설득이나 공감 유발은 앞서 말한 대로 우리가 글을 통해 이루려는 궁극적인 목적이다. 바로 이 세 번째 목표를 잘 달성해야 그 목적을 온전하게 이룰 수 있다. 글 쓰는 이의 주장을 납득시켜야 하는 논술은 특히 더 그렇다.

그러나 이 목표는 글쓰기 5대 목표 중 완전하게 달성하기가 가장 어렵다. 기자 생활을 21년 동안, 학생 글쓰기 지도를 17년 동안 한 필자도 이 목표를 완전하게 달성하는 것이 여전히 어렵다. 그러나 이 목표를 완전하게는 아니더라도 어느 정도 달성할 수 있게 되면 "글이 일리 있다, 공감된다, 글을 제법 잘 쓴다"라는 이야기를 듣게 된다. 주제를 받자마자 60~90분 동안 1200~1800자 정도 글을 이런 반응이 나올 만큼 써내면 언론사 수습기자 공채나 공기업 신입사원 공채의 논술시험도 통과할 수 있다.

이번 장에서는 어떻게 해야 이 목표를 잘 달성할 수 있는지 알아보자. 핵심은 세 가지다. 첫째, 타당한 근거나 논거를 충분히 글에 담는 것. 둘째, 논리적으로 문제가 없도록 조리정연하게 쓰는 것이다. 달리 더 추구해야 할 것이 있을 수 있지만, 글쓰기 제1 목표와 제2 목표 달성의 토대 위에서 이 두 가지만 잘 해내도 설득력 문제는 대체로 해결할 수 있다.

1. 글에 타당한 논거 충분히 담기

독자들이 내 글을 잘 납득하게 하는 가장 중요한 도대는 논거論據다. 논거란 글의 논리적 근거를 뜻한다. 내가 글에서 어떤 주장을 펴는 합당한 이유라고도 할 수 있다. 이 논거를 얼마나 타당하고 충분하게 글에 담느냐에 따라 글의 설득력 정도가 달라진다. 논술은 물론 작문, 자기소개서 같은 글도 그렇다. 합당한 이유를 글에 충분히 담아야 독자를 설득하거나 공감을 유발하는 게 가능하다. 요즘은 영화나 드라마처럼 허구를 다루는 분야에서도 이야기의 전개가 합당한지를 따지는 경향이 강해지고 있다. 그러나 지금까지 읽어본 학생들의 연습 글에는 논거의 뒷받침이 잘되지 않아 이 목표를 잘 달성하지 못한 경우가 많았다. 일반인의 글 중에도 이런 경우가 많을 듯하다. 그 이유를 학생들의 연습 글에 나타나는 문제를 예로 들어 자세히 알아보자.

글에 주장만 있고 논거의 뒷받침이 아예 없는 경우

2019년 5월에 KBS의 문재인 대통령 취임 2주년 기념 대담이 큰 파장을 불러일으켰다. 대담자였던 송현정 기자의 질문이나 태도에 문제가 있다는 비판이 여권을 중심으로 거셌다. 질문이 야당에 유리하게 편파적이었다거나 송현정 기자가 대통령의 발언을 도중에 자르거나 찌푸린 표정으로 대통령을 대한 것이 잘못이라는 비난이었다. 야권에서는 정반대의 반응이 나왔다. 언론은 치어리더cheerleader(특정 정치가, 사상 등의 지지자)가 아니라 감시자여야 하므로 잘한 대담으로 봐야 한다거나 송현정 기자가 제대로 된 언론인이라는 반응이었다.

다음은 지금 〈조선비즈〉 기자로 일하고 있는 제자가 언론사 입사 준비를 하면서 이런 논란에 관해 쓴 연습 글이다. 다른 문제점은 제쳐두고 논거 문제만 짚어보자. 밑줄 친 부분을 주의 깊게 읽어보자.

송현정 기자를 해임하면 안된다

❶ "사랑을 강요하게 되면 도리어 미움을 초래하게 된다." 독일의 유명한 철학자 쇼펜하우어의 **탁월한** 통찰력이 담긴 말이다. 현재 여론은 문재인 대통령을 단독 인터뷰한 송현정 기자에 대한 논란으로 들썩이고

있다. 송현정 기자의 태도부터 표정까지 세세한 모든 사항을 문제 삼고 있으며 심지어 그녀를 해임하라는 청와대 청원까지도 등장했다. 또한 인기 아이돌 그룹 인피니티의 성규가 송 기자의 사촌동생임이 알려지자 그의 SNS로까지 몰려가 사과를 요구하고 있다. 이런 문 대통령 지지자들의 극성맞은 모습에 적지 않은 사람들이 불쾌감을 표하고 있다. 대통령을 향한 지나친 사랑이 오히려 다른 사람들의 눈썰미를 찌푸리게 하고 있는 것이다.

❷ 물론 송현정 기자의 태도가 논란의 여지가 있음은 분명하다. 자유한국당이 주장하고 있는 '좌파 독재자'를 포함해 '북한 대변인' 발언까지, 문재인 대통령을 비판하는 사람들의 의견을 위주로 인터뷰를 진행해서 다소 균형이 치우쳤다는 비판이 나오는 것도 무리는 아니다. 또한 문 대통령의 답변을 도중에 끊은 횟수만 28회에 이른다. 평균 3분마다 한 번씩 말을 자른 것이다. **인터뷰 시 사회자에게 요구되는 모습이 '경청'인 만큼 이 사실 또한 비난을 면하기는 어려워 보인다.** (후략)

이 글에는 논거의 뒷받침이 아예 없는 필자의 주장이 여럿 들어 있다. 가장 문제가 될 법한 것이 2단락의 마지막 문장이다. 이 문장은 '송현정 기자가 대통령의 말을 경청하지 않은 것이 잘못'이라는 취지를 담았다. 일견 일리가 있게 여겨질 수 있다. 대통령은 국민의 대표다. 대통령의 생각과 결정이 국가와 국민에게 큰 영향을 미칠 수 있다. 그가 어떤 말을 하는지 국민이 충분히 알 필요와 권리가 있다. 대통령에 대한 예의 차원에서도 그렇고, 국민이 충분히 알아야 할 대통령의 발언을 28번이나 끊었다는 점에서도 문제가 있다고 생각할 수 있다.

그러나 다른 한편으로 짚어봐야 할 점이 있다. 대통령이 어떤 이야기를 해도, 무한정 불필요한 이야기를 이어가도 대담자가 무조건 듣고 있어야 하는가 하는 점이다. 대담 시간은 일정하게 제한돼 있다. 국민이 궁금한 이야기는 많다. 이런 상황에서 가령 대통령이 사실이나 현실과 다른 이야기를 하거나 국민이 대통령에게서 알고 싶은 것은 피해 대답하고 자신이 하고 싶은 이야기만 계속하는 경우는 어떻게 해야 할까?

이런 경우도 경청해야 한다고 할 수도 있지만, 그런 이야기를 독자가 수긍하도록 하려면 그 논거를 합당하게 함께 써줘야 한다. 가령 국민이 꼭 알아야 할 중요한 이야기나 기자의 질문에 부합하는 이야기였다거나 하는 내용을 같이 써야 한다. 대통령이 송현정 기자와의 대담 때 사실로 그랬다면 말이다. 그래야 일방적인 생각이라는 오해를 피할 수 있다. 이 글에는 그런 논거의 뒷받침이 없었다. 이런 상태에서 대통령의 말을 경청해야 한다고 하는 것은 대통령의 말은 '무조건' 경청해야 한다는 것이나 다름없다. 폭넓은 수긍이나 공감을 이끌어내기 어려운 이야기다.

첫 단락 둘째 문장의 밑줄 친 표현도 그렇다. 글은 "사랑을 강요하게 되면 도리어 미움을 초래하게 된다"라는 쇼펜하우어의 말이 탁월한 통찰력의 소산이라고 했다. 그러나 독자는 그 말이 과연 탁월한 통찰력의 소산인지 아닌지 잘 모른다. 요즘 사회적으로 문제되고 있는 스토킹(과잉 접근 행위)을 보면 사랑의 강요가 미움을 산다는 말이 통찰력이 탁월하지 않은 사람도 할 수 있는 말인 것 같기도 하다. 그런데 왜 쇼펜하우어의 그 말을 두고 탁월한 통찰력 운운했는지 의아할 수 있다.

쇼펜하우어는 약 200년 전인 1800년대에 활약한 철학가다. 그 시기는 스토킹을 범죄시하지 않았던 때인 만큼 그런 말을 꺼낸 쇼펜하우어의 앞을 내다보는 안목이 대단하다고 봐서 그의 통찰력이 탁월하다고 했을지도 모른다. 글에는 이런 점 때문에 탁월하다고 한 것인지 다른 이유로 그런 것인지 알 수 있는 아무런 관련 근거가 없다. 까다로운 독자라면 고개를 갸웃거릴 것이다.

글 쓰는 이의 일방적인 생각으로 여겨질 수 있는 예를 하나만 더 들어보자. 2021년 5월, 코로나 이익공유제라는 제도가 큰 논란을 빚었다. 이 제도는 코로나19로 이익을 본 기업이 손해를 본 기업을 자발적으로 도와주도록 하자는 취지였다. 국회에 관련 법안이 발의되면서 찬성과 반대 의견이 거세게 맞부딪쳤다. 다음은 현재 〈중앙선데이〉 기자로 일하는 제자가 입사하기 전에 이 문제에 관해 쓴 연습 글이다. 이 글에는 설득력 문제가 없는지 잘 살펴보자. 이번에도 밑줄 친 부분을 주의해서 읽어보자.

코로나 이익공유제

❶ 똑같은 자영업자라도 무엇을, 어떻게 파느냐에 따라 벌이가 달라진다. 같은 시장 안에도 줄을 서서 먹는 맛집이 있는 반면 그렇지 않은 곳이 나뉘는 이유다. 그런데 만약 다른 시장 상인들의 사정이 어려우니 맛집의 이익을 나누자고 한다면 어떻게 될까? 대다수는 부당하다며 반대할 것이다. 맛집의 이익은 그들의 투자와 노력으로 이뤄낸 것이지, 시장의 도움으로 이룬 것은 아니기 때문이다.

❷ **반강제적인** 코로나 이익공유제를 실행해선 안 되는 이유도 이와 같다. **상생이 아닌 일방적 희생에 가까운 제도여서다.** 성과공유제의 경우 잘돼도, 망해도 한 팀으로 묶여있는 순환 구조다. 둘 중 하나가 휘청거리면 덩달아 피해를 본다. 그렇기에 모기업의 이익을 나눠서라도 협력·하청업체와 협력하겠다는 취지로 운영된다. 반면 이익공유제의 경우 쌍방이 실질적 연결고리가 없다. 대기업 입장에서는 투자가 아닌 소득 이전에 불과해 기업이 얻을 수 있는 효과도 미미하다. **과거 자발적 기부라는 명목 하에 모금됐던 미르·K스포츠재단기금의 전철을 밟을 가능성도 무시할 수 없다.** (후략)

이 글도 앞서 소개한 송현정 기자 논란 글과 똑같은 문제를 안고 있다. 2단락 첫 문장의 밑줄 친 표현을 보자. 이 문장은 "반강제적인 코로나 이익공유제를 실행해선 안 되는 이유도 이와 같다"라며 이익공유제를 반강제적인 제도로 규정했다. 기업은 법과 제도의 영향을 크게 받기 때문에 이 제도가 시행되면 관련 기업이 싫더라도 울며 겨자 먹기식으로 응할 가능성이 있다. 응하지 않으면 미운털이 박혀 언젠가 불이익을 당할 수 있다고 염려하기 때문이다. 경험칙으로 알 수 있다. 우리 사회는 과거에 그런 사례를 많이 봐왔다. 이렇게 본다면 '반강제적'이라는 표현을 써도 무방하다고 생각할 수 있다.

그러나 세상은 많이 변했다. 코로나 이익공유제의 시행을 추진하던 이때도 기업들이 그러리라고 단정할 수 없다. 이런 생각을 하는 독자라면 '반강제적인 코로나 이익공유제' 표현에 동의하기 어려울 것이다. 반강제적이라는 표현을 쓰려면 합당한 논거를 함께 써줘야 옳다.

2단락 마지막 문장도 그렇다. "코로나 이익공유제가 미르, K 스포츠재단 기금의 전철을 밟을 가능성을 무시할 수 없다"라고 했다. 이 역시 그렇게 될지 안 될지 알 수 없는 일이라 합당한 근거를 가지고 이야기하지 않으면 독자가 수긍하지 못하는 일방적인 생각이라는 비판을 받을 수 있다. 1단락 둘째 문장 "상생이 아닌 일방적 희생에 가까운 제도"라는 것도 논거의 뒷받침이 더 필요한 내용이지만, 이유 설명은 생략한다. 이런 일은 독자의 생각이 글 쓰는 이의 생각과 같다고 오해할 때 많이 일어난다. 독자가 필자와 달리 생각할 수 있다고 생각하지 못하니까 독자의 생각을 바꾸거나 납득하도록 할만한 근거를 생략하는 것이다.

사람의 생각은 서로 다른 경우가 많다. 자기 주장, 자기 확신, 개성이 강한 시대로 바뀌면서 사람 간의 생각 차이는 점점 더 커지고 있다. 사회 구성원 간에 이미 동의가 이뤄졌거나 사회적, 역사적 평가가 끝난 경우라면 몰라도 그렇지 않다면 어떤 사안이나 주체를 평가할 때 반드시 근거를 갖춰서 써야 한다. 특히 형용사나 부사를 주의해야 한다. 형용사나 부사는 평가의 의미를 담는 경우가 많다. 있는 그대로의 사실이 아니라 글 쓰는 이의 판단이 들어간 내용을 쓸 때도 마찬가지다. 누구나 동의하거나 일반화된 판단이 아니라면 합당한 근거를 들어 쓰는 것이 좋다.

주장의 논거가 타당하지 않은 경우

주장의 논리적 근거가 글에 있기는 있지만, 그 논거가 타당하지 않은 경우도 학생들의 연습 글에서 자주 발견된다. 다음 글은 언론사 입사준비생이 한 대학의 2020년 2학기 기말고사 때 쓴 답안의 일부다. 문재인 정부 시절에 추진된 이른바 '검찰 개혁'을 비판하는 내용이다. 코로나19 제3차 대유행이 우려돼 사회적 거리두기를 3단계로 격상해야 하느냐 마느냐로 고심하던 시기였다.

학생은 '코로나19의 확산을 막고, 그동안 심각하게 누적된 사회적 경제적 피해를 수습하기에도 바쁜 시기에 정부와 여당이 국민 대부분의 삶과 별 상관도 없는 검찰총장 징계와 공직수사처 설립을 논란을 무릅쓰고 추진하는 것은 잘못'이라는 문제의식에 따라 이런 글을 썼다. 이 글 역시 논거 문제만 따져보자.

> ### 보이지 않는 적 코로나, 전쟁은 끝나지 않았다
>
> 전시상황만큼 국가의 존재가 중요해지는 때는 없다. 전시상황에서 가장 중요한 것은 전쟁을 지휘하는 국가와 상황을 타개할 전략, 그리고 최전방에서 싸우는 이들의 목소리를 듣는 것이다. 그런데 코로나19 방역과 국민들을 지원하는 데 총력을 기울여도 모자란 지금, 전쟁을 지휘해야 할 이들은 무엇을 하고 있는가. 혼란을 틈타 정부의 눈엣가시인 검찰총장을 징계하고 고위공직자범죄수사처의 출범을 서두르려는 이들에게 소리 없는 아우성을 내지르는 국민을 생각할 틈이 있을까. (후략)

이 글은 얼핏 많은 독자가 공감할만한 것으로 보인다. 같은 걱정을 하는 분이 많았을 것 같다. 사회적 거리두기로 경제적 타격을 크게 입은 자영업자나 건강에 위협을 느끼는 고령자나 병약자, 오랜 시간 불편을 겪은 분들이 특히 그럴 듯하다. 그러나 잘 따져보면 납득할만한 글이 아니다.

글이 언급한 코로나19 방역과 지원, 검찰총장 징계, 고위공직자범죄수사처 설립은 어느 특정인 한 명이나 어느 정부 기관 한 곳에서 하는 것이 아니다. 관련 공무원도 많고 관련 정부 기관이나 기구도 여러 곳이다. 코로나19 방역과 지원은 당시 질병관리청과 보건복지부 장관이 총괄하는 국가 중앙사고수습본부, 그리고 국무총리가 위원장인 중앙재난안전대책본부가 담당했

다. 관련된 곳이 3곳이나 된다. 한편 검찰총장 징계와 고위공직자 범죄수사처 설립은 법무부가 맡았다. 글이 언급한 업무를 서로 다른 정부 기관이 각각 맡고 있었기 때문에 동시에 한다고 해서 지장이 생긴다고 단정할 수 없다.

이런 업무를 최종적으로 총괄하는 청와대에도 담당 책임자가 따로 있었다. 당시 코로나19 방역은 방역기획관이 담당했고, 검찰총장 징계와 고위공직자범죄수사처 설립은 민정수석비서관의 소관 업무였다. 대통령은 물론 이 모든 일을 다 챙겨야 하겠지만, 본인이 직접 하는 것이 아니다. 대통령은 보고를 토대로 의사결정과 지시만 하고 일의 추진이나 실행은 비서실이나 정부 조직을 통해서 한다. 이런 점을 감안한다면 글 내용은 납득하기 어려운 부당한 비판으로 여겨질 수 있다.

물론 이 글을 쓴 학생의 생각이 맞을 수도 있다. 그러나 공개적으로 이런 이야기를 하려면 합당한 근거를 대야 한다. 나 혼자 읽는 글이라면 몰라도 많은 사람이 읽는 글에서는 특히 그렇다. '방역과 지원에 총력을 기울여도 모자라는 시기'라는 이 글의 근거만으로는 부족하다.

우리가 알고 있거나 생각하고 있는 것이 다 옳은 것은 아니다. 옳은 것 같아도 사실은 옳지 않은 경우가 있다. 교양 케이블 채널 내셔널 지오그래픽의 〈브레인 게임 4〉는 이런 사실을 입증하는 아주 흥미로운 실험을 방송한 적이 있다. 뜬금없는 규칙이 사회적 규범이 되는 과정을 다룬 내용이다. 치과를 찾은 환자들을 대상으로 한 실험이었다.

환자들은 이 동영상에서 '삐~'하는 소리가 들릴 때마다 합당한 이유 없이, 왜 그래야 하는지도 모르면서 자리에서 일어나는 황당한 행동을 보여준다. 굳이 자리에서 일어날 필요가 없고 누가 일어나라고 시키지 않았는데도 다른 환자가 '삐~' 소리가 날 때마다 일어나자 따라서 일어나는 것이었다. 지금도 유튜브를 검색하면 이 영상을 볼 수 있다. 보는 재미도 있는 동영상이다. 분량이 길지 않으니 관심 있는 독자들은 잠시 머리도 식힐 겸 한번 보고 와도 좋다.

*〈브레인 게임〉 '뜬금없는 규칙이 사회적 규범이 되는 과정' 동영상

브레인 게임의 실험에서 환자들이 자리에서 일어난 것은 그렇게 하는 것이 옳다고 생각했기 때문이다. 그렇게 하는 것이 옳은지 옳지 않은지 검증하거나 확인하지 않았고 옳다는 확신도 들지 않았지만, 다른 환자들이 모두 일어나니까 그들처럼 똑같이 하는 것이 옳다고 막연하게 생각해서 그냥 따라 일어난 것이다.

우리가 옳다고 무심코 믿는 글 중에도 그런 내용이 있다. 옳은지 옳지 않은지 검증되거나 확인되지 않았지만, 다른 사람들이 옳다고 하니까 그냥 받아들인 내용이다. 옳은지 그른지, 맞는지 틀린지 내가 직접 따져보고 확인한 내용이 아니라 그냥 주입

된 것들이다. 이런 내용을 합당한 근거 제시 없이 그냥 글로 옮기면 내 기대와 달리 납득하지 못하는 독자가 생길 수 있다. 글을 쓸 때는 사전에 이런 내용이 없는지 따져봐야 한다.

글은 본래 쓰는 이의 생각을 문자로 나타낸 것이다. 그러니 어떤 내용을 쓰건 상관없다고 생각할 수 있다. 그러나 남을 설득하거나 공감하도록 하려 할 때는 이 정도의 생각만으로 부족하다. 내 생각을 문자로 나타내는 것은 그저 '내 생각 설명문'이다. 설명문으로는 독자 설득이나 공감 유발이 어려울 수 있다. 독자가 읽고 '아, 그래? 당신은 그렇게 생각하는구나. 알았어' 이 정도 반응으로 그칠 수 있다. 그것이 아니라 '맞아, 당신 생각이 옳아 그렇게 해야 해' 이런 반응을 이끌어내려면 '내 생각 설명문'이 아니라 '내 생각 설득문'을 써야 한다. 논술이나 사설, 칼럼, 자기소개서 같은 글이 특히 그렇다.

이런 글을 쓸 때는 내 생각, 내 주장이 옳음을 논리적으로 증명하는 것, 즉 논증論證이 생명이다. 논증을 얼마나 잘하느냐에 따라 글의 성패가 갈린다. 앞서 보여준 사례들처럼 논거의 뒷받침 없이 생각이나 주장을 내세우거나 합당한 근거 제시 없이 주장을 펼치면 논증이 안 돼 글쓰기 제3 목표를 달성하기 어렵다.

논거가 불충분한 경우

글에 타당한 논거를 담긴 하였지만, 독자가 글의 주장을 잘 납득할 만큼 논거가 충분하지 못한 경우도 적지 않다. 다음 글 두 편은 2015년의 국회법 개정 파동을 소재로 쓴 글이다. 앞글은 필자의 제자가 쓴 글이고, 뒷글은 제자의 글을 개선한 글이다. 두 편 모두 '박근혜 대통령이 국회의 국회법 개정안 재의결을 막고 유승민 원내대표를 사퇴시키려 하는 것이 잘못'이라는 주장이다. 학생들에게 글쓴이가 누군지 알리지 않고 두 글을 읽어보도록 히고 나시 어느 글이 더 잘 납득되는지 물어보면, 누구나 다 뒷글이 설득력 높다는 반응을 보인다. 왜 이런 차이가 나타나는지 알아보기 전에, 잠깐 당시 상황을 살펴보자.

2015년에 우리 정치권에서는 국회법 개정 문제를 놓고 한바탕 큰 파동이 벌어졌다. 정부가 만든 법 시행령을 국회가 수정하거나 변경할 수 있도록 국회법을 개정하는 문제였다. 법 시행령은 법을 어떻게 시행할 것인지 구체적으로 정한 법의 하위 법령이다. 법은 국회가 만들지만, 시행령은 정부가 만든다.

가령 요즘 기름값이 너무 올라 관심이 커진 유류세를 가지고 설명해보자. 관련 법은 경유나 휘발유에 붙는 유류세를 세율의 30% 범위 안에서 시행령이 조정할 수 있게 돼 있다. 30%의 조정 가능 범위 안에서 구체적으로 몇 %를 조정할지 시행령이 정하도록 해놓은 것이다. 정부는 경제 상황을 보고 이 30% 안에서 몇 %를 조정할지 정한다.

　2015년 당시 박근혜 대통령은 국회법 개정안이 국회를 통과하자 거부권을 행사하면서 국회에 법률안을 다시 표결해달라고 요구했다. 개정안을 통과시킨 국회와 유승민 원내대표 등 여당 지도부가 국민의 심판을 받아야 한다고 비판하기도 했다. 그 뒤에는 여당을 동원해 국회의 재의결을 막고 유승민 원내대표의 책임을 물어 사퇴시키려 한다는 보도도 이어졌다. 국회가 정부의 발목을 부당하게 잡는다고 생각했는지 모른다. 그러나 국회도 이유가 있어서 만든 법임에도 정부가 법 취지를 벗어나 시행령을 만든다고 생각되면 가만히 앉아 두고 보기 어렵다. 아래 두 편의 글은 이 무렵에 쓴 것이다. 두 글의 설득력 정도를 비교해보자.

원문

❶ 중국 황제들은 '기기'를 늘 곁에 지녔다. 기기란 '기울어지는 그릇'인데 이게 참 재미있다. 잔에 물을 가득 따르면 뒤집어지고 적게 따르면 기울어진다. 그렇기 때문에 균형 있게 채우는 게 중요하다. 황제들은 그 모습을 보면서 스스로 부족하거나 지나침이 없도록 경계한 것이다. 황제가 넘치길 경계한 것은 다름 아닌 권력이었을 터다.

❷ 요즘 박근혜 대통령에게 가장 필요한 것이 기기인 것 같다. 국회에게 휘두르는 힘이 견제를 넘어 과잉으로 흐르고 있기 때문이다. 국회법 개정

안에 대해 거부권을 행사한 후 보인 일련의 행태는 물을 넘치도록 따르는 모습과 같았다. 대통령이 새누리당을 압박해서 재의결권을 막는 것은 권한 밖의 일이다.

❸ 거부권 행사가 대통령의 고유 권한인 것처럼 재의권 역시 헌법이 보장한 국회의 고유 권한이기 때문이다. 거부권의 다른 이름이 '재의 요구권'이란 것에서 알 수 있듯이 거부권 행사는 국회가 다시 한번 숙고하길 요청하는 권한이란 소리다. 국회법 개정안은 위헌 여부를 떠나 국회의원의 2/3 이상이 찬성한 사안이었다. 그런 사안에서 검토 자체를 막는 것은 권력 분립에 어긋나는 것이다.

❹ 문제는 박 대통령이 여기서 멈추지 않고 물을 더 붓고 있다는 것이다. 새누리낭이 사실상 재의 투표에 불참하기로 의견을 모았음에도 유승민 원내대표 사퇴를 요구하는 게 그렇다. 국무회의에서 대통령의 언어는 거칠었다. '배신의 정치', '국민의 심판'이라는 심한 말을 내뱉는가 하면 원내대표를 콕 찍어 비판하는 등 분노는 거셌다. 그러나 국회의원은 각 개인이 헌법기관이란 점을 알아야 한다. 이미 재신임을 받은 원내대표에게 이래라저래라 명령할 수는 없다.

❺ 대통령이 기기에 물을 넘치도록 따른 결과 국정은 블랙홀 속으로 빨려 들어가고 있다. 작게는 유 대표 사퇴를 둘러싼 친박과 비박 간의 갈등이 나타나고 있다. 크게는 새정치연합이 정기국회 보이콧을 외치면서 당청 갈등으로까지 번지고 있다. 그동안 6월 처리 법안은 단 1건이었다. 국정 마비의 부작용은 국민이 감내해야 할 몫이다.

❻ 박 대통령은 넘치는 힘에 비해 소통의 노력은 부족했다. 그동안 여당과 얼마나 소통했는지 생각해봐야 한다. 얼굴을 맞대고 이야기를 나누고 설득의 노력을 기울어야 한다는 지적은 끊이지 않았다. 하지만 대통령은

'정말 필요하다고 생각하세요?'라며 소통에 소홀히 해왔던 것도 사실이다. 김무성 대표만 하더라도 대통령 독대는 한 번에 그쳤다.

❼ 소통 창구 역할을 해줄 정무수석은 몇 달째 공석이다. 청과 여당이 자주 만나서 의견을 교환했다면 지금과 같은 최악의 상황은 피할 수 있었을 것이다. 유 원내대표 역시 청와대와 소통 부족을 송구하게 생각한다고 밝힌 바 있다. 그럼에도 청와대는 당분간 당청간 채널을 폐쇄할 것이라고 못 박았다. 앞으로 메르스, 가뭄, 경제 활성화 등 당과 함께 해결할 사안 산적해 있다. 모자란 소통을 담아봐야 기기는 기울어질 뿐이다.

❽ 법에는 과도한 조치를 막기 위해 '과잉금지의 원칙'이 작동한다. 과도한 권력은 네 단계의 조건이 충족될 때만 행사될 수 있다. 첫째, 목적이 정당할 때 둘째, 수단이 적합할 때 셋째, 다른 대안이 없을 때 넷째, 최소한의 제한만 행사할 때다. 과잉금지를 위한 심사를 까다롭게 한 것은 그만큼 신중한 저울질이 필요하다는 뜻이다.

❾ 이런 장치가 없으면 불균형은 더욱 심화된다. 이 점의 비추어 볼 때 대통령이 과잉 권력이 불가피한 것이었는지 의문이 든다. 모자라도 그렇지만 지나치면 오히려 잃는다. 결국 넘치면 엎어져 버리는 기기처럼 말이다. 대통령은 민심을 잃었다. "정치가 국민을 위해 무엇을 할 수 있는지 먼저 생각해야 합니다." 대통령이 국무회의 때 한 말이다. 본인이 먼저 생각해 볼 점이지 싶다.

개선 글

❶ 박근혜 대통령이 국회의 국회법 개정안 재의 투표를 앞두고 꼭 되새겨봐야 할 것이 하나 있다. 바로 계영배戒盈杯라는 희한한 술잔이다. 이 술

잔은 술이 잔의 7할 이상으로 채워지면 밑구멍으로 다 흘러나가게 만들어 졌다. 고대중국의 의기儀器에서 비롯됐다.

❷ 유래는 이렇다. 중국 노나라의 환공은 생전에 늘 의기라는 그릇을 곁에 두고 살았다. 속이 비면 기울어지고 가득 차면 넘어지며 알맞게 차야 바로 서는 특이한 그릇이었다. 자신의 언행이 부족하거나 지나치지 않도록 늘 곁에 두고 그 교훈을 새겼던 것이다. 환공은 결국 춘추시대 여러 제후 중에서 처음으로 중원 제패의 숙원을 이뤄내는 데 성공했다.

❸ 박근혜 대통령도 한국판 의기격인 계영배를 가지고 비슷한 일을 한적이 있다. 그가 새누리당의 전신인 한나라당에서 부총재로 일하던 때였다. 2002년 1월 17일, 그는 당 출입기자들에게 계영배를 선물하면서 '넘침을 경계하라'는 술산의 숨은 의미를 기자들에게 설명했다.

❹ 당시는 박 부총재가 이회창 총재를 제왕적이라고 비판하면서 당내 민주화를 주장하던 때였다. 이 때문에 기자들은 박 부총재가 계영배로 이회창 총재에게 은근한 경고를 보내는 것으로 여겼다. 당의 총재라 하더라도 '권한을 지나치게 행사하면 다 잃는다'는 뜻을 기자들을 통해 간접적으로 전하려 한 것으로 해석됐다.

❺ 그랬던 그가 국회의 재의 투표를 무산시키고 유승민 새누리당 원내대표까지 사퇴시키려고 압박하는 것은 이율배반이다. 출입기자들에게까지 전하려 했던 계영배의 가르침을 거스르는 행위다.

❻ 국회법 재의 투표가 무산되도록 압박한 것부터 따져보자. 국회의 재의권은 헌법 제53조에 규정된 국회의 고유권한이다. 우리 헌법은 국회를 통과한 법률안에 대해 대통령에게 이견이 있을 경우 거부권을 행사할 수 있

도록 권한을 부여했지만, 동시에 국회에도 이것을 수용할 것인지 여부를 결정할 수 있는 권한을 부여했다. 대통령과 국회의 생각이 항상 같을 수 없고, 같아서도 안 되기 때문에 마련한 제도적 장치다. 1948년 헌법제정 이후 76년 동안 9차례나 개헌을 했지만, 이 조항은 바뀌지 않았다.

❼ 국회법 개정안에 대해 거부권을 행사한 뒤에는 국회의원들이 양심과 유권자의 뜻에 따라 올바른 의사결정을 하도록 기다리는 것이 맞다. 거부권 행사에 그치지 않고 아예 투표 자체가 이뤄지지 못하도록 막는 것은 '계영배에 7할 이상으로 술을 넘치게 따르고', '알맞은 선 이상으로 의기에 물을 채우는' 지나친 처사다.

❽ 유승민 원내대표의 사퇴를 압박하는 것도 마찬가지다. 원내대표는 당 소속 국회의원들이 뽑는다. 대통령이 임명하는 것이 아니다. 선출된 지 반년도 지나지 않은 원내대표를 사퇴시키려고 압박하는 것은 원내대표를 국회의원들의 대표가 아니라 대통령의 부하쯤으로 생각하기 때문이 아닌지 모르겠다. 문제 제기에 그치지 않고 사퇴를 압박하는 것은 계영배나 의기의 '넘침'과 다름없다.

❾ 계영배와 의기의 특징은 적정선에서 한 방울이라도 넘으면 이미 따라져 있던 것까지 한 방울도 남지 않고 다 빠져나간다는 것이다. 박 대통령이 한나라당 부총재 시절 기자들에게 준 계영배 선물도 이런 점을 일깨우려 했던 것일 것이다. 이제 박 대통령 자신도 이 교훈을 상기해야 한다. 더이상 재의 투표 무산 시도나 유승민 원내대표 사퇴 압박을 계속하면 안 된다. 그동안 중재 노력을 기울였던 김무성 새누리당 총재조차도 김태호 최고위원의 유승민 사퇴촉구 발언을 참지 못하고 자리를 박찼지 않은가! 지나치면 다 잃을 수도 있다.

위 두 글의 가장 중요한 차이점은 논거의 제시 정도다. 국회가 국회법 개정안을 다시 의결하려는 것을 막고 유승민 원내대표를 사퇴시키려는 것이 잘못이라는 주장을 뒷받침할 논리적 근거를 얼마나 타당하게 충분히 제시했느냐가 다르다. 뒷글의 논거가 더 강하고 더 충분하다.

글 도입부부터 비교해보자. 앞글은 '의기'라는 중국 술잔 이야기로, 뒷글은 박근혜 전 대통령이 한나라당 부총재 시절 기자들에게 선물했다는 술잔 '계영배'를 가지고 설득을 시도했다.

의기 이야기의 경우 중국 황제들이 늘 곁에 두면서 권력 행사가 지나치지 않도록 교훈으로 삼았다니 우리 대통령도 좋은 국가 지도자가 되기 위해 참고할 만하다. 그러나 한편으로 이런 생각을 하는 독자도 있을 수 있다. '중국 황제들이 그랬다고 해서 우리 대통령도 꼭 그래야 할까? 황제와 대통령이 서로 다르고, 황제 시절과 지금이 다르고, 중국과 우리나라의 상황이 다른데…' 그러나 계영배는 다르다. 박 전 대통령 본인이 스스로 교훈으로 삼아야 한다고 출입 기자들에게까지 이야기했던 술잔이라서 의기보다 설득력이 강하다.

이 글의 핵심 내용 중 하나는 '넘침'이다. 글의 주장을 독자에게 납득시키려고 사용한 가장 중요한 설득 도구다. 엄밀히 따지면 의기 이야기는 이 '넘침'과 잘 어울리지 않는다. 그보다는 '균형'이나 '넘치지도 모자라지도 않는 적정성'에 더 어울린다.

개선 글에서 의기 이야기를 완전히 빼도 글의 설득력이 떨어지지 않는다.

개선 글이 의기 이야기를 빼지 않은 것은 2단락 마지막 문장, 즉 "환공은 결국 춘추시대 여러 제후 중에서 처음으로 중원 제패의 숙원을 이뤄내는 데 성공했다"는 내용 때문이다. 박근혜 대통령이 성공한 대통령이 되려면 환공을 본받아야 하고, 계영배의 가르침을 늘 새겨야 한다는 뜻을 전하려 했던 것이다.

중국 황제들이 의기를 늘 곁에 두고 지낸 것은 아마도 춘추시대 여러 제후 중 처음으로 중원 제패의 숙원을 이뤄낸 환공을 본받고자 함이었을 것이다. 의기 이야기가 환공에서 시작된 것을 보면 그렇다. 그러나 앞글에는 환공이 중원 제패의 숙원을 이뤄내는 데 성공했다는 내용이 없다. '왜 우리 대통령이 중국 황제들을 본받아야 하지?' 이런 의문을 초래하는 이유다.

요컨대 뒷글은 앞글 내용 중 설득력이 부족한 부분을 더 강한 내용으로 바꾸고 보완했다. 그래서 뒷글 도입부가 더 설득력 있게 느껴지는 것이다. 두 글 도입부를 다시 한번 찬찬히 읽으면서 비교해보라.

원문 도입부

중국 황제들은 '기기'를 늘 곁에 지녔다. 기기란 '기울어지는 그릇'이란

뜻인데 이게 참 재미있다. 잔에 물을 가득 따르면 뒤집어지고 적게 따르면 기울어진다. 그렇기 때문에 균형 있게 채우는 게 중요하다. 황제들은 그 모습을 보면서 스스로 부족하거나 지나침이 없도록 경계한 것이다. 황제가 넘치길 경계한 것은 다름 아닌 권력이었을 터다.

요즘 박근혜 대통령에게 가장 필요한 것이 기기인 것 같다. 국회에게 휘두르는 힘이 견제를 넘어 과잉으로 흐르고 있기 때문이다.

개선 글 도입부

박근혜 대통령이 국회의 국회법 개정안 재의 투표를 앞두고 꼭 되새겨봐야 할 것이 하나 있다. 바로 계영배戒盈杯라는 희한한 술잔이다. 이 술잔은 술이 잔의 7할 이상으로 채워지면 밑구멍으로 다 흘러나가게 만들어졌다. 고대 중국의 의기儀器에서 비롯됐다.

유래는 이렇다. 중국 노나라의 환공은 생전에 늘 의기라는 그릇을 곁에 두고 살았다. 속이 비면 기울어지고 가득 차면 넘어지며 알맞게 차야 바로 서는 특이한 그릇이었다. 자신의 언행이 부족하거나 지나치지 않도록 늘 곁에 두고 그 교훈을 새겼던 것이다. 환공은 결국 춘추시대 여러 제후 중에서 처음으로 중원 제패의 숙원을 이뤄내는 데 성공했다.

박근혜 대통령도 한국판 의기격인 계영배를 가지고 비슷한 일을 한 적이 있다. 그가 새누리당의 전신인 한나라당에서 부총재로 일하던 때였다. 2002년 1월 17일, 그는 당 출입기자들에게 계영배를 선물하면서 '넘침을 경계하라'는 술의 숨은 의미를 기자들에게 설명했다.

당시는 박 부총재가 이회창 총재를 제왕적이라고 비판하면서 당내 민주화를 주장하던 때였다. 이 때문에 기자들은 박 부총재가 계영배로 이회창 총재에게 은근한 경고를 보내는 것으로 여겼다. 당의 총재라 하더라도 '권한을 지나치게 행사하면 다 잃는다'는 뜻을 기자들을 통해 간접적으로 전하려 한 것이란 생각에서였다.

앞글의 도입부와 뒷글의 도입부는 그 분량이 서로 다르다. 앞글 도입부가 공백을 제외하고 196자고, 뒷글 도입부는 503자다. 뒷글 도입부가 앞글 도입부의 2.5배나 된다. 그러나 뒷글 도입부가 더 잘 납득되는 것은 분량 때문이 아니다. 도입부의 내용 때문이다.

이 사례처럼 설득력을 높이려고 설명을 추가하다 보면 글의 길이가 늘어나는 문제가 생기기는 한다. 과제로 제출하는 글이나 시험장에서 쓰는 글, 기고나 투고하는 글은 분량 제한이 있다 보니 설명을 추가하는 것이 고민스러울 수 있다. 그러나 '선택과 집중'으로 해결할 수 있다. 이 사례의 경우, 원문의 6~9단락은 사실 학생의 주장을 납득시키는 데 별 도움이 되지 않는 것이다.

6, 7단락은 박 전 대통령의 소통이 적었다는 내용이다. 이는 국회법 개정안 재의결을 막고 유승민 원내대표를 사퇴시키려고 하는 것이 잘못이라는 이 글의 주장과 직접 상관이 없다. 그런 일을 초래한 배경이 될지 모르지만, 거리가 먼 이야기다.

8. 9단락은 과잉금지 원칙 이야기다. 이 이야기도 글의 주장을 잘 뒷받침하지 않는다. 중요한 법 원칙이기는 하지만, 재의결 무산이나 사퇴 압박과 직접적인 상관이 없다. 그런 내용보다는 개선 글의 7단락이나 1, 3, 4, 5단락이 더 도움이 된다.

원문의 8, 9단락처럼 주제와 별 상관이 없는 내용을 빼고 더 도움이 되는 내용으로 바꿔도 글의 길이 문제를 해결할 수 있다. 개선 글의 뒷부분은 길이가 원문 뒷부분의 1/3 정도밖에 되지 않지만, 설득력이 더 강하다. 다시 한번 비교해서 읽어보자.

원문 뒷부분

박 대통령은 넘치는 힘에 비해 소통의 노력은 부족했다. 그동안 여당과 얼마나 소통했는지 생각해봐야 한다. 얼굴을 맞대고 이야기를 나누고 설득의 노력을 기울여야 한다는 지적은 끊이지 않았다. 하지만 대통령은 '정말 필요하다고 생각하세요?'라며 소통에 소홀히 해왔던 것도 사실이다. 김무성 대표만 하더라도 대통령 독대는 한 번에 그쳤다.

소통 창구 역할을 해 줄 정무수석은 몇 달째 공석이다. 청과 여당이 자주 만나서 의견을 교환했다면 지금과 같은 최악의 상황은 피할 수 있었을 것이다. 유 원내대표 역시 청와대와 소통 부족을 송구하게 생각한다고 밝힌바 있다. 그럼에도 청와대는 당분간 당청간 채널을 폐쇄할 것이라고 못 박았다. 앞으로 메르스, 가뭄, 경제 활성화 등 당과 함께 해결할 사안 산적해 있다. 모자란 소통을 담아봐야 기기는 기울어질 뿐이다.

법에는 과도한 조치를 막기 위해 '과잉금지의 원칙'이 작동한다. 과도한

권력은 네 단계의 조건이 충족될 때만 행사될 수 있다. 첫째, 목적이 정당할 때 둘째, 수단이 적합할 때 셋째, 다른 대안이 없을 때 넷째, 최소한의 제한만 행사할 때다. 과잉금지를 위한 심사를 까다롭게 한 것은 그만큼 신중한 저울질이 필요하다는 뜻이다.

이런 장치가 없으면 불균형은 더욱 심화된다. 이 점의 비추어 볼 때 대통령이 과잉 권력이 불가피한 것이었는지 의문이 든다. 모자라도 그렇지만 지나치면 오히려 잃는다. 결국 넘치면 엎어져 버리는 기기처럼 말이다. 대통령은 민심을 잃었다. "정치가 국민을 위해 무엇을 할 수 있는지 먼저 생각해야 합니다." 대통령이 국무회의 때 한 말이다. 본인이 먼저 생각해 볼 점이지 싶다.

개선 글 마지막 단락

계영배와 의기의 특징은 적정선에서 한 방울이라도 넘으면 이미 따라져 있던 것까지 한방울도 남지 않고 다 빠져나간다는 것이다. 박 대통령이 한나라당 부총재 시절 기자들에게 준 계영배 선물도 이런 점을 일깨우려 했던 것일 것이다. 이제 박 대통령 자신도 이 교훈을 상기해야 한다. 더이상 재의 투표 무산 시도나 유승민 원내대표 사퇴 압박을 계속하면 안 된다. 그동안 중재 노력을 기울였던 김무성 새누리당 총재조차도 김태호 최고위원의 유승민 사퇴촉구 발언을 참지 못하고 자리를 박찼지 않은가! 지나치면 다 잃을 수도 있다.

이번에는 두 글의 본론을 비교해보자. 두 글의 본론은 모두 대통령이 국회의 국회법 재의결을 막는 것과 유승민 여당 원내

대표를 사퇴시키려는 것이 왜 잘못인지 그 이유를 본격적으로
독자들에게 납득시키려고 한 대목이다. 먼저 국회법 재의결을
막는 것이 왜 잘못인지를 설명한 단락들이다. 밑줄 친 문장들에
주의를 기울이며 살펴보자.

원문의 관련 본론

요즘 박근혜 대통령에게 가장 필요한 것이 기기인 것 같다. 국회에게 휘
두르는 힘이 견제를 넘어 과잉으로 흐르고 있기 때문이다. 국회법 개정
안에 대해 거부권을 행사한 후 보인 일련의 행태는 물을 넘치도록 따르
는 모습과 같았다. 대통령이 새누리당을 압박해서 재의결권을 막는 것은
권한 밖의 일이다.

**거부권 행사가 대통령의 고유 권한인 것처럼 재의권 역시 헌법이 보장
한 국회의 고유 권한이기 때문이다. 거부권의 다른 이름이 '재의 요구권'
이란 것에서 알 수 있듯이 거부권 행사는 국회가 다시 한번 숙고하길 요
청하는 권한이란 소리다. 국회법 개정안은 위헌 여부를 떠나 국회의원
의 2/3 이상이 찬성한 사안이었다. 그런 사안에서 검토 자체를 막는 것
은 권력 분립에 어긋나는 것이다.**

개선 글의 관련 본론

국회법 재의 투표가 무산되도록 압박한 것부터 따져보자. 국회의 재의권
은 헌법 제53조에 규정된 **국회의 고유권한이다. 우리 헌법은 국회를 통
과한 법률안에 대해 대통령에게 이견이 있을 경우 거부권을 행사할 수**

있도록 권한을 부여했지만, 동시에 국회에도 이것을 수용할 것인지 여부를 결정할 수 있는 권한을 부여했다. 대통령과 국회의 생각이 항상 같을 수 없고, 같아서도 안 되기 때문에 마련한 제도적 장치다. 1948년 헌법제정 이후 76년 동안 9차례나 개헌을 했지만, 이 조항은 바뀌지 않았다.

국회법 개정안에 대해 거부권을 행사한 뒤에는 국회의원들이 양심과 유권 국회법 개정안에 대해 거부권을 행사한 뒤에는 국회의원들이 양심과 유권자의 뜻에 따라 올바른 의사결정을 하도록 기다리는 것이 맞다. 거부권 행사에 그치지 않고 아예 투표 자체가 이뤄지지 못하도록 막는 것은 '계영배에 7할 이상으로 술을 넘치게 따르고', '알맞은 선 이상으로 의기에 물을 채우는' 지나친 처사다.

앞글에서 국회의 재의결을 막는 것이 잘못이라는 이유를 짚은 내용은 밑줄 친 부분이다. '재의결권이 헌법상의 국회 고유권한'이고 '국회의원의 2/3가 찬성한 사안'이라는 것이다. 이 두 이유 중 재의결권이 국회의 고유권한이니까 막으면 잘못이라는 것이 핵심 논거다. 잘 짚었지만, 그 설명이 충분하지 않다. '고유권한의 행사를 왜 막으면 안 되지?' 이런 의문을 품는 독자가 있을 수 있다. 의문이 남으면 독자가 바로 납득하지 않는다. 왜 막으면 안 되는지 그 이유까지 설명해줘야 한다.

뒷글은 의문의 여지를 없앴다. 재의결권 행사를 막는 것이 왜 잘못된 것인지를 최대한 확실하게 납득시키려고 노력했다. 국회의 재의결권이 국회와 대통령의 생각이 늘 같을 수 없고 항상 같아서도 안 되기 때문에 마련됐다는 이야기, 이 조항이 꼭 필요하기 때문에 개헌이 9차례나 이뤄졌어도 없어지지 않았다는 이야기를 추가한 것이다.

국회의원의 2/3가 찬성하면 헌법도 바꿀 수 있다. 재적 의원 2/3의 찬성이 개헌 의결 정족수다. 대통령도 무시해서는 안 된다. 이렇게 보면 '국회법 개정이 국회의원 2/3의 찬성으로 국회를 통과한 사안'이라는 앞글의 이야기도 설득력 있는 논거가 될 수 있다. 그러나 이 역시 독자들이 잘 납득하도록 하려면 충분히 설명해야 한다. 앞글에는 이런 설명이 빠졌다. 뒷글이 이 내용을 뺀 것은 관련 설명을 충분히 하다 보면 글이 길어질 수 있고, 그 내용 없이 국회 재의결권 이야기만 충분히 해도 독자 설득에 별문제가 없다는 판단 때문이었다. 이번에는 유승민 원내대표를 사퇴시키려는 것이 잘못이라는 단락을 비교해보자.

원문의 관련 본론

문제는 박 대통령이 여기서 멈추지 않고 물을 더 붓고 있다는 것이다. 새누리당이 사실상 재의 투표에 불참하기로 의견을 모았음에도 유승민 원내 대표 사퇴를 요구하는 게 그렇다. 국무회의에서 대통령의 언어는 거칠었다. '배신의 정치' '국민의 심판' 원내대표 지목 비판 등 분노는 거셌다. 그러나 **국회의원은 각 개인이 헌법기관이란 점을 알아야 한다. 이미 재신임을 받은 원내 대표에게 이래라저래라 명령할 수는 없다.**

대통령이 기기에 물을 넘치도록 따른 결과 국정은 블랙홀 속으로 빨려들어가고 있다. 작게는 유 대표 사퇴를 둘러싼 친박과 비박 간의 갈등이 나타나고 있다. 크게는 새정치연합이 정기국회 보이콧을 외치면서 당청 갈등으로까지 번지고 있다. 그동안 6월 처리 법안은 단 1건이었다. 국정 마비의 부작용은 국민이 감내해야 할 몫이다.

개선 글의 관련 본론

유승민 원내대표의 사퇴를 압박하는 것도 마찬가지다. **원내대표는 당 소속 국회의원들이 뽑는다. 대통령이 임명하는 것이 아니다. 선출된 지 반 년도 지나지 않은 원내대표를 사퇴시키려고 압박하는 것은 원내대표를 국회의원들의 대표가 아니라 대통령의 부하쯤으로 생각하기 때문이 아닌지 모르겠다.** 문제 제기에 그치지 않고 사퇴를 압박하는 것은 계영배나 의기의 '넘침'과 다름없다.

앞글에서 글의 주장을 독자들이 납득하도록 할만한 내용은 단 두 줄이다. "국회의원은 각 개인이 헌법기관"이라는 내용과 유승민 "이미 재신임을 받은 원내 대표"라는 내용이다. 이 두 내용 역시 독자들을 납득시킬 수 있는 논거가 될 수 있다고 생각한다. 그러나 독자 중에는 국회의원 각 개인이 헌법기관이라는 이야기를 읽고 바로 사퇴 압박을 하는 것이 잘못이라고 생각하지 않는 분도 있을 수 있다. 국회의원직을 사퇴시키려고 한 것이 아니라 원내대표직을 사퇴시키려고 한 것이라 그렇다. 국회의원

한 명 한 명이 헌법기관이라는 이야기보다는 원내대표는 대통령이 임명하는 것이 아니라 국회의원들이 투표로 뽑는다는 이야기가 더 적절하다. 즉, 사퇴 압박이 잘못이라는 이야기를 납득하도록 하는 데 더 도움이 된다.

사실 제자의 연습 글은 대학생의 글 중에서는 제법 잘 쓴 편에 속한다. 대학생 중에 이 정도로 쓰는 학생이 많지 않다. 수업 중에 이 글을 수강생들에게 읽어보도록 하면 대개 '잘 쓴 것 같다'는 반응을 보인다. 많은 독자가 공감할만한 주장을 담고 있고, 글의 주장이 어떤 것인지 독자들이 알 수 있게 돼 있다. 설득력이 충분하지 않다는 점이 아쉬울 뿐이나. 앞서 설명한 대로 설득력 있는 논거를 글에 담지 못한 것, 충분하게 설명하지 못한 것이 원인이다.

글을 쓸 때는 늘 자신에게 이런 질문을 하는 습관을 들이자. 내가 글에 담으려는 논거가 독자를 잘 납득시킬 만큼 타당한 것일까? 이만하면 독자가 잘 납득할 만큼 관련 설명이 충분할까? 더 설득력 있는 논거가 없을까? 쓰는 사람의 관점이 아니라 읽는 사람의 관점에서 살펴야 한다. 그것이 글쓰기 제3 목표 '이야기가 잘 납득되게 하기'를 잘 달성할 수 있게 하는 원동력이다.

2. 논리적으로 문제없도록 쓰기

이번에는 글쓰기 제3 목표를 잘 달성하기 위해 해결해야 할 두 번째 과제에 대해 알아보자. 그것은 글에 논리적인 문제가 없도록 하는 것이다. 논거는 글의 주장을 납득시킬 중요한 토대지만, 글 쓰는 이의 생각이나 글에 담는 과정에 논리적인 문제가 생기면 독자가 잘 납득하지 못하는 글이 될 수 있다. 어떤 문제들이 있는지 글 훈련 중인 학생들의 글을 예로 들어 유형별로 알아보자.

일반화 오류

일반화의 오류는 하나의 논거를 지나치게 확대 적용해서 합당하지 않은 결론을 내는 논리 전개상의 잘못을 말한다. 두산백과는 "일부의 사례만을 제시하거나 대표성이 없는 불확실한 자료만을 가지고 바로 어떤 결론을 도출하는 데서 발생하는 오류"로 정의한다.

두산백과는 이런 오류를 '성급한 일반화의 오류'라고 부른다. 강준만 교수가 인물과사상사에서 펴낸 『선사인 논술사전』역시 같은 이름으로 부른다. 『선사인 논술사전』은 이 오류가 제한된 증거에서 중간 단계를 거치지 않고 성급하게 바로 어떤 결론을 도출하는 오류라서 '성급한'이라는 형용사가 오류 이름에 붙었다는 취지로 설명한다. 필자 생각으로는 '지나친 일반화의 오류' 또는 '과잉 일반화의 오류'라고 하는 것이 더 적합한 것 같다. 오류가 성급함에서 오는 것이 아니라 논거의 입증력을 넘어선 지나친 확대 추론이나 부주의에서 올 수도 있기 때문이다.

이런 오류는 학생들의 연습 글에서 자주 발견된다. 글의 특정 문장에 이런 오류가 있는 경우도 있고, 글 전체의 논리적 뼈대에 일반화의 오류가 있는 경우도 있다. 먼저 특정 문장에 일반화의 오류가 있는 경우를 살펴보자. 다음 글은 〈조선비즈〉에서 일하고 있는 제자가 입사 준비 시절에 쓴 모의시험 논술답안의 첫 단락이다. 불과 1시간 정도 짧은 시간 내에 쓴 글이라 논리적 완성도가 높지 않다. 논리적으로 어떤 문제가 있는지 짚어보자. 밑줄 친 두 문장을 주의해서 읽어보라.

여성 징병제

대한민국은 '3맹盲 사회'다. 남자들은 분노에 눈이 멀었고, 여성들은 불공정함에 눈이 멀었고, 정치권은 표에 눈이 멀었다. 그 산물이 여성 징병제. 여성 징병제에 동의할 수 없음은 다음과 같다. 첫째, 여성 징병제가 도입된다 한들 완전한 성평등은 이뤄질 수 없다. 둘째, 군의 효율성을 높이는 효과도 별로 없다. 셋째, 여성 징병제 도입으로 인한 경제적, 사회적 비용이 막대할 것이다. 이러한 이유들 때문에 여성 징병제에 찬성할 수 없다. 오히려 '점진적 모병제'가 더 좋은 대안이라고 믿는다. (후략)

윗글의 첫 두 문장은 제자의 생각에 일반화 오류가 있어서 나온 문장들이다. 첫 문장은 대한민국이 3맹 사회라고 했다. 얼핏 별문제가 없게 느껴질지 모른다. 그러나 엄격하게 따지면 문제가 있다. 대한민국 전체가 3맹일 수는 없기 때문이다. 눈이 먼 남자와 여자, 정치인이 있을지 몰라도 모든 남자와 여자, 정치인이 다 눈이 멀었다고 하기는 어렵다. 여성징병제를 둘러싸고 찬반 양론이 다 있는 것만 봐도 그렇다. 글 취지대로라면 여성징병제를 반대하는 사람은 눈이 멀지 않은 사람들이다. 그런 사람이 있다고 해놓고 대한민국을 다 싸잡아서 3맹이라고 하는 것은 자기모순이다. 일부 눈이 먼 사람들을 가지고 대한민국 전체가 눈이 먼 것처럼 잘못 일반화한 것이다.

둘째 문장에도 같은 잘못이 있다. 글은 남자들은 분노에 눈이 멀었고 여성이 불공정함에 눈이 멀었고 정치권은 표에 눈이 멀었다고 했다. 분노에 눈이 먼 남자, 불공정함에 눈이 먼 여자, 표에 눈이 먼 정치인이 있을지 몰라도 모든 남자나 여자, 정치인을 다 싸잡아서 눈이 멀었다고 말할 수 없다. 첫 문장과 마찬가지로 일부 눈이 먼 사람들을 가지고 모든 사람이 그런 것처럼 잘못 일반화했다고 할 수 있다.

이런 표현을 수사법에서 말하는 과장법을 쓴 것으로 봐서 별문제가 없다는 견해도 있을 수 있다. 과장법은 어떤 사람이나 사물 또는 사건을 실제보다 크게 또는 작게 설명하는 수사법이다. '간이 콩알만 해졌다'거나 '바다처럼 넓은 도량', '밴댕이 소 갈머리 같은 속마음' 같은 표현이 좋은 예다. 허구를 다루는 글에서는 이런 수사법이 문제를 일으키지 않을지 모른다. 그러나 윗글처럼 현실이나 사실을 다루는 글에서는 문제가 될 수도 있다. 논란이 큰 사안이나 이해관계가 첨예하게 부딪치는 사안은 특히 더 그렇다. 자칫 소송에 휘말릴 수도 있다. 무심코 글을 쓰다 이런 잘못을 저지르지 않도록 주의하자.

논리적 비약

논리적 비약은 논증 과정의 일부나 전체를 빠뜨려서 독자가 주장을 납득하지 못하게 만드는 것이다. 논리적 사고를 할 수 있는 힘이 부족하거나 사실을 잘 몰라서 이런 잘못을 저지르는 경우가 많다. 어떤 글이 그런 글인지 실례를 들어 구체적으로 알아보자.

다음 글은 CBS 기자가 언론사 입사 준비를 하던 시절에 쓴 연습 글이다. 헌법재판소가 박근혜 전 대통령에 대해 재판관 전원 일치 찬성으로 탄핵 결정을 내리기 사흘 전인 2017년 3월 7일에 썼다. 세월호 사고와 최순실 사건 등에 대한 책임을 물어 박 당시 대통령을 퇴진시키라는 이른바 '촛불집회'와 퇴진에 반대하는 이른바 '태극기집회'가 절정으로 치닫던 무렵이다. 이 글에 어떤 논리적 문제가 있는지 분석해보자.

❶ 북유럽에는 레밍이라는 작은 들쥐들이 산다. 이들은 집단자살로 유명하다. 이들은 가끔씩 이유 모를 질주를 벌인다. 맨 앞의 쥐 한 마리가 뛰면, 다른 쥐들도 따라 뛴다. 왜 뛰는지도 모른 채 그저 맹목적으로 덩달아 뛴다. 그러다 결국 낭떠러지를 만난다. 맨 앞의 쥐를 포함해 달리던 모두가 떨어져 죽음을 맞이한다. 떼죽음, 공멸이다. 이는 군중이 만들어내는 비합리적인 행동을 극단적으로 상징한다.

❷ 현재 광장의 군중들도 비슷한 모습이다. 정의를 외치던 민심은 변질됐다. 목적은 흐려졌다. 촛불과 태극기는 과격해졌다. 혈서와 죽창까지 등장한다. 심지어 헌법재판소의 탄핵 결정이 자신들의 바람대로 안 나올 시 불복하겠다고 말하는 이들이 등장했다. 다른 이들도 모두 맹목적으로 동조한다. 촛불집회는 탄핵 기각 시 혁명이 불가피하다고 주장하며, 태극기집회는 탄핵 인용 시 아스팔트가 피로 물들 것이라 협박한다. 군중들은 북유럽의 쥐들처럼 비합리적인 길로 흘러가고 있다.

❸ 헌법재판소의 탄핵 결정에 불복하겠다는 촛불과 태극기 민심은 레밍처럼 공멸, 떼죽음을 향한 지름길이다. 법치주의를 훼손하기 때문이다. 법치주의가 훼손되면 민주주의가 흔들린다. 법치주의는 민주주의의 기본조건인 '자유와 평등'을 보장하기 때문이다. 법치주의는 지배층, 권력층이 법 '위'에 군림하는 것을 막음으로써, 국민의 자유와 평등을 가능케 해준다. 이런 법치주의가 흔들리면 국민들은 자유와 평등을 보장받지 못하게 된다. 민주주의가 흔들리고, 국민의 삶이 흔들리게 된다. 결국 국민의 헌재 불복이 국민의 삶을 흔들게 되는 것이다.

❹ 군중의 질주를 멈춰세워줄 이가 필요하다. 레밍처럼, 비합리적인 길을 가는 군중은 자신의 행동을 이성적으로 돌아보지 못하기 때문이다. 정치인들이 앞장서 군중을 멈춰세워야 한다. 법치주의를 수호함으로써 군중의 비합리적인 질주를 멈출 수 있다. '법치 지키는 정치'가 필요하다. 정

치인들이 지금처럼 앞장서서 집회에 참여하거나 탄핵 결정 불복 의사를 내비쳐서는 안 된다. 정치인들은 탄핵 심판 결과가 어떻게 나오더라도 헌재의 판단에 승복하겠다고 공식적으로 선언하고, 촛불과 태극기 민심도 승복하도록 이끌어야 한다. 그래야 탄핵 결정 이후 국론 분열의 위기를 막고, 민주주의를 지켜 국민의 삶을 지킬 수 있다.

❺ 2000년 미국 대선 당시 앨 고어의 태도를 본받아야 한다. 공화당 조지 부시와 맞붙었던 민주당의 후보 앨 고어는 무더기로 나온 무효표를 보고 갈등에 빠졌다. 미국 연방대법원은 무효표를 두고, 조지 부시의 손을 들어줬다. 그러자 민주당은 대법원 결정에 불복하는 시위를 벌였고, 미국은 심각한 국론 분열 직전까지 갔다. 그러나 고어는 "대법원 결정에 동의하지 않지만 미국인의 단합과 민주주의를 위해 수용한다"고 선언했다. 법치주의를 존중함으로써 민주주의를 지켰고 국론 분열을 막은 것이다. 우리나라의 정치인들 또한 고어의 자세를 따를 필요가 있다.

❻ 다시 레밍 이야기로 돌아가보자. 만약 레밍에게 '현명한 지도자'가 있었다면 어땠을까? 아마 벼랑 끝으로 내달리는 쥐들을 멈춰세우고, 풍요로운 들판으로 쥐들을 이끌었을 것이다. 지금처럼 비합리적인 행동, 집단자살로 유명세를 떨치지 않았을 거다. 대한민국에도 벼랑 끝 국민들을 멈춰세울 현명한 지도자가 필요하다. 촛불과 태극기 집회를 멈춰세울 수 있는 정치인들을 기대한다. 우리는 쥐가 아닌 사람이기에 공멸을 막을 수 있다.

이 글은 '심각한 국론분열을 막아야 한다'는 주장을 담고 있다. 많은 독자가 공감할만한 좋은 주장이다. 당시에 있었던 촛불집회와 태극기집회의 첨예한 대립은 우려할만한 상황이었다.

"이러다가 큰일 나는 것 아냐?" 하는 걱정의 목소리가 나오던 때였다. 심각한 국론분열이 내전까지 부른 다른 나라의 사례처럼 되지는 않더라도 상당한 후유증이 염려되는 상황이었다. 그런 점을 걱정하는 많은 독자들은 이 글의 주장에 공감할 것으로 생각한다.

글의 내용도 글의 주장을 납득시키는 데 도움이 되는 내용 위주로 쓰여 있다. 2단락의 "혈서", "죽창", "탄핵 기각 시 혁명", "아스팔트가 피로 물들 것" 같은 내용이 그렇다. 글쓰기 5대 목표 중 첫 번째 목표, 즉 '글의 알맹이 잘 준비하기'를 잘 달성한 편이라고 생각한다.

글쓰기 5대 목표 중 두 번째 목표, 즉 '무슨 이야기인지 금방 알게 하기'도 잘 달성했다. 어려운 단어가 거의 없고, 문장 길이도 짧고, 문장 구조도 복잡하지 않고, 글의 초점도 또렷해서 글쓴이가 무슨 이야기를 하는지 독자들이 금방 알기 쉽다.

제7장에서 설명할 글쓰기 네 번째 목표, 즉 '독자가 글을 끝까지 읽게 하기'도 비교적 잘 달성했다. 레밍 이야기가 그런 역할을 할 수 있다. 다만 글쓰기 세 번째 목표, 즉 '이야기가 잘 납득되게 하기'를 잘 달성했는지는 의문이다. 논리적 비약 문제 때문이다. 그 이유를 따져보자. 이 글은 다음과 같은 논리 구조를 갖추고 있다.

1단락 요지	레밍은 무리 중 한 마리가 앞서 뛰면 다른 쥐들이 이유도 모른 채 따라 뛰다 떼죽음을 당하곤 한다.

⇩

2단락 요지	촛불집회와 태극기집회에 모이는 군중도 비슷하다. 레밍처럼 비합리적인 길로 가고 있다.

⇩

3단락 요지	군중의 질주를 멈춰 세워줄 이가 필요하다. 정치인이 그 역할을 해야 한다. 그래야 국론 분열을 막고 국민 삶을 지킬 수 있다.

⇩

5단락 요지	레밍에게 현명한 지도자가 있었다면 무리를 낭떠러지로 이끌지 않듯이 지금 우리에게도 공멸을 막을 현명한 정치 지도자가 필요하다.

얼핏 생각하면 일리가 있게 느껴질 수 있다. 그러나 요목조목 따져보면 논리적으로 합당하지 않다. 무엇보다 촛불집회와 태극기집회에 참가하는 군중을 레밍에 비유한 점이 그렇다.

두 집회 참가자를 레밍에 비유하려면 왜 그런 비유를 할 수 있는지 납득시켜야 한다. 레밍은 이유 없이 앞서 뛰는 무리를 따라 뛰다가 절벽 밑으로 떨어질지 모르지만 집회 참가자들은 그렇지 않을 수 있다. 합리적인 참가 이유가 있을 수 있고, 집회가 잘못돼가고 있다면 대열을 이탈하는 사람이 나타날 수도 있다. 2단락 첫 문장처럼 집회 참가자와 레밍이 비슷하다고 하려면 그 근거를 가지고 입증해야 한다. 글에는 없다. 중요한 논증 과정이 빠졌다. 논리적 비약이다. 이런 논리적 결함은 집회 참가 군중이 레밍과 비슷하다는 글의 주장을 독자가 납득하지 못하도록 만드는 원인이 된다.

논증은 글의 설득력을 좌우하는 중요한 문제이므로 예를 한 가지만 더 들어보자. 2014년 3월 〈조선일보〉의 '채동욱 검찰총장 혼외婚外 아들' 보도가 한국신문협회가 주관하는 2014년 한국신문상을 수상하자 〈조선일보〉는 이 기사가 탈선 권력에 대한 용기 있는 비판이었다는 기사를 냈다. 이 기사는 기혼자였던 채동욱 검찰총장이 아내가 아닌 여성과의 사이에서 아들을 낳고, 이를 숨겨왔다는 사실을 밝혀낸 2013년 9월 6일 자 〈조선일보〉의 특종 기사다. 채동욱 총장은 이 여성과 10년 이상 혼외관계를 유지했으면서도 청와대의 인사 검증 과정에서 이런 사실이 없는 것처럼 밝혔다.

〈조선일보〉는 이 기사가 2014년 3월 15일에 한국신문상 수상작으로 발표되자, 수상 소식을 알리는 기사를 그 바로 다음 날 새벽 판에 실었다. 〈조선일보〉 기사가 탈선한 권력자를 용기있게 비판

*「채동욱 검찰총장 婚外(혼외) 아들 숨겼다」기사

한 기사'였다는 기사였다. 기사는 "언론이 권력자의 탈선된 사생활을 보도하려 할 때 필요한 덕목은 무엇보다 용기"라며 "〈조선일보〉 편집국은 그런 용기를 보여줬다"라는 심사위원장의 말을 인용했다.

〈한겨레〉는 〈조선일보〉의 보도와는 다른 논조의 기사를 냈다. 〈한겨레〉는 바로 그다음 날인 2014년 3월 26일 칼럼 「'용기 있는' 조선일보에 바란다」를 통해 〈조선일보〉가 국정원이라는 국가기관의 대통령선거 개입 의혹 보도에는 소극적이면서 채동욱 총장의 사생활 캐기에는 적극적이라며, 〈조선일보〉의 이 보도가 권력의 의도를 충실히 수행한 청부 보도 아니냐고 비판했다.

채동욱 검찰총장의 혼외 아들 기사는 2013년의 〈조선일보〉의 특종 보도 때부터 큰 논란을 일으켰다. 당장 검찰총장의 사생활까지 언론이 파헤치는 것이 과연 옳은지 지적이 나왔다. 우리 민법은 일부일처만 인정한다. 제810조에 중혼重婚[1]을 금지한다고 분명히 밝혔다. 중혼은 당사자뿐 아니라 직계혈족이나 4촌 이내의 방계혈족 또는 검사도 혼인 취소를 청구할 수 있게 돼 있다. 채동훈 총장의 경우는 사실상

---

1   배우자가 있는 사람이 다른 사람과 다시 혼인함

의 중혼이다. '법을 잘 알만한 검사가 이래도 되느냐. 검찰총장 자격이 없다' 같은 비판도 거셌다.

그 후 점차 잠잠해졌던 논란이 〈조선일보〉의 한국신문상 수상 기사와 〈한겨레〉 비판 칼럼으로 다시 불붙었다. 보수 진영과 진보 진영을 중심으로 한 치 양보 없는 논란이 한동안 계속됐다. 다음 글은 이런 논란에 관해 쓴 글이다. 지금은 JTBC에서 취재기자로 일하고 있는 제자가 언론사 입사를 준비하던 시절 논리적으로 글 쓰는 능력을 키우기 위해 쓴 연습 글이다. 이 글에 어떤 논리적 문제가 있는지 짚어보자.

언론, '이기적 진실'에서 벗어나야

❶ '하나의 사실, 네 가지의 진실' 아시아 최초로 베니스영화제에서 대상을 받은 일본 영화 〈라쇼몽〉을 요약한 표현이다. 영화의 줄거리는 단순하다. 숲 속에서 발견된 사무라이의 시신을 두고 네 명의 증인이 사건을 진술한다. 각자의 이익에 부합하는 진실만을 선택해 사실인 것마냥 이야기를 만들어 낸다. '사실'은 '사무라이가 죽었다'는 것 하나지만, 네 가지의 전혀 다른 진실이 나오게 된다. 인간의 이기심이 사실을 왜곡하는 것이다.

❷ 일본 전국시대를 풍자한 라쇼몽 현상이 21세기 한국 언론계에서 고스란히 나타나고 있다. '채동욱 검찰총장 혼외 아들' 보도로 한국신문상을 수상한 데 대한 〈조선일보〉와 〈한겨레〉의 기사가 대표 사례. 두 언론사 모두 편향된 시각으로 왜곡된 보도를 했다. 자사의 입맛에 맞는 인

터뷰만을 인용하여 자기들끼리 똘똘 뭉치기 바빴다. 반대편 입장에 대해서는 무조건 비판하며 한쪽으로 치우친 시각만을 전했다.

❸ 먼저 〈조선일보〉는 자사에 유리한 인터뷰만을 발췌해 채동욱 보도를 감싸기 급급했다. 다른 의견은 배제한 채, 채동욱 보도가 무조건 '옳다'는 전제 하에 기사를 쓴 것이다. 타인의 입을 빌려 자사의 의견이 아닌 척 독자를 〈조선일보〉 편으로 유도했다. 그 수업이 교묘하기에 더욱 위험했다. 이뿐만이 아니다. 다른 언론을 '구경꾼'으로 비하하는가 하면 시민단체와 검찰의 태도에 대해서도 '실망스럽다'는 주관적인 표현을 서슴지 않고 있다. 사실이라면 괜찮다. 문제는 이것이 기사라는 점이다. '사실에 기반해 객관적인 정보를 전달해야 할 '기사'가 '의견'에 기반한 주관적인 생각을, 그것도 한 쪽만의 생각을 전달하고 있다.

❹ 라쇼몽의 엇갈린 진실처럼, 같은 사안을 두고 〈한겨레〉는 〈조선일보〉와 상반되는 이야기를 하고 있다. 〈한겨레〉는 채동욱 총장에 대한 보도가 언론이 다뤄야 할 공적 관심사냐면서, 누구를 위한 보도였냐고 묻고 있다. 상대의 입장을 무시한 채 '다름'을 '틀림'으로 간주하는 태도다. 또한 〈조선일보〉가 청와대와 손잡고 '채동욱 찍어내기'를 했다는 데 대한 의문이 해소되지 않았다고 강조한다. 물론 잘못된 점이 있다면 꾸짖을 수 있고, 바로잡는 것이 마땅하다. 그러나 〈한겨레〉는 자신들의 추측에 기반한 보도를 하고 있다. 만약 그들의 주장대로 정언유착이 실제로 있었다면 관련된 '팩트'를 밝혀낼 일이다. 근거 없는 비판은 비방이나 다름없다. 언론이 국민을 선동해서는 안 된다.

❺ '이기적 진실'이라는 말이 있다. 미국의 언론학자 파하드 만주가 한 말로, 원하는 정보만 선택적으로 받아들이는 것을 뜻한다. 이기적 진실이 위험한 건 단순히 한 쪽을 선택하는 데서 그치는 것이 아니라, 반대편에 대해서는 무조건적으로 불신하고 비판한다는 데 있다. 개인에 한해서

는 믿음과 표현의 자유가 허용될 수 있다. 그러나 주체가 언론이라면 이야기가 달라진다. 그 '자유'로 인해 누군가는 피해를 입을 수 있으며, 여론을 오도할 우려가 있기 때문이다. 언론은 '그들만의 리그' 형성하는 수단이 아니다. 사실과 주장을 혼동해 갈등을 조장해서는 안 된다. 정확하고 분명한 팩트로 언론의 가치를 구현해야 한다.

이 글에는 별문제가 없는 것처럼 보여도 잘 따져보면 논증이 빠진 부분이 있다. 이런 부분이 있으면 글에 논리적 비약이 있다고 말할 수 있다. 이 글의 논지는 〈조선일보〉와 〈한겨레〉가 둘 다 이기적으로 편파적인 보도를 하고 있다는 것이다. 영화 〈라쇼몽〉의 사무라이들이 자신의 이익에 부합하는 것만 골라 이야기하면서 사실을 왜곡하는 것과 같다는 것이다.

이 글이 이런 주장을 독자가 수긍하도록 하려면 다음과 같은 것들을 논증해야 한다. 글의 내용 순서대로 나열하면 이렇다. 먼저 영화 관련 내용에서는 이런 점이 논증돼야 한다.

❶ 라쇼몽의 사무라이들이 서로 다른 진술을 했다는 점.

❷ 4명의 서로 다른 진술이 모두 사실과 다르다는 점, 그중 어느 한 진술도 사실일 가능성이 없다는 점.

❸ 4명의 진술이 전부 본인 이익에 부합하는 진술이라는 점, 사실과 다른 진술이기는 하지만 이기심 때문이 아니라 기억이

잘못됐거나 착각을 했거나 다른 이유로 그렇게 진술했을 가
능성이 없다는 점.

〈조선일보〉와 〈한겨레〉 보도와 관련해서는 이런 점이 논리
적으로 입증돼야 한다.

❶ 라쇼몽 사무라이들의 서로 다른 진술과 〈조선일보〉 및 〈한겨
레〉의 서로 다른 보도가 같다는 점.
❷ 〈조선일보〉 수상 기사와 〈한겨레〉 칼럼이 모두 '다른 기사'
가 아니라 '상빈된 왜곡 편파 보도'였다는 점.
❸ 두 보도가 둘 다 맞는 보도이거나 어느 한쪽이 맞는 보도일
가능성이 없다는 점.
❹ 두 언론매체의 그런 보도가 선동이라는 점.
❺ 두 보도가 이기심의 발로라는 점, 결과적으로 이기적 보도였
을지 몰라도 이기심의 발로는 아니었을 가능성이 없다는 점.
즉, 이익을 추구한 것이 아니라 신념이나 소신을 따른 것일
가능성이 없다는 점.

'생각보다 논증할 게 많네. 이런 것까지 일일이 다 논증해야
하나?' 이런 생각이 드는 분이 있을지 모른다. 그러나 엄격하게
따지면 그래야 한다. 일기처럼 나 혼자 쓰고 나 혼자 읽는 글은

그렇지 않다. 반면에 남이 읽도록 쓰는 글에서 논증해야 할 점을 빠뜨리고 글로 쓰면 누군가가 부당하거나 억울하다고 느끼게끔 만들 수도 있고, 글과 관련이 있는 이에게 마음의 상처를 남길 수도 있고, 심각한 경우 소송의 대상이 될 수도 있다. 많은 독자에게 널리 읽히는 글은 특히 더 그렇다.

그러나 제자의 글에는 논증해야 할 점을 논증하지 않은 부분이 있다. 〈조선일보〉와 〈한겨레〉 관련 내용이다. 두 매체의 보도와 관련해서 논증이 필요하다고 한 다섯 가지 사항 중에서 무엇보다 ❺항, 즉 두 보도가 이기심의 발로라는 점, 결과적으로 이기적 보도였을지 몰라도 이기심의 발로는 아니었을 가능성이 없다는 점, 즉 이익을 추구한 것이 아니라 신념이나 소신이 다른 것이었을 뿐일 가능성이 없다는 점은 논증되지 않았다.

2단락 내용 중 가령 〈조선일보〉가 자사에 유리한 인터뷰만을 발췌해 보도했다는 것은 편파적이라거나 왜곡보도였다는 논거가 될지 모른다. 그러나 이기적인 동기에서 비롯됐다고 단정할 수 있는 논거가 되지 못한다. 아무 증거가 없다. 추측이나 추정일 뿐이다.

‘〈조선일보〉가 채동욱 관련 보도를 무조건 옳다라는 전제 하에 기사를 썼다’라는 것도 그렇다. 무조건 옳다고 전제했기 때문이 아니라, 옳다 그르다 양론이 있을 수 있지만 ‘옳을 것이라는 믿음’으로 그런 기사를 썼을 수도 있다. 무조건 옳다고 전제

했다는 의심이 들 수는 있지만, 제자의 글처럼 단정할 수 없다. 그러려면 합당한 논거를 대야 한다.

4단락 내용 중 〈한겨레〉가 추측을 토대로 보도했다'는 것도 그렇다. 〈한겨레〉가 추측을 기반으로 보도했는지, 믿을만한 취재 결과를 토대로 보도했는지 조사해보지 않고는 알 수 없다. 〈한겨레〉가 칼럼에 그런 내용을 담은 근거를 제시하지 않았지만, 취재원 보호를 위해 밝히지 않았을 수도 있다. 〈한겨레〉의 보도가 추측 보도라고 하려면 논거를 대야 한다.

〈한겨레〉 칼럼이 채동욱 총장에 대한 보도가 언론이 다뤄야할 공적 관심사냐고 따져 물은 것이 상대의 입장을 무시한 채 '다름'을 '틀림'으로 간주하는 태도라는 내용도 그렇다. 그렇게 따져 묻는 것이 제자 글의 지적처럼 틀림으로 간주하는 태도일 수도 있지만, 그렇지 않을 수도 있다. 틀림으로 간주하는 것이 아니라 혼외 아들 여부가 공적 관심사인지를 묻는 것 이외에 다른 의도가 없을 수도 있다. 틀림으로 간주하는 태도로 단정하려면 근거를 대야 하지만, 제자 글에는 그런 근거나 논증이 없었다.

영화 〈라소몽〉과 관련된 것들은 영화 이야기니까 논증을 하지 않아도 큰 문제가 되지 않을 수 있다. 그러나 〈조선일보〉와 〈한겨레〉 관련 내용은 그렇지 않다. 이런 글이 널리 공표되면 두 매체의 신뢰도나 평판을 훼손할 수 있기 때문에 해당 매체가 수긍하고 인정할 만큼 논증해야 글쓴이의 신뢰를 지킬 수 있다. 글 훈련 단계에서 이런 습관을 들여야 한다.

인과관계와 상관관계 구분하기

논증은 어떤 두 요소나 사실, 사안 사이에 인과관계가 성립함을 증명하는 것이다. 인과관계는 원인과 결과의 관계다. 따라서 논증이란 어떤 두 요소나 사실, 사안이 원인과 결과 관계에 있음을 입증하는 것이라고 말할 수 있다. 글, 가령 논술이나 사설, 칼럼처럼 설득문에서는 주장이 결과에, 논거가 원인에 해당한다고 할 수 있다. 그러니까 내 주장을 독자에게 잘 납득시키려면 내 주장과 인과관계가 성립하는 논거를 골라 글의 주장과 인과관계가 성립하도록 글에 담는 것이 중요하다.

그런데 그렇지 않은 경우가 적지 않다. 상관관계를 인과관계로 잘못 알고 글에 담는 경우가 생각보다 많다. 글의 주장과 인과관계가 있는 논거는 글이 독자를 설득하도록 할 수 있지만, 상관관계에 불과한 논거는 그럴 수도 있고 그렇지 않을 수도 있다.

인과관계와 상관관계는 똑같이 '어떤 두 사안이 서로 관련이 있는 경우'를 말한다. 그러나 둘 사이에 중요한 차이가 있다. 필자가 대학원 재학 시절에 사회조사방법론 수업에서 배운 예를 바탕으로 설명해보자.

미국의 어떤 대학에서 중간고사 성적이 오른 학생들을 조사

했더니 시험 전에 마리화나를 피운 학생들이 많았다. '중간고사 성적 향상'이 '마리화나 끽연'과 관련이 있다고 조사된 것이다. 이 둘은 어떤 관계일까? 인과관계란 원인과 결과의 관계이니 마리화나 끽연을 원인으로, 성적 향상을 결과로 봐서 두 사안 사이에 인과관계가 성립한다고 할 수 있을까?

그 대학의 연구팀은 추가 조사를 통해, 학생들의 성적이 오른 것은 마리화나를 피웠기 때문이 아니라, 마리화나를 피운 덕에 학생들이 지나치게 긴장해서 아는 것도 틀리는 일을 막았기 때문이라고 결론지었다. 성적 향상의 원인은 '마리화나 끽연'이 아니라 '긴장의 이완'이었던 것이다. 마리화나 끽연과 성적 향상 사이에 상관관계가 있는 것으로 조사됐지만, 인과관계까지 성립하지는 않은 것이다.

예를 하나만 더 들어보자. 호주의 한 연구팀이 화재를 줄일 수 있는 방법을 찾다가 희한한 통계를 발견했다. 아이스크림 판매량이 늘어날 때 화재가 늘어난다는 통계였다. 이 경우는 어떨까? 둘 사이에 상관이 있는 것으로 조사됐지만, 아이스크림의 소비 증가와 화재의 증가 사이에 인과관계가 있다고 말할 수 있을까?

연구팀은 추가 연구를 통해 화재 증가는 아이스크림 소비 증가 때문이 아니라 기온 상승 때문이라는 결론에 도달했다. 기온이 오르니까 아이스크림 소비도 늘어나고 화재도 증가했던 것이다. 아이스크림 판매 증가와 화재 증가 사이에 통계상 상관관계가 있긴 했지만, 인과관계는 없었던 것이다.

어떤 두 사안이 서로 관련 있다고 해서 인과관계가 있다고 섣부르게 단정해서는 안된다. 원인과 결과 관계가 맞는지 따져봐야 한다. 논리학에서는 다음과 같은 조건을 충족해야 인과관계가 성립한다고 설명한다. 변수 X와 Y가 있을 때,

❶ X가 변하면 Y도 변한다.
❷ X의 변화가 Y의 변화보다 앞선다.
❸ 다른 제 3의 변수로 설명되지 않는다.

우리가 글을 쓸 때는 성적 향상과 인과관계가 없는 마리화나 끽연을 논거로 내세우거나, 화재 증가의 원인이 아닌 아이스크림 소비 증가를 논거로 내세우는 일이 없을 것 같지만 그렇지 않다. 필자가 글쓰기를 가르치는 동안 그런 일이 늘 있었다. 그 이야기를 잠시 해보자.

필자는 서울여대 강의 시절 수강생들에게 자신의 수강 이유를 글로 납득시켜 보라는 과제를 학기 때마다 내주곤 했다. 다른 글쓰기 수업이 평일에 개설돼 있는데도 불구하고 굳이 필자의 수업을 수강하는 이유를 독자들이 납득할 수 있도록 써보라는 것이었다. 필자의 글쓰기 수업은 학생들이 등교를 꺼리는 토요

일에, 게다가 아침 9시에 시작됐다. 매주 금요일에는 과제를 제출해야 했다. 필자의 수업을 들으려면 학생들은 이른바 '불금'과 토요일 아침 늦잠을 한 학기 동안 포기해야 했다. 필수 수강 과목도 아니고 선택 과목이었다.

학생들은 열이면 열 모두 '글 실력 부족'을 논거로 내세웠다. 이는 자칫 제대로 된 논거로 보일지 모른다. 글쓰기 수업은 글 실력이 부족하니까 이를 해결하기 위해 수강한다. 그러므로 글 실력 부족과 수강은 관련이 있다. 즉, 상관관계가 성립한다고 말할 수 있다. 그러나 이런 점을 생각해보자.

인과관계는 원인과 결과의 관계라고 했다. 어떤 것(변수 X)이 원인이 돼서 다른 어떤 것(변수 Y)이라는 결과를 가져올 때 인과관계가 성립한다. 그러나 이 사례는 꼭 이런 관계가 성립한다고 할 수 없다. 글 실력이 부족하다고 해서 반드시 필자의 수업을 수강해야 하는 것은 아니기 때문이다. 평일의 다른 글쓰기 수업을 수강할 수도 있고, 필요하다면 학교 밖의 다른 글 훈련 프로그램을 찾을 수도 있다. 다음 도해에서 보듯이 인과관계가 성립하는 경우도 있고, 성립하지 않는 경우도 있는 것이다.

학생들이 평일의 글쓰기 수업을 놔두고 토요일 등교의 불편까지 감수하면서 필자의 수업을 수강하는 것은 글 실력이 부족하기 때문이 아니다. 그보다는 필자의 수업을 들으면 자신의 글 실력이 늘 것이라는 기대가 있기 때문이다. 그런 기대가 학생들

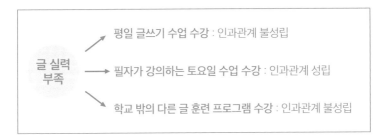

평일 글쓰기 수업 수강 : 인과관계 불성립

글 실력 부족 → 필자가 강의하는 토요일 수업 수강 : 인과관계 성립

학교 밖의 다른 글 훈련 프로그램 수강 : 인과관계 불성립

을 수강으로 이끈다. 이렇게 보면 수강 이유 설명문의 주장과 인과관계가 성립하는 논거는 '글 실력이 부족하다'가 아니라 '글 실력이 늘 것이라는 기대가 있다'이다. 이런 논거를 내세워야 독자가 납득할 수 있다.

예를 하나 더 들어보자. 다음 글은 여성가족부 폐지 논란을 소재로 언론고시생이 쓴 글이다. 이 글은 인과관계에 맞춰 독자가 납득하도록 썼는지 따져보자.

여성가족부 폐지 논란

미국은 유럽이나 한국과 달리 여성 정책을 전담하는 부서가 없다. 대신 백악관에서 컨트롤타워 역할을 하며 성평등 정책을 이끈다. 일례로 조 바이든 미국 대통령이 백악관에 신설한 '젠더정책위원회'를 들 수 있다. 젠더정책위원회는 경제적 차별부터 건강, 인종, 성폭력, 대외 정책까지 정부 정책 전반에 걸쳐 백악관 내 다른 위원회들과 긴밀하게 협력해 성평등 정책을 펼친다. 오바마 전 대통령도 대통령 자문기구로 여성위원회를 두고 유급 돌봄휴가 확대, 성별 임금격차 해소, 인신매매 근절 대책 등을 시행했다. 그 결과 대통령이 관심을 갖고 지속적으로 성평등 의제를 챙기면서 소기의 성과를 냈다는 평가를 받았다. 미국 사례를 보면, 부처 명칭과 크기보다는 어떻게 일하는지가 중요하다는 것을 알 수 있다.

최근 여성가족부(여가부)를 폐지해야 한다는 지적은 일견 타당해 보인다. 윤석열 당선인의 말처럼 "구조적 성차별이 없어서"가 아니라 부처가 제 역할을 못 하고 있어서다. 여가부는 보건복지위원회나 교육위원회 위원들이 겸임하는 복수상임위 형태로 돼 있다. 여성 권익 신장과 성평등 실현을 위해 출범했지만 타 부처들의 업무까지 떠안고 있는 상황이다. 성평등을 위한 예산도 제대로 할당돼 있지 않다. 1조 4000억원 규모의 여가부 예산 90% 이상은 가족·청소년 정책에 쓰인다. 여가부가 떠안고 있는 문제들은 타부처로 이관해 전문성과 효율성을 키워주는 게 급선무다. 성평등만을 의제로 두고 제대로 일할 수 있는 조직을 만들어야 한다는 말이다.

문제는 여가부 폐지의 부작용이다. 당장 여가부를 폐지하면 여성 의제가 국회에서 밀려날 수 있다. 여성 국회의원은 전체의 19%밖에 안 된다. 광역단체장은 17명 전원이 남성이다. 기초단체장은 226명 중 겨우 8명만이 여성이다. 여성만이 성평등 의제를 다루는 건 아니지만, 여성 목소리가 국회로 들어갈 수 있는 통로가 극히 좁다는 말이다. 성별 임금 격차도 심각하다. 2019년 통계청 자료를 보면 남성은 월평균 369만 원을 벌고, 여성은 237만 원을 번다. 여성 임금이 남성의 64.2% 수준이다. 임금 격차가 크다는 건 여성이 훨씬 더 심각하게 먹고살 걱정을 한다는 거다. 여성 정책을 기획하고, 성별 임금격차 등 사회적 문제를 해결하는 부서가 필요하다는 건 그래서다.

대통령 직속 성평등위원회가 대안이 될 수 있다. 성평등 정책 조정 및 중

장기 계획 수립 등을 정책개발전문가 중심의 의사결정 기구로 대통령 직속 위원회를 두는 것이다. 동시에 교육, 복지, 고용, 주거 등 사회정책 전반의 성평등 목표를 위해 부처 내 여성정책 하위 기구를 마련해야 한다. 성평등위원회가 성평등 정책의 '컨트롤타워'가 되고, 각 부처의 하위 기구가 젠더라는 렌즈를 통해 정책을 조정하는 역할을 하면 된다. 현행 여가부가 한쪽 성별만을 대변하는 조직이라는 오명을 벗고, 사회 전반의 성차별을 바로잡는 기구로 개편되길 바란다.

이 글은 여성가족부를 폐지하고 대신 대통령 직속의 성평등위원회를 만들면 미국 백악관의 젠더정책위원회나 여성위원회처럼 소기의 성과를 낼 수 있다는 것이 논지다. 결론은 대통령 직속의 성평등위원회가 성평등을 더 잘 실현할 수 있다는 것이고, 그 논거는 다음과 같다.

논거❶ : 오바마 시절의 미국 백악관 여성위원회가 소기의 성과를 냈다.
논거❷ : 여성가족부가 구실을 제대로 못한다.
논거❸ : 여성정책 전담 기구가 필요하다.

이 세 가지가 주요 논거다. 이 중 가장 문제가 되는 것이 논거❶이다. 이 논거는 글의 주장과 상관관계가 성립할 수 있어도 인과관계가 성립한다고 할 수 없다. 우선 대통령 직속 성평등위원회가 더 잘할 수 있다고 단정할 수 없다. 성평등위원회를 대통령 직속으로 만들어도 대통령에게 성평등 의지가 없거나, 정부 각 부처의 하위 기구나 그 부처의 장이 잘 협조하지 않으면 기대한 만큼 성과가 나지 않을 수 있다. 미국 백악관의 여성위원회가 소기의 성과를 낸 것은 여성위원회라는 대통령 직속 기구를 만들었기 때문이 아니라, 미국 대통령에게 성평등 실현 의지가 강했거나 미국 사회의 문화가 우리 사회보다 성평등적이기 때문일지 모른다. 해당 글 주장과 인과관계가 성립하는지 불확실한 논거를 활용한 것이다.

그렇다면 이런 설득력 문제를 어떻게 해결해야 할까? 필자는 세 가지를 권하고 싶다. 첫째, 어떤 일을 접할 때는 늘 '왜?'라는 질문을 스스로에게 던져보는 습관을 가져보자. 필자가 수업 시간에 학생들에게 가령 "거짓말을 하면 안 될까요?" 이런 질문을 하면 상당수는 아무런 이유를 설명하지 않고 그냥 그렇다고 대답한다. 그 학생들에게 "왜 안되지요?" 하고 다시 물으면 그 이유를 제대로 답하지 못하는 학생이 많았다. "거짓말은 나쁘니까요" 또는 "거짓말을 하면 안 된다고 배웠으니까요" 이런 대답이 많았다. 거짓말을 하면 안 된다고 생각하지만 왜 그런지를 모르는 학생이 있는 것이다. 이런 학생은 글을 쓸 때 합당한 논거를 충분히 대지 못할 가능성이 크다.

왜 이런 일이 일어날까? 정보나 지식을 당연한 것으로 받아들이기만 했지, 그 정보나 지식이 옳은지 옳지 않은지, 옳다면 왜 옳은지를 깊이 따져보지 않은 탓이 크다. 암기식 교육, 주입식 교육에 순응한 학생 중에 이런 경우가 많다. 어떤 일이건 늘 '왜?'라는 물음표를 달고 그 물음표의 답을 스스로 찾아보는 습관이 들어야 이런 문제를 해결할 수 있다.

독자를 납득시키는 일은 왜 그런 주장을 하는지 그 이유를 독자가 수긍할 수 있게 설명하는 일이다. 평소에 늘 물음표를 달고 그 답을 스스로 찾는 습관을 들으면 이유를 설명할 수 있는 능력이 생긴다.

설득력 문제를 해결하는 두 번째 방법으로, 생각을 정교하게 하는 습관을 들이자. 우리 생각 중에는 정교하게 생각하지 않아서 옳지 않은데도 옳게 여겨지는 것이 적지 않다. '차별'을 예로 들어보자.

학생들은 누구나 차별이 옳지 않다고 글에 쓴다. 그러나 한번 생각해보자. 한 학기 내내 지각이나 결석을 단 한 번도 하지 않고 과제를 매번 잘 해내고, 시험 성적까지 좋은 학생과 그 정반대인 학생에게 같은 점수를 줘야 할까? 지각이나 결석을 밥 먹듯이 하고 과제를 낸 적도 없고 시험도 엉망으로 치른 학생에게 아주 성실하게 열심히 수업에 임하고 시험도 잘 본 학생과 같은 점수를 줘야 할까?

두 학생에게 다른 점수를 준다면 그것은 차별이다. 그러나 그런 차별이 과연 옳지 않은 것일까? 차별은 물론 나쁠 수 있다. 그러나 모든 차별이 나쁜 것일까? 부당한 차별이 나쁜 것이 아닐까? 이렇게 정교하게 생각해야 지나친 일반화나 논리적 비약, 인과관계와 상관관계의 혼동을 막을 수 있다.

정교하게 생각하는 것은 글의 설득력을 높이기 위해 매우 중요한 일이다. 연습 삼아 다음 글에는 어떤 문제가 있는지 따져 보자. 현재 〈이투데이〉에서 기자로 일하고 있는 제자가 '공정'에 관해 쓴 연습 글이다.

❶ 세계인의 축제라 불리는 올림픽은 엄격한 규칙 속에서 이뤄진다. 선수들이 같은 조건 아래서 오직 실력만을 겨룰 수 있게 하는 것이다. 우리는 공정한 경쟁 속에서 승리한 선수가 세계 최고의 실력을 가졌다고 믿는다. 그런데 그건 온전히 선수 개인의 노력이나 재능 덕분일까. 올림픽에서는 미국, 영국 등 선진국들이 메달을 싹쓸이 하는 경향이 있다. 반면 아프리카 등 개발도상국은 메달 순위 상위권에서 찾아보기 어렵다. 선진국 선수들이 아프리카 선수들보다 더 신체조건이 좋거나 더 많은 피땀을 흘렸기 때문일까. 최고의 코치진과 최첨단 장비를 갖춘 환경에서 훈련할 기회를 제공하는 국가와 당장 먹고 사는 문제도 해결하기 어려운 국가 중에 어디서 금메달리스트가 많이 나올 수 있을까. 물론 금메달을 딴 선진국 선수는 그 실력도 뛰어나겠지만 그에겐 많은 운과 기회 역시 따랐음을 부정할 수 없을 것이다.

❷ 초점을 한국 사회로 옮겨보자. 우리는 공정한 경쟁 속에서 능력에 따라 인정받는 것을 '공정'이라고 믿는다. 과거 신분 사회와 달리 개인의 노

력에 따라 보상받을 수 있다고 생각해서다. 그러나 이런 능력주의는 일차원적인 수준의 공정에 불과하다. 출발선이 다르거나 한쪽으로 기울어진 운동장을 달려야 한다면 이는 진정한 의미의 공정이라고 할 수 없다. 좋은 환경에서 공부에만 집중할 수 있는 기회가 주어진 학생과 등록금을 벌기 위해 주경야독을 하는 학생이 같은 출발선에 있다고 볼 수 없기 때문이다. 더 큰 문제는 이렇게 한쪽으로 기울어진 경쟁이 불평등한 결과를 정당화하고 있다는 점이다. 물론 구성원 모두를 동등한 출발선에 세우는 것은 불가능에 가깝다. 그러나 공정을 위해 우리가 끊임없이 지향해야 하는 것은 운의 영향력을 최대한 줄이고 기회의 평등을 확대하는 일이다.

❸ 기회의 평등 위에서 공정한 경쟁이 이뤄질 때 공정한 사회로 나아갈 수 있다. 무너진 공교육을 다시 세우는 것이 중요 과제 중 하나다. 대치동 학원을 다니지 않는 시골 학생이라도 학교에서 충분한 양질의 교육을 받을 수 있어야 한다. 가정환경이라는 운을 최대한 배제하는 방법이다. 더불어 양질의 일자리를 얻을 수 있는 기회 역시 늘려야 한다. 한국에서 경쟁이 더욱 치열해지는 이유는 좋은 일자리의 전체 파이가 줄고 있어서다. 인천국제공항 사태 역시 이와 무관하지 않다. 만약 인천국제공항공사의 정규직들이 수백대 일에 달하는 치열한 경쟁을 뚫지 않았다면, 자신들에게 직접적 피해가 가지 않는 비정규직의 정규직화에 이토록 반대의 목소리를 내지는 않았을 것이다. 이렇듯 더 고른 기회를 제공하는 동시에 경쟁에 참여할 수 있는 기회조차 얻지 못하는 약자들을 위한 사회적 안전망을 갖추려는 노력이 필요하다.

❹ 능력주의는 경쟁을 통해 사회 구성원 개인을 발전시키고, 사회 전체의 발전에 기여한다. 금메달을 따기 위해서 피땀 흘리는 선수는 스포츠 수준을 한 차원 끌어올린다. 단 능력주의 하나만으로는 부족하다. 모두

에게 기회가 주어지지 않는 능력주의는 반쪽짜리 공정이다. 한국에도 재능이 있음에도 자신의 재능을 꽃피울 기회조차 얻지 못하는 아프리카 소년과 같은 이들이 있다. 이들에게도 경쟁에 참여할 기회를 주는 것이 공정한 사회다. 동시에 승자와 패자가 더불어 살 수 있는 사회적 분위기가 만들어져야 한다. 경쟁에 참여하지 못하거나 경쟁에서 도태되는 이들 역시 존엄한 삶을 살 수 있어야 한다. 최고의 일자리가 아니더라도 다른 양질의 일자리를 얻을 수 있는 기회, 다양한 선택을 할 수 있는 기회가 주어지는 사회가 공정한 사회다. 금메달리스트는 개인의 노력뿐만 아니라 많은 운과 기회로 만들어진다는 사실을 잊어선 안 된다.

이 글은 사실 꽤 잘 쓴 글에 속한다. 공감하는 독자가 많을 것 같다. 이 글을 쓴 제자는 필자가 17년 동안 가르친 학생 중에서 글 실력이 상위권에 속하는 학생이었다. 이 학생은 인턴 활동을 했던 언론사에서도 글을 잘 쓴다고 칭찬받았었다. 언론사 수습기자 공채시험도 수석으로 합격한 것으로 안다. 글의 논지나 내용, 본인의 생각을 설득해나가는 방법, 문장 표현 모두 훌륭하다는 생각이 든다. 짧은 시간에 이 정도의 글을 써내기가 결코 쉽지 않다.

그러나 이 글에는 아쉬운 점이 있다. 그것은 우리 사회를 공정하지 않은 사회, 기회의 평등 위에서 공정한 경쟁이 이뤄지지 않는 사회로 전제하고 이 글을 쓴 것 같다는 점이다. 2, 3단락을 읽으면 그런 생각이 든다.

우리 사회에는 그동안 가령 재능을 꽃피울 기회조차 얻지 못하는 이들을 위한 제도들이 해마다 꾸준히 확충돼왔다. 국가장학금이나 대학입시에서의 지역균형인재 선발, 블라인드 채용으로 흔히 불리는 신입사원 공채 때의 지원자 정보 가림 채용 같은 제도가 그런 예다.

물론 우리 사회가 공정하지 않은 점도 분명히 있다. 그러나 우리 사회를 공정한 사회라거나 공정하지 않은 사회라는 식의 이분법적 시각으로 보는 것은 바람직하지 않다. 우리 사회의 공정한 정도를 수치로 설명하자면 100%에서 0% 사이 그 어디쯤일 것이다. 아직 공정하지 못한 점이 국민 대다수의 바람 이상으로 많다거나 우리 사회의 공정성 수준이 아직 기대 이하라고 보는 것이 옳을 것이다. 제자의 글이 이런 사고의 전제 위에서 쓰였다면 독자가 공감할 수 있는 더 좋은 글이 됐을 것이다.

설득력 문제를 해결하는 세 번째 방법으로, 맨킨지의 컨설턴트 바바라 민토가 고안한 민토 피라미드로 연습을 해보자. 민토 피라미드는 생각을 논리적으로 구조화하는 일종의 훈련 도구다. 필자는 오랜 시간 이 도구로 학생들을 훈련시켜 상당한 효과를 봤다.

민토 피라미드로 꾸준히 계속 훈련하면 자신의 생각을 논리적으로 설득력 있게 글로 쓰는 능력이 상당히 배양된다. 혼자 해보는 것보다는 여럿이 해보는 것이 더 효과적이다. 누군가 이 훈련을 지도해줄 수 있는 분이 있다면 더 좋다. 바바라 민토의 관련 저술은 국내에서도 출간됐다. 민토 피라미드 관련 내용이 있는 것을 참고하면 된다.

글쓰기 제3 목표 : 이야기가 잘 납득되게 하기

- 글에 타당한 논거 충분히 담기
- 논리적으로 문제없도록 쓰기

제7장

글쓰기 제4 목표

: 끝까지 읽게 하기

글 쓰는 이에게 글의 전달력과 설득력을 높이는 것 못지않게 고민스러운 과제는 글의 흡인력을 높이는 것이다. 글을 마음먹고 제대로 쓰려는 분들은 늘 이런 고민을 한다. 직장을 구할 목적으로 자기소개서를 쓰는 분들은 자소서에 애써 담은 내 이야기를 심사위원들이 눈여겨보게 하려고, 논술시험을 치르는 분들은 자기 답안이 돋보이게 하려고, 대중을 상대로 글을 쓰는 분들은 더 많은 독자가 읽게 하려고 방법을 고민한다. 1차적으로 글의 제목이 그 역할을 하지만, 제목을 매력 있게 다는 것만으로는 충분하지 않다. 제목이 좋더라도 글의 내용이 매력적이지 않으면 독자는 흥미를 잃고 읽기를 그만둘 수 있다.

제목의 힘에는 한계가 있기도 하다. 글자 수의 제약 때문이다. 제목은 보통 길지 않다. 독자 끌기 경쟁이 치열한 언론매체 기사의 경우 제목이 20자 남짓밖에 되지 않는다. 책 제목은 더 짧다. 보통 10자 이내다. 2022년 9월 4주 종합 베스트셀러(네이버 쇼핑 도서 기준)를 보면 1위 『하얼빈』이 3자, 2위 『순리자』가 3자, 3위 『불편한 편의점(2편)』이 6자, 4위 『잘될 수밖에 없는 너에게』

가 10자, 5위 『그대만 모르는 비밀 하나』가 10자, 6위 『불편한 편의점』이 6자, 7위와 9위에 오른 『파친코(1~2편)』가 3자, 8위 『아버지의 해방일지』가 8자, 10위 『원 씽』이 2자다. 20위 내 서적 중에 부제까지 합쳐 19자의 긴 제목을 단 책도 있지만, 대부분 제목이 10자 이내다. 이 짧은 제목으로 독자의 관심을 끌기는 여간 어렵지 않다. 보완책이 필요하다. 독자가 글에 관심을 갖고 끝까지 읽도록 하는 방법에 관해 알아보자.

1. 관심 유발 장치 고안하기

글에 관심을 갖도록 만들기

심리학 용어 중 '초두初頭 효과'가 있다. 한자로 처음 초初, 머리 두頭를 쓰니까 직역하면 '첫머리 효과'라고 할 수 있다. '첫인상 효과'라고도 하는데, 이는 첫 만남에서 느낀 인상이나 외모, 분위기 등이 그 사람에 대한 고정관념을 형성하여 대인관계에 작용하는 것을 의미한다. 초두효과는 글에서도 나타난다. 첫인상이 좋은 사람은 초면이라도 계속 만나고 싶거나 이야기를 나누고 싶듯이, 글도 첫인상이 좋으면 독자가 계속 읽고 싶은 마음이 생긴다.

글의 첫인상을 좋게 만드는 방법 하나는 글을 평범하거나 빤하지 않게, 독자의 흥미를 끌만한 내용으로 시작하는 것이다. 소재가 같지만, 도입부가 서로 다른 두 글을 예로 들어보자. 한 편은 도입부에 흥미 있는 요소가 없는 글이고, 다른 한 편은 그런 요소가 있는 글이다. 두 글 모두 언론사 입사를 준비하던 학생들이 '대체복무제'를 소재로 해서 썼다. 두 글에 여러 다른 점이 있지만, 도입부 효과만 따져보자. 두 글 중 어떤 글이 더 읽고 싶은가?

도입부에 흥미로운 내용이 없는 글

개인의 선택은 자유로운가. 아니다. 다원주의를 기반으로 한 민주주의 시스템 속에 살고 있지만 다수와 다른 개인의 선택과 가치는 '다수결의 원칙'이라는 이유 아래 묵살당하기 일쑤다. 이를 잘 보여주는 것이 병역법 5조 1항이다. 해당 법은 병역의 종류를 설명하고 있지만 병역을 거부하는 사람들을 고려한 대체복무를 규정하지 않고 있다. 헌법재판소는 이를 헌법 불합치로 보고 병역 기피에 따른 대체복무제를 마련할 것을 요구하는 판결을 내렸다. 이로써 군대, 병역에 대한 개인의 가치관을 존중 받을 수 있는 토대가 마련됐다. 징병제를 실시하고 있는 우리나라의 환경상, 대체복무제가 잘 자리잡기 위해서는 국민의 의견을 수렴하고 해외 사례 등을 고려해 기존 병역의무자들과 '형평성'을 고려한 방안을 모색해야 한다.

대체복무제 입법을 하기에 앞서 국민들을 대상으로 사회적 합의를 할 수 있는 장치를 마련해야 한다. 징병제를 실시하고 있는 상황에서 자신의 신념과 가치관에 따라 군 복무를 다른 방식으로 할 수 있는 제도를 기존의 병역자들이 달가워할 리 없다. 대체복무제 시행 후 논란이 계속될 것으로 예상되는 이유다. 정치권은 이를 고려해 공론의 장을 만들고 '끝장토론'을 할 수 있는 환경을 만들어야 한다. 소통하고 토론하는 장을 통해 개개인이 가지고 있는 시각을 알아보고 이를 토대로 입법을 진행해야 한다. 이같은 과정을 통해 사회구성원으로 하여금 함께 만드는 법이라는 생각을 가지게 할 수 있다. 또 국민 정서에 공감하는 법을 만들 수 있다.

대체복무제를 실시하고 있는 다른 국가들의 사례를 벤치마킹하는 것도 필요하다. 대만, 그리스, 러시아 등의 국가는 서면심사와 관찰기간 등을 통해 대체복무자를 희망하는 사람들을 심사한다. 그 후 사회복지, 교통, 경비, 소방 등의 영역에서 대체복무를 실시한다. 우리나라도 개인이 병역을 기피하는 이유를 파악하고 판단하기 위해 이같은 심사를 도입해 시행하면 된다. 또 군대 외에 사회에서 인력을 필요로 하는 곳에 대체복무자들을 배치하는 방안을 검토해야 한다.

징병제를 실시하고 있는 점을 고려해 일반 병역자들과의 복무 기간과 복무 기관에서 형평성을 고려해야 한다. 국가안보를 이유로 징병제를 실시하고 있는 만큼 대체복무를 통해 국방, 안보에 기여할 수 있도록 해야 한다. 소방, 응급의료, 복지센터 등 강도 높은 곳에 대체복무 인력을 배치하는 방안을 검토해야 한다. 또 현역에 준하는 기간으로 설정하는 것도 필요하다. 고강도 훈련, 사회와의 분리 등 현역 군인들이 감수하고 있는 점을 조사하고 이와 맞출 수 있도록 복무 기간을 1.5배에서 2배로 설정하는 방법 등이 있을 것이다.

대만은 2000년 도입한 대체복무로 사회보장 수준이 올라가고 인권 수준이 한 단계 올라갔다는 국제적 평가를 받으며 병역회피 시도는 발생하지 않았다고 발표했다. 다수의 목소리로 인해 소수의 권리가 묵살되는 사회는 지났다. 다수와 다르다는 점이 틀린 이유가 되면 안 된다. 많은 사람의 목소리를 듣고 형평성을 맞춘 대체복무제 도입이 다양성을 존중하며 다름을 인정하는 사회가 되는 발판이 되기를 기대한다.

도입부에 흥미로운 내용이 있는 글

'양심적 집총거부자'가 국방의 의무를 다할 수 있을까? 그렇다. 양심적 집총거부자로서 군에 자원입대했을 뿐 아니라, 공을 세워 훈장까지 받은 이가 있다. 미국의 데스몬드 도스 이야기다. 그는 1945년, 태평양 전쟁 최악의 지상전이라 불리는 오키나와 전투에서 총 한 자루 들지 않고 자국 병사를 75명이나 구출해냈다. 총을 들지 않는다고 그를 아니꼽게 보던 동료들은 그의 헌신을 보고 태도를 바꾸었다. 데스몬드 도스가 인정받을 수 있었던 것은 그가 충돌하는 '두 가지 가치'를 모두 지켰기 때문이다. 양심적 집총거부자지만, 자신의 '신념의 자유'를 실현하기 이전에 '국방의 의무'를 완수했다. 더이상 특혜자가 아니었다.

한국에서도 양심적 집총거부자의 군 복무 문제는 개인의 '신념의 자유'와 '국방의 의무'라는 두 가지가 충돌해서 생기는 문제다. 두 가치는 모두 지켜져야 할 중요한 가치다. 특히 헌법 제19조, 20조에 명시돼 있는 개인의 '신념의 자유'는 묵살되어서는 안 된다. 양심적 집총거부자들은 신념에 따라 총을 들지 않기로 한 이들이다. 개인의 환경적, 심리적 요인과도 불가분하다. 국가라는 이름으로 무작정 이들의 자유를 앗아갈 수 없다, 오히려 보호받아야 할 부분이다.

문제는 한쪽의 손만 들어주면 안 된다는 점이다. '국방의 의무' 또한 헌법에 명시돼 있다. 특히 우리나라의 경우, 결격사유가 없는 한 '모든' 남자성인이 갖는 의무다. 전쟁, 분단의 역사 속에서 수십 년간 지켜온 의무이자 책임이다. 현재 양심적 집총거부자들이 '신념의 자유'를 들어 대체복무를 요구하는 것, '병역 기피에 무죄를 요구'하는 것은 한쪽 손만 들어주기를 원하는 것이다. 대체복무는 실내에서 하는 사무적인 업무가 주다. 늘 긴장감 속에 전시상황을 대비하는 군 복무와 그 '무게'가 다르다. 같은 기간 동안 누구는 대체복무를 하고 누구는 군에서 훈련을 한다면 이는 수십 년간 지켜온 공평성, 형평성에 반하는 것이다.

'신념의 자유' 손만 들어 줄 경우 여러 부작용이 예상된다. 병사들의 병역에 대한 회의감이 커지고 사기가 꺾일 가능성이 높다. '양심적 집총거부'를 악용하는 병사들이 나올 가능성도 크다. 개인의 신념을 어떻게 가려낼 수 있을 것인가. 남북 간의 긴장상황이 이어지는 한국 군에서는 무시될 수 없는 문제다. 양심적 집총거부자들 또한 그들의 '자유와 권리'를 박탈당할 가능성이 있다. 한국 병사들의 '양심적 집총거부자'에 대한 분노가 당연한 상황에서 '이기적 병역거부자'로 간주돼 사회에서 암묵적인 차별을 받게 될 수 있다. 이미 한국에서 양심적 집총거부자를 바라보는 시선은 앞서 나온 도스에 대한 시선과 사뭇 다르다.

어떻게 하면 양쪽의 손을 다 들어줄 수 있을까. 지금까지는 '양심적 집총거부자'들이 병역의 의무를 지지 못할 경우 병역기피자들과 똑같이 징역을 선고받았다. '국방의 의무' 손을 더 들어준 셈이다. 그러나 최근 법원의 판결을 살펴보면 '양심적 집총거부자'들의 손을 들어주는 쪽으로 바뀌고 있다. 지난해 1심에서 양심적 집총거부자들에게 무죄 판결을 내린 경우가 많다. 최근에는 2심에서도 두 번이나 무죄 선고가 내려졌다. 하지만 이는 양쪽 손을 공평하게 들어주는 방안이 아니다.

우리나라와 국방과 안보 상황이 비슷한 대만의 경우를 살펴보자. 대만에서는 대체복무를 시행하되 그것을 현역보다 더 강도 높게 만들었다. 시행 초기에는 근무 기간을 1.5배 더 길게 만들기도 했다. 초기에 대체복무 제도에 반발하는 여론이 높았다. 그러나 제도 시행 후 대체복무가 현역 보다 힘들다는 것이 상식이 되면서, 초기에 1.5배나 길었던 근무 기간이 현역과 동일해지기까지 했다. 양쪽 손을 다 들어주는 좋은 예다.

우리 사회도 대체복무제를 현역보다 강도 높게 만들어 시행하면 어떨 까. 복무 기간을 중시하는 우리나라 상황에 맞추어, 대체복무제는 기간 을 두 배로 하는 것도 좋은 방법이다. 양심적 집총거부제의 악용을 막을 수 있을뿐더러, '신념의 자유'와 '국방의 의무' 이 두 손을 다 들어줄 수 있 는 방편이다.

앞글은 '다원주의'나 '다수결 원칙', '병역법 조항', '헌법 불 합치' 같은 이야기로 시작했다. 이런 이야기는 일반 독자들에게 별 관심이 없는 이야기다. 평소 이런 이야기를 나누거나 이런 글 을 일부러 찾아보는 독자가 많지 않다. 특히 법 조항 이야기는 이해관계가 있지 않은 한, 일반 독자가 흥미를 느껴 읽고 싶은 이야기가 아니다. 헌법 불합치 이야기는 더 그렇다. 헌법 불합치 가 무엇인지 아는 이가 드물 뿐 아니라, 그 뜻을 설명해줘도 독 자의 관심을 끌기 어렵다. 상당히 중요한 일이지만 한두 문장으 로 독자 피부에 와닿게 설명하는 것이 쉽지 않다.

뒷글은 〈핵소 고지〉라는 영화 이야기로 글을 시작했다. 이 영화는 제89회 아카데미 시상식 때 작품상과 감독상, 남우주연 상, 편집상과 음향효과상, 음향편집상 등 6개 부문 후보에 올랐던 실화 영화다. 수상은 편집상과 음향편집상 2개 부분에 그쳤으나 관람평이 좋은 편이다.

영화 이야기는 다원주의나 헌법 불합치 같은 정치학, 법학 용어보다 일반인이 더 흥미로워 할 내용이다. 현실의 문제를 주제로 다루면서 영화 이야기를 쓰면 글의 설득력이 떨어질 수 있지 않겠느냐고 우려할 수 있지만, 이 영화는 실화다.

특히 '데스몬드 도스'라는 영화 주인공의 이야기가 아주 인상적이다. 군대에 가지 않는 것만이 신념을 지키는 유일한 방법이 아니라는 점, 총을 쏘지 않고도 병역의 의무를 다할 수 있다는 점, 양심을 지키려면 군대에 가지 말아야 한다는 것이 고정관념이나 편견일 수 있다는 점을 아주 상징적으로 일깨운다. 앞글 도입부에 비하면 독자가 훨씬 흥미를 느낄만하다.

글의 제목을 독자가 관심을 가질만한 것으로 짓고 도입부까지 뒷글처럼 쓰면 더 많은 독자를 글로 끌어들이는 데 도움이 된다. 좋은 요령의 하나는 주제에 잘 맞는 비유 대상을 찾아 적절하게 쓰는 것이다. 예를 들면 뒷글의 경우 주제는 '양심을 지키는 것만 중요한 게 아니라 양심 지키기와 병역 의무 이행이 다 중요하다. 이 두 가치를 잘 조화시킬 방법을 찾아야 한다'이다. 데스몬드 도스는 두 가치를 다 실천한 사례. 뒷글의 주제와 잘 맞는 비유 대상이다.

글을 쓸 때마다 도입부를 이렇게 흥미 있는 내용으로 시작하려고 애써보자. 딱딱한 주제, 난해한 주제, 골치 아픈 주제의 글을 쓰는 경우라 하더라도 이런 시도를 하면, 독자를 더 많이 글로 끌어들이고 내 글을 돋보이게 할 수 있다.

관심 유지시키기

"절반도 안 읽어", "1/3 정도?", "매력을 못 느낄 때까지!" 책을 읽을 때 전체 내용 중 몇 쪽까지 읽는지 묻는 말에 인터넷 동아리 회원들이 답한 내용이다. 인터넷 동아리 도서 게시판 '더쿠'에 이런 내용이 올라 있다. 책만 그런 것이 아니다. 언론매체의 독자도 그 매체의 기사 전부를 다 읽는 것은 아니고, 특정 기사도 모든 독자가 내용 전체를 다 읽지는 않는다. 일부만 읽는 독자가 많다. 글도 마찬가지다.

모든 독자가 인내심이 강한 것은 아니다. 참고 견디며 읽는 독자도 있지만, 그렇지 않은 독자가 더 많을지 모른다. 읽을만한 이유가 없거나 읽기 싫으면 언제든지 미련 없이 읽기를 중단한다. 독자가 글을 끝까지 읽지 않으면 내 생각의 정확한 전달과 독자 설득 또는 공감 유발이라는 글의 목적을 제대로 달성할 수 없다. 독자가 글을 끝까지 읽도록 하는 것이 중요한 이유다.

이런 문제는 어떻게 해결할 수 있을까? 하나의 예로 그 해법을 공부해보자. 다음 글은 한 〈중앙일보〉 기자가 언론사 입사 준비생 시절에 쓴 글이다. '헬조선'이라는 말이 한창 유행하던 2010년대 중반이었다. 헬조선은 '지옥'을 뜻하는 '헬hell'과 '우리나라'를 뜻하는 '조선朝鮮'이 합쳐진 합성어다. 열심히 노력해도 잘 살기 어려운 우리 사회를 냉소적으로 비하하는 뜻으로 쓰였다.

이 말이 젊은이 사이에 널리 퍼지자 우리 사회가 진짜 헬조선인지 아닌지를 놓고 사회적 논쟁까지 벌어졌다. 다음은 이 논쟁을 소재로 해서 쓴 글이다. 유명한 기독교 소설 『천로역정』에 나오는 '지옥'에 우리나라를 비유하는 방식으로 독자의 관심을 글 마지막까지 끌려고 했다. 이 제자가 구체적으로 어떻게 했는지 주의 깊게 살펴보자.

대한민국은 헬조선이 맞다

❶ 존 버니언의 소설 『천로역정』을 보면, 지옥에 놀랍게도 맛있는 음식이 가득하다. 천국과 메뉴가 같다. 어느 정도로 맛있는 음식들이 그득그득할지 알 만하다. 하지만 지옥에 있는 사람들은 그걸 먹지 못한다. 젓가락이 너무 길어서다. 음식을 먹을 수 있는 도구가 젓가락뿐인데, 그 젓가락 사람 팔길이보다 길다.

❷ 지옥에 온 사람들은 긴 젓가락으로 음식을 겨우 집어다 자기 입에 가져가려고 버둥대지만 음식은 좀처럼 입에 넣을 수가 없다. 그들은 먹을 것을 두고도 굶는다. 그게 더 괴롭다. 그래서 지옥이다. 먹을 것이 없어 못 먹는 것보다 더 괴로운 것은, 맛있는 게 눈앞에 가득한데 그걸 먹을

수 없는 것이기 때문이다.

❸ '헬조선', 한국이 지옥이라는 소리가 나오는 이유도 이와 같다. 대한
민국은 세계 10위권의 경제 대국이다. 국민총소득으로 보나 국민총생산
으로 보나 '없어서 못 먹는 나라'는 아니다. 그런 시절은 베이비붐 세대의
빛바랜 추억에서나 찾아볼 수 있을 뿐이다. 우리는 공적개발원조를 받던
나라에서 공적개발원조를 주는 나라로 성장한 지 오래다. 인공위성을 통
해 야간에 국토를 촬영한 사진을 보면 이토록 빛나고 있는 나라가 없다.
도시는 밤낮으로 쉼 없이 일한다. 하늘 높은 줄 모르는 고층빌딩은 길 따
라 끝없이 이어진다. 거리엔 탐나는 소비재들이 가득하고 미디어엔 화려
한 삶과 성공 신화가 넘쳐난다. 참으로 맛있는 것이 그득그득한 나라다.
그런데 그래서 더 괴롭다. 내 젓가락으론 집을 수 없는 그림의 떡들이다.

❹ '헬조선'이란 단어를 만들어낸 것도, 유행시킨 것도 청년들인 이유를
생각해봐야 한다. 그걸 찾아야 해법을 더듬어 볼 수 있을 것이기 때문이
다. 이곳을 '헬'이라 생각하는 청년들은 기성세대를 '노력충'이라고 부른
다. 좋은 대학을 가지 못한 것도 노력이 부족한 탓, 취업을 하지 못하고
있는 것도 노력이 부족한 탓, 결혼 자금과 집을 살 돈을 모으지 못한 것
도 노력이 부족한 탓이라 여기는 기성세대를 비꼬는 말이다. 하도 노력,
노력하니 이를 두고 '노오력'이라고 부르기도 한다. 변해버린 시대를 읽
지 못한 채 개인의 탓만 하는 기성세대에 대한 비아냥과 노력이라는 단
어에 대한 지겨움을 표현한 거다. 한데 기성세대가 노력을 강조하는 데
도 이유가 있다. 그들은 노력이 가져온 결실을 맛볼 수 있었던 세대이기
때문이다. 그림의 떡은 때로 나의 떡이 됐다. '노력'해서 안 되면 '노오력'
하면 됐다.

❺ 그러나 지금은 그렇지 않다. 계층이동성 자체가 낮아져 버렸다. 노무

현 대통령이 대학을 나오지 않고 집에 돈이 없어도 '노오력'만으로 사법고시를 통과할 수 있었던 것은 그게 가능한 시절에 태어난 덕이다. 사법연수원 39기 이후 출신 법조인들의 집안 소득을 분석해보면 월평균 1000만 원이 넘는다. 대학민국 소득 상위 1할을 차지하는 이들이다. 노무현이 요즘의 청년이라면 그는 재수학원을 다녀서라도 대학에 진학해야 하고 학자금 대출을 받아서라도 로스쿨을 다니고 있을지도 모른다. 주경야독, 자수성가, 금의환향의 시대는 끝났다. 취업과 출산과 육아를 포기하고 인간관계를 포기하고 내 집 마련을 포기하면서 최대한 가벼운 몸뚱이로 뛰어보지만 앞으로 나아갈 뿐, 위로 올라가긴 어렵다. 3포, 5포, 7포… 거듭되는 등차수열처럼 포기를 늘려보지만 계층이동은 그림의 떡이다. 청년들은 코앞에서 흔들리는 당근을 바라보고만 있어야 하는 당나귀들이다. 그래서 지옥이다.

❻ 이 지옥을 끝낼 방법이 있을까. 다시 소설 이야기로 돌아가 보자. 『천로역정』에는 천당의 모습도 나온다. 천당의 음식과 젓가락은 지옥과 똑같다. 천국과 지옥을 가르는 기준은 무엇일까. 사람이다. 천당 사람들은 그토록 긴 젓가락으로 자신의 입에 음식을 넣으려고 하지 않았다. 음식을 집어 마주 앉은 사람의 입에 넣어줬다. 그래서 그들은 모두 맛있는 음식을 먹을 수 있었다. 그것도 아주 행복하게 말이다.

❼ 우리도 이런 방법을 써보면 어떨까. 마주 앉는 것은 곧 대면과 대결을 의미하던 사회에서, 마주 앉아 협력하는 사회로 나아가는 거다. 정규직은 비정규직과, 대기업은 하청업체와, 청년층은 장년층과 마주 앉아 서로의 입에 음식을 넣어줄 순 없을까. 성과급도 나누고 단가도 후려치지 않으면 소득이 늘어 소비도 늘어나니 모두가 좋지 않을까. 연금을 양보해 청년들의 부담을 덜어주고 임금을 양보해 청년들의 일자리를 늘려주면 경제적 여유를 찾은 청년들이 하우스 푸어로 허덕이는 장년들의 집을 사줄 돈을 마련할 수 있지 않을까. 이런 상상은 소설보다 비현실적일까.

이 글은 맨 처음 독자의 관심을 끌어들이기 위해 『천로역정』이라는 소설 이야기를 활용했다. 앞서 '대체복무제'에 관한 글이 대체복무 이야기로 시작하지 않고 영화 〈핵소 고지〉 이야기로 시작한 것과 같다. 『천로역정』 중에서 '헬조선'이라는 글의 소재와 아주 잘 맞는 지옥 이야기를 독자 관심 유발 장치로 썼다. 놀랍게도 지옥에 맛있는 음식이 가득하다거나 젓가락이 사람의 팔보다 길어 음식을 입으로 가져갈 수 없다거나 맛있는 것을 눈앞에 두고도 먹지 못하니 더 괴롭다는 이야기가 아주 인상적이다. 〈핵소 고지〉의 데스몬드 도스의 일화가 대체복무제 글의 주제에 잘 맞은 것처럼 대한민국이 헬조선이라는 이 글의 주제와 잘 들어맞는다.

글은 이에 멈추지 않고 본론과 결론에서도 독자가 흥미를 느낄만한 장치를 곳곳에 집어넣었다. 3단락의 "없어서 못 먹는 나라", "내 젓가락으론 집을 수 없는 그림의 떡", 4단락의 "노오력"이라는 조롱조의 표현과 "그림의 떡은 때로 나의 떡이 됐다"라는 문장, 5단락의 "등차수열"이나 "당나귀" 이야기, 6단락에서 천당과 지옥은 음식과 젓가락 길이가 같아도 사람이 다르다는 이야기가 그런 장치들이다.

이 글의 길이가 비교적 긴 편임에도 끝까지 읽을만하게 느껴지는 이유는 바로 이렇게 국민총소득이나 국민총생산 수치, 계층 이동성의 정도처럼 독자 피부에 와닿지 않는 내용 대신 흥미를 끌만한 요소를 글 곳곳에 집어넣은 덕이다. 여러분이 참고할만한 요령이라고 생각한다.

단, 이런 식의 관심 유발 및 유지 장치는 잘 활용해야 한다. 잘못 활용하면 설득력을 떨어뜨려 독자를 납득시키려는, 즉 글의 궁극적 목적을 달성하는 데 장애가 될 수도 있다. 비유를 적확하게 하는 것이 핵심이다. 비유는 '어떤 현상이나 사물을 직접 설명하지 않고 다른 비슷한 현상이나 사물에 빗대어서 설명하는 것'을 말한다. 본래 설명하고자 하는 것과 빗댈 것이 서로 잘 맞아야 한다. 그렇지 않으면 독자가 의구심을 느껴 관심을 유발하기는커녕 글의 설득력을 떨어트릴 수 있다. 이번에는 그런 사례를 검토해보자.

다음 글은 채널A에서 기자로 일하고 있는 제자가 학생 시절에 썼던 연습 글이다. '피의사실 공표 논란'이 글의 소재다. 피의사실이란, 의심받는 사실이다. 한자 미칠 피被, 의심할 의疑를 써서 누가 의심을 받도록 만든 사실을 피의사실이라 부른다. 주로 범죄를 저지른 것으로 의심이 되는 사람의 범죄로 의심되는 행위다. 그러나 그런 사실이 다 범죄사실은 아니다. 피의사실은 말 그대로 의심받는 사실이라 그중에 범죄가 아닌 내용이 있을 수 있다. 재판을 통해 범죄로 확인될 때까지는 피의사실을 전부 다 범죄행위라고 단정할 수 없다. 이런 사실을 재판이 끝나기 전에 일반 대중이 알면 나중에 그중 일부 또는 전부가 범죄가 아닌 것으로 확인됐을 때 당사자에게 억울한 일이 생길 수 있다. 피의사실이 한번 세상에 널리 알려지면 되돌리기 어렵기 때문이다.

피의사실 공표는 이런 이유로 오랫동안 논란이 돼왔다. 그러다 조국 전 법무부 장관 일가에 관한 언론의 대대적인 보도를 계기로 다시 뜨거운 사회적 논란거리가 됐다. 당시 여권이 피의사실 공표를 막으려는 움직임을 보이자 비판의 목소리가 커졌다. 피의사실 공표 금지가 억울한 피의자가 생기지 않도록 하려는 순수한 동기에서 비롯된 것이 아니라, 조국 장관 일가를 비호하거나 정권에 나쁜 영향이 미치는 것을 막으려는 이기적인 동기에서 나온 것이 아니냐는 문제 제기가 많았다. 제자의 글은 이런 논란에 관해 쓴 글이다. 이 글 역시 앞에서 소개한 '대체복무제' 글이나 '헬조선' 글처럼 비유로 글을 시작했다. 이 글의 비유도 독자의 관심을 유발하고 설득력도 높이는지 잘 따져보면서 읽어보자.

초고

초등학교에서는 홍길동도 처벌을 받는다고 가르친다. 탐욕적인 부잣집 대감의 재물을 훔쳐 가난한 사람들에게 나눠준 의적義賊일지라도, 법은 모두가 지켜야 할 사회적 약속이라는 이유에서다. 사회탐구과목 보조 서적인 『의로운 도둑』에서 그렇게 설명하고 있다. 맞는 말이다. 하지만 의로운 도둑을 처벌해서 얻는 실익이 클지에 대해서는 한 번쯤 따져볼 일이다. 도둑이 잡혀간 후 견리망의見利忘義한 대감은 다시 부당하게 배를 불

리고, 가난한 백성들은 굶주리는 게 과연 옳기만 한 일일까.

여기서 부잣집 대감은 '권력'이다. 현대 민주주의 사회에서, 의적처럼 견제의 역할을 할 수 있는 건 언론이다. 권력을 감시하고 비판해 국민들이 심판할 수 있게 한다. 그런 언론의 '피의사실 공표'가 죄라면, 즉 피의자가 혐의나 의심을 받고 있는 상황에서 언론이 그 내용을 알리는 걸 금지한다면 어떻게 될까? 단적으로 박근혜 전 대통령 파면은 대한민국 역사에 없었을 일일지도 모른다. 비선실세, 직권남용 등 박 전 대통령을 둘러싼 수많은 혐의에 대한 보도가 불가능했을 것이고, 국민들은 촛불을 들지 않았을 터다. 또 피의사실 공표가 죄였다면, 조국 전 법무부 장관의 사퇴가 있었을까. 조 전 장관 일가의 비위 행위가 증거들과 함께 보도되고 비판 여론이 형성되면서 가능했던 일이다. 나아가 '공정과 정의'가 의제로 떠오를 수 있었다. 부모가 자녀의 스펙이 되는 한국사회에 대한 비판과 반성이 이루어졌다. 교육부가 '스펙 끼워 넣기' 적발에 속도를 냈다.

상황이 이러하니, 피의사실 공표 금지로 얻는 실익이 크다고 보기 힘들다. 다만, 피의사실 공표를 다 막는 게 능사는 아닐 뿐, 원칙적으로는 지양하는 게 맞다는 사실은 기억해야 한다. 이미 피의사실이 보도된 이후 혐의가 사실이 아닌 것으로 밝혀졌을 때, 그 피해는 부당하고 인권침해적이기 때문이다. 특히 피의자가 개인(사인)일 경우 그렇다. 성추행 논란에 휩싸였다가 무죄 판결을 받은 박진성 시인이 대표적이다. 박 시인은 아직까지도 명예훼손으로 인한 피해를 호소하고 있다. 따라서 피의사실 공표는 공인과 공익에 대한 사안이거나 2차 피해 등이 우려되는 상황일 때, 합리적인 증거로 합리적인 의심이 가능한 때에 한해 이뤄져야 할 것이다.

그러기 위해선 범국민 여론조사와 국회 차원의 논의를 통해 피의사실 공표에 대한 합의점을 찾는 과정이 필요하다. 여야가 공방을 벌여 공론장을 형성할 필요가 있다. 그래야 득실을 면밀히 따지고 인권침해 등 문제점을 최소화할 수 있다. 국회가 합의점을 찾지 못하면 국민투표에 부칠 만하다. 국민의 알권리와 민주주의 수호가 달린 사안이기 때문이다. 우리보다 앞서 이 논의를 진행한 해외의 사례도 적극 참고해야 한다. 미국의 경우, 기소 시 발표하는 보도자료에 '기소 범죄사실은 단순한 혐의에 불과하며 재판확정시까지 무죄로 추정된다'는 점을 반드시 명시하도록 했다. '무죄 추정의 원칙'에 따른 피의자의 인권을 보호하기 위해서다.

박 전 대통령 이야기로 돌아간다. 2017년 3월, 마침내 탄핵이 결정된 날. 국민들은 '효능감'을 느꼈다. 토요일마다 들었던 촛불이 견리망의見利忘義한 권력에 제동을 걸어, 오작동하던 민주주의를 바로 잡았다는 기쁜 감정이었다. 촛불집회 서막이 올랐던 2016년 10월에서 탄핵 선고가 있던 2017년 3월까지의 대장정을 '저널리즘의 본령이 실현됐던 때'라고 회상하기도 한다. 나라의 수장을 둘러싼 수많은 혐의에 대한 보도 덕에, 국민들이 주도적으로 탄핵 정국을 이끌어나갈 수 있었기 때문이다. 의적처럼 부당한 권력을 견제하는 언론에 '피의사실 공표죄'로 재갈을 물리는 게 옳기만 한 일은 아니다. 형식 논리만으로 판단하지 말고, 우리 사회가 합의점을 찾아 알권리와 민주주의를 수호하는 방향으로 나아가야 한다.

이 글은 언론을 통한 피의사실 공표를 '홍길동 같은 의적의 도둑질'에 비유했다. 이 비유는 부적절한 점이 있다. 무엇보다 피의사실 공표와 의적의 도둑질은 행위의 주체가 다르다. 피의사실 공표 금지의 대상은 검사나 경찰관, 검찰 수사관 같은 수사 관련자다. 언론은 피의사실을 공표하는 것이 아니라 공표자의 공표내용을 보도할 뿐이다. 피의사실 공표를 금지한 형법 제126조는 '검찰·경찰·기타 범죄수사에 관한 직무를 행하는 자 또는 이를 감독하거나 보조하는 자'를 처벌 대상으로 한정했다. 피의사실 공표를 의적의 도둑질에 비유하려면, 언론을 의적에 비유할 것이 아니라 피의사실 공표자를 의적에 비유해야 맞다.

언론은 도둑도 의적도 아니다. 남의 물건을 훔치는 행위의 주체가 아니다. 독자 중에 '언론을 도둑에 비유할 수 있을까?' 하는 의구심을 느끼는 분이 나올 수 있다. 언론의 피의사실 보도를 '탐욕스러운 대감집의 재물 훔치기'에 비유한 것도 그렇다. 보도는 남의 것을 몰래 가져가는 행위가 아니라 알리고 논평하는 것이다. 비유가 적절하지 않다.

글에 이렇게 수긍하기 어려운 점이 있으면 독자는 의구심이 생겨 글의 내용에 동의하지 않는다. 제자는 이런 취지의 검토의견을 듣고 나서 1주일 뒤 글을 수정하여 다시 제출했다. 수정문에는 초고와 같은 문제가 없는지 살펴보자.

수정문

드라마 〈모래시계〉의 모티브가 된 슬롯머신 사건은 어떻게 세상에 알려졌을까. 공교롭게도 피의사실 공표 덕이 컸다. 이 사건은 '6공의 황태자'로 불린 박철언 전 의원을 비롯해 경찰청장, 치안감, 병무청장, 고등검사장 등 고위공직자 40여 명이 연루된 권력형 부패 사건이었다. 엄청난 수사 외압에 직면한 비주류 검사들은 수사 내용을 언론에 흘려 여론의 힘으로 버텨냈다.

언론의 적극적 보도가 없었다면 비주류 검사들의 도전은 좌절됐을 것이다. 박범계 법무부 장관이 쏘아 올린 피의사실 공표 금지 논란도 이런 맥락에서 바라봐야 한다. 물론 수사기관이 수사에 유리한 피의사실만 선택적으로 흘리고, 일반인 피의자의 인권이 침해되는 등 폐단도 분명하다. 그럼에도 피의사실 공표는 필요악이다. 살아 있는 권력에 제동을 걸고, 권력자에게 입막음 수단을 부여하지 않기 위해서다.

피의사실 공표를 막으면 권력형 범죄를 제대로 단죄하기 어려워진다. 살아있는 권력에 대한 수사는 여러 가지 외압과 마주하기 십상이다. 이때 언론 보도는 수사 과정의 외압 가능성과 부담을 줄여주는 역할을 한다. 언론이 권력형 범죄의 피의사실을 보도하면 국민적 공분이 일어 권력자들이 사건을 은폐하기 어려워지기 때문이다.

박근혜 전 대통령 탄핵, 조국 전 법무부 장관 사퇴 등 살아 있는 권력에 제동을 건 사건들도 언론의 피의사실 보도에서 시작됐다. 피의사실 보도 없이는 국민들이 권력자들의 범죄 혐의조차 알 길이 없다. 수사가 철저히 보안사항이라면 언론의 견제기능이 무력화돼 '봐주기 수사'가 횡행할 수밖에 없다. 만약 그랬다면 박 전 대통령 탄핵은커녕 기소조차 어려웠을 것이고, 조 전 장관은 법무부 장관으로 무사히 임기를 마쳤을지 모른다.

피의사실 공표 금지를 권력자들이 '내 편'을 위한 입막음 수단으로 악용할 우려도 크다. '내 편'에 불리한 수사를 하는 수사기관의 입을 봉쇄해서, 언론에 재갈을 물릴 것이라는 우려다. 여당의 행보를 보면 이미 현실화된 우려다. 박범계 법무부 장관은 최근 청와대가 연루된 '기획 사정' 의혹을 수사 중인 중앙지검 수사팀을 겨냥해 피의사실 공표 감찰을 예고했다. 작년에는 조국 사태 직후 수사 정보를 외부에 알리는 것을 원천 봉쇄하는 규정을 법무부가 새로 만들었다. 훨씬 이전에 있었던 국정농단

등 상대 진영과 관련된 사건에선 침묵해놓고, '내 편'을 건드는 피의사실 공표만 문제 삼는 것이다. 피의사실 공표 금지 원칙이 권력자의 뜻대로 국민의 알권리를 자의적으로 제한할 수 있는 도구로 전락할 수 있다는 걸 보여준다.

피의사실 공표의 폐단은 줄이고, 장점은 유지하는 방향으로 가야 한다. 피의사실 공표 금지와 공익적 피의사실 보도를 현실적으로 절충할 방안을 마련해야 한다. 일반 국민들에게 불리하게 작용할 수 있는 피의사실 공표는 지양하는 것이 맞다. '구미 3세 여아 사망 사건'의 경우, 피의자들의 죄목이 달라지거나 무죄 판결이 날 수도 있다. 일반 시민이기에 그 피해를 되돌리기 더 어려울 수 있다.

하지만 권력형 범죄에서 피의자의 방어권 보장보다 더 중요한 것은 국민의 알권리를 통해 진실을 가리는 일이다. 결국 피의사실 공표 금지 원칙은 '피의자의 신분'(공인·사인 등)과 '범죄의 경중'(흉악범죄·정치경제범죄 등)을 고려하는 방향으로 개선돼야 한다. 박 장관의 최근 주장처럼 무조건적인 피의사실 공표 금지는 안 된다. 나아가, 언론은 수사기관의 선택적인 피의사실 공표에 의존하지 않고, 재판 단계의 보도 비중을 확대해 유무죄를 다투는 과정을 충실히 보여주려고 노력해야 한다.

이런 식의 독자 관심 끌어들이기가 어떤 소재, 어떤 주제, 어떤 내용에서나 가능한 것은 아니다. 흥미로운 비유, 적절한 비유가 어려운 경우도 있다. 그러나 가능한 한 그런 내용을 글에 담으려고 노력해야 글이 돋보일 수 있고, 더 많은 독자가 글을 읽도록 할 수 있다. 글의 흡인력을 높이기 위해 가장 흔히 활용되

는 방법이다.

2. 창의적으로 형식 바꿔보기

일반적인 형식에서 벗어나 새로운 형식으로 글을 쓰는 것도 독자를 글로 끌어들여 끝까지 읽도록 하는 효과를 낼 수 있다. 독자에게는 새로운 것을 원하는 마음이 있다. 상투적인 표현뿐 아니라 상투적인 글 형식도 독자의 외면을 부르는 원인이 될 수 있다.

다음 글을 읽어보자. 제자가 〈동아일보〉 수습기자 공채 때 써낸 작문 시험 답안이다. 〈동아일보〉는 이 답안을 신입사원 공채설명회 때 잘 쓴 답안의 사례로 소개하기도 했다. 작문 시험의 제시어는 '스마트폰'이었다.

스마트폰 시국 대토론회

내 이름은 뫼르소. 알베르 카뮈의 소설 『이방인』에 나오는 주인공이지. 다들 소설 속 내 이야기를 기억하시오? 어머니가 돌아가셨는데도 눈물 한 방울 흘리지 않고, 심지어는 살인을 하고도 '태양 때문에'라고 둘러댔지. 나는 그런 사람이었소. 여러모로 세상의 기준에서 벗어난 이방인이 었던 게요. 한데 이게 웬일이오. 내가 2010년의 한국 사회를 보니 나 같

은 이방인들이 한둘이 아니지 뭐요. 요새 한국에서는 스마트폰이라는 물건이 인기라지? 그런데 그것이 없으면 이방인 취급을 받는다고 하더군. 스마트폰이 없다는 이유로 '시대에 뒤떨어진 이방인' 취급을 받던 독자한 명은 내게 하소연하는 편지를 썼소. 하도 스마트폰 스마트폰 하기에 무리한 약정계약까지 하고서 결국 샀더니만, 그놈도 사실 뭐 별것 없더라는 것 아니겠소!

뫼르소 씨. 얘기 잘 들었습니다. 저는 『세일즈맨의 죽음』에 등장하는 바로 그 세일즈맨 윌리입니다. 저는 소설 속에서 늘 직사각형의 큰 서류가방을 들고 다녔지요. 어찌나 무겁고 큰 가방이었는지 몇 시간만 들고 다니면 어깨가 다 빠질 지경이었답니다. 그런데 세상이 참 좋아졌어요. 이제 무거운 서류가방 대신, 다들 손바닥만 한 스마트폰을 들고 다니며 일을 처리하더군요. 처음엔 너무 부러웠습니다. 그런데 이 사람들을 자세히 관찰해보니, 이게 웬일입니까. 이제는 스마트폰 '덕분에' 직장은 물론 지하철에서도 화장실에서도 일을 해야 하는 것 아니겠습니까? 일에 지쳐 꾸벅꾸벅 졸고 있는 직장인들을 보니 스마트폰이 썩 고마운 물건만은 아니라는 생각이 들더군요. 오히려 무거운 내 서류가방이 훨씬 낫습니다. 이제 뫼르소 씨와 일개 세일즈맨인 제 이야기를 들어봤으니 과학자 선생의 이야기를 들어봅시다!

안녕하십니까. 저는 올더스 헉슬리의 『멋진 신세계』에 등장하는 과학자입니다. 소설 속, 우리 과학자들의 야심찼던 계획을 기억하십니까? 저능아 계급인 엡실론인간부터 일급의 과학자까지 원하는 방향으로 인간들을 만들어낼 수 있었지요. 저희는 과학과 기술의 발달이 그야말로 '멋진 신세계'를 선물해줄 것이라 믿었습니다. 하지만 결과는 아시다시피 멋진 신세계가 아닌, 인간성이 사라진 '슬픈 신세계'였지요. 지금도 마찬가지입니다. 스마트폰이라는 기술의 발달이 멋진 신세계를 선사할 것 같지요? 하지만 요즘 젊은이들을 보세요. 궁금한 것이 생기면 바로 스마트폰을 이용해 인터넷 검색을 하고, 길을 몰라도 생각할 필요 없이 로드뷰 같은 기능들을 이용합니다. 저는 걱정이 됩니다. 사람들이 점점 '생각'하는 방법을 잊어버리는 건 아닌가 싶어서요. 이러다가 기계들만 '스마트'해져가고, 인간들은 멍청해지는 그런 슬픈 신세계가 오는 건 아닌지 모르겠습니다.

이 글의 주제는 '스마트폰의 염려할만한 부작용'이다. 이 주제를 우리가 흔히 쓰는 일반적인 형식의 글로 쓸 수도 있다. 그러나 제자는 그렇게 하지 않고 유명한 소설 속 주인공들의 토론 형식을 빌려 글로 썼다. 일반적인 형식이었다면 빤한 글에 그쳤을 것이다. 주 내용은 사실 대부분의 독자가 익히 아는 빤한 것이기 때문이다. 그러나 유명한 소설 속 주인공들의 토론 형식을 활용함으로써 독자들이 글에 흥미를 느껴 끝까지 읽도록 만들었다.

취업준비생들이 쓰기 어려워하는 자기소개서도 형식을 바꿔쓰면 효과를 키울 수 있다. 다음 글을 읽어보자. 다음 글은 현재 KBS 기자로 일하고 있는 제자가 〈조선일보〉 수습기자 공채 때 써낸 자기소개서다. 이 제자는 당시 최종면접 전형까지 올라갔다.

#응시凝視
2003년 2월 18일 대구 지하철 참사 현장. 사촌언니를 잃어 울고 있던 저에게 한 여자가 다가와 물었습니다. "지금 심경이 어떠세요?" 이것이 제

인생에서 '기자'를 처음 만난 순간입니다. 이후 저는 대구 시민회관에 모인 많은 유가족이 '기자'라는 사람들에게 끊임없이 대답하고 하소연하는 모습을 보았습니다. 몇몇은 우리의 사연을 들어달라며 먼저 그들에게 애원하기도 했습니다. 열한 살의 저는 눈앞의 기자들을 응시凝視하며, 그렇게 조금씩 알게 되었습니다. 누군가의 상처를 치밀하게 파고들고 세상에 알림으로써 그 상처의 본질을 치유할 수 있는 직업. 그게 바로 기자라는 사실을 말입니다. 소녀의 마음 속엔 그렇게 '기자'라는 꿈이 자라나게 됩니다.

#무시無視

삶에는 결정적인 순간들이 있습니다. 제 삶에서 가장 결정적인 순간을 꼽아야 한다면 스물두 살에 쓴 단편소설 「무인도無人圖-사람이 없는 그림」이 대학문학상에 낙선된 일을 꼽고 싶습니다. 소설이 당선되기 전, 주변에선 저를 비웃고 무시無視했습니다. "요즘 누가 소설을 읽냐", "그거 써서 뭐하냐"는 핀잔도 이어졌습니다. 하지만 저는 아랑곳하지 않고 매일 새벽 다섯 시에 잠들며 작품을 완성했고, 결과적으로 의미 있는 성과를 거둘 수 있었습니다. 당시 심사위원이었던 문흥술 문학평론가는 저에게 "좋은 소설을 썼듯, 좋은 문장으로 사회에 선한 영향을 끼치는 기자가 될 수 있을 것"이라고 말씀하셨습니다. 저는 "꼭 그렇게 되겠다"라고 답했고, 여전히 이 대답은 유효有效하다고 믿습니다.

#주시注視

처음 기자를 꿈꾼 날의 다짐을 잊지 않고자 했습니다. 누군가의 상처 앞에서 침묵하고 싶지 않았습니다. 그렇게 저는 학우들의 고충을 대변하는 총학생회 임원이 되었고, 차별과 폭력에 반反하는 소설을 쓰는 문학도가 되었습니다. 일상의 작은 모순과 부조리에 맞서며, 저는 점점 제가 꿈꾸었던 기자의 모습과 닮은 사람이 되었습니다. 시간이 흘러 "사람이 죽었다는 신고가 들어 왔네요"라는 소방관 한 마디에 한밤중 현장에 달려가고, 백브리핑 현장에서 여당 원내대표에게 겁 없이 질문세례를 퍼붓는 인턴기자가 되었습니다. 의욕이 앞서, 미처 놓친 것은 없는지 늘 주시注視했습니다. 취재하는 내내 긴장을 잃지 않았고, 팩트체킹을 습관화했습니다. 치열한 분투 덕에, 저는 함께 일한 선배들로부터 가장 좋은 평가를 받은 인턴으로 꼽히기도 했습니다.

#도시都市

도시都市는 아름답습니다. 하지만 도시 속에서 살아가는 우리네 삶은 결코 아름답지만은 않습니다. 당장 제 주변의 친구들만 보아도 그렇습니다. 제 주변에는 역대 최악의 구직난을 버텨내고 있는 '5포 세대'라 불리는 친구들이 많이 있습니다. 저는 그들에게, 그리고 저 자신에게도 '위로'가 필요하다고 생각했습니다. 그런 마음으로 저는 「불확실한 미래도 내 것이다(2016.06.18 〈중앙일보〉)」라는 제목의 칼럼을 썼습니다. 이 칼럼은 많은 청년들 사이에서 공감을 얻어, 소셜 미디어상에서 화제가 되기도 했습니다. TV조선 사회부 인턴기자로 근무했을 당시에는 도시에서 주거문제로 고통받는 청년들의 이야기(「대학생 원룸촌, 불법 '방 쪼개기' 성행(2017.08.26.)」)에 주목했습니다. 기사가 포털사이트 메인뉴스로 선정되고, 천여 개가 넘는 댓글이 달리는 것을 보며, 도시의 모순과 균열을 바로 잡는 일에 조금이나마 기여했다는 사실에 기쁨을 느꼈습니다.

#중시重視

현재 까다로운 선발 과정을 거쳐야만 들어갈 수 있는 저널리즘 아카데미에서 공부하고 있습니다. 이곳에서 일선 현장에서 30년 동안 기자로 근무하셨던 은사님으로부터 글쓰기 교육을 받으며 내공을 키워나가고 있습니다. 묵묵히 내공을 쌓아 온 덕분일까요. 정부기관이 후원하는 대한민국 신문논술대회에서 일반부 최우수상을 받으며, 공신력을 인정받기도 했습니다. 하지만 과시와 자만은 곧 나락으로 빠지는 길입니다. 기본을 중시重視하는 저는 매일 밤 필사를 하며 저 스스로를 겸허히 되돌아보곤 합니다. 제 필사 노트의 절반을 차지하는 〈조선일보〉의 사설과 칼럼은 언제나 저 스스로를 한없이 부끄럽게 만듭니다. 가짜뉴스가 판치고, 로봇이 인간을 앞서게 되는 시대가 왔지만, 〈조선일보〉만의 시각과 통찰은 여전히 언론인이 걸어야 할 정도正道를 제시해주고 있다고 생각합니다. 〈조선일보〉에 지원하는 이유이기도 합니다. 이곳에서 시대가 변해도 불변해야 하는 기자의 자세와 소명의식을 훌륭하신 선배님들로부터 배우겠습니다. 더불어, 격변하는 시대 속에서도 꿋꿋하게 기자의 정도를 걸어 나가겠습니다.

#적시適時
기자를 꿈꾸는 풋내기였던 저는 조선미디어그룹 선배들의 가르침으로 어엿한 예비 언론인이 되었습니다. 스물셋, 어린 나이에 〈조선일보〉 인턴사원으로 일했습니다. 적확하지 않은 표현을 사용하거나 제대로 사실관계를 검증하지 않아 선배에게 호되게 혼이 난 적도 있습니다. 하지만 이 시간을 통해 저는 성장했고, 정확한 사실과 적확한 표현의 중요성을 알게 되었습니다. 당시 같은 부서에서 일했던 선배들은 3년이 지난 지금까지도 종종 연락을 하며 인생 선배로서 많은 조언을 해주십니다. 작년 여름에는 TV조선의 인턴기자로서 다시 조선미디어그룹에 발을 들였습니다. 문화부, 정치부, 사회부를 넘나들며 기자로서의 역량을 다져나갔습니다. 인턴으로서는 경험하기 힘든 경찰서 마와리를 돌았고, 취재하고 싶은 아이템들을 마음껏 발제했습니다. 정제되지 않은 아이템들이 선배들의 피드백을 통해 세련된 기사가 되어가는 과정은 놀라웠습니다. 그렇게 저는 조선미디어그룹과 함께 성장했습니다. 신문과 방송 모두에 어울리는 융합형 인재가 되었다고 자부하는 지금이 바로 〈조선일보〉에 입사할 적시適時입니다. 조선미디어그룹에서 많은 것을 받은 만큼, 이제는 좋은 기사로 그간 받은 가르침들에 보답하는 신입사원이 되고 싶습니다.

위 자소서는 자신이 다른 지원자보다 더 우수한 지원자임을 심사위원들에게 납득시키는 것이 주 내용이다. 칭찬받는 인턴이 었다는 것, 주요 매체에 기고한 칼럼이 포털사이트에 주요 기사로 실려 소셜 미디어상에서 화제가 됐다는 것, 대학 총학생회 임원으로서 부조리와 싸워본 적이 있다는 것, 대한민국 논술대회 일반부 최우수상을 받은 것, 저널리즘 아카데미에서 기자 30년 경력자의 지도를 받아왔다는 것이 그런 내용들이다. 심사위원들이 읽으면 '이 친구 잘하겠네!' 하는 생각이 들만하다. 자기소개서에 이 정도의 내용이 담기면 서류전형을 통과하는 것이 어렵지 않다. 언론사 공채에 응시하는 학생 중 이 정도 내용을 자기소개서에 담을 수 있는 학생이 그렇게 많지 않다.

그러나 제자는 한 걸음 더 나아가 '압운押韻 형식'으로 자기소개서를 썼다. 압운은 시나 노랫말을 지을 때 시나 노랫말 일정한 자리에 같은 발음이나 소리의 높낮이, 강약이 규칙적으로 나타나도록 하는 것을 말한다. 이 자기소개서에서 소제목에 응시, 주시, 무시, 도시, 중시, 적시, 이렇게 '시' 자로 끝나는 단어가 반복되도록 한 것이다. 자신에 대한 설명도 이 소제목에 맞게 썼다. 이런 형식의 자기소개서는 보기 힘들다. 필자도 그동안 자기소개서 수천 편을 읽어봤지만, 압운 형식으로 쓴 것은 보지 못했다. 자기소개서 심사위원 역시 이런 형식이 참신하면서 재미있게 느껴졌을 것이다. 글 전개 방향에 호기심도 생겨 이 자기소개서를 끝까지 읽지 않았을까?

언론사 공채 서류전형의 자기소개서 심사는 완벽하지 않다. '갑' 언론사 공채에 지원하는 자기소개서에 '을' 언론사 이름을 썼는데도 서류전형을 통과하는 경우도 봤고, 서류전형을 충분히 통과할만한 자기소개서가 서류전형에서 떨어지는 경우도 여러 번 봤다.

* 이정재의 '대권무림' 칼럼

* 조은산의 글 「塵人 조은산이 시무 7조를 주청하는 상소문을 올리니 삼가 굽어살펴 주시옵소서」

언론사 공채의 자기소개서 심사는 기자 몇 명이 나눠서 한다. 길지 않은 기간 안에 자기 일을 하면서 심사한다. 읽어야 할 자기소개서의 양은 많다. 모든 지원자의 자기소개서를 다 꼼꼼히 읽기를 기대하기 어렵다. 내가 서류전형을 통과할만한 지원자임에도 불구하고 낙방하는 일을 막으려면, 이 학생처럼 자기소개서 형식을 창의적으로 바꿔보는 것도 좋다. 무협지 형식을 빌린 〈중앙일보〉 이정재의 '대권무림' 연재 칼럼이나 상소문 형식을 활용한 조은산의 「塵人 조은산이 시무 7조를 주청하는 상소문을 올리니 삼가 굽어살펴 주시옵소서」 같은 글을 참고할 만하다.

3. 시각의 차별화

빤하지 않은 시각, 누구나 갖고 있을법한 상식적인 시각을 피하는 것도 독자를 끌어들일 수 있는 좋은 방법이다. 새로운 시각, 남다른 시각, 예리한 시각은 관심의 대상이 된다. 독자를 납득시킬 수만 있다면 시각을 바꿔 써보려고 노력해보자. 다음은 〈조선일보〉 수습기자 공채 논술시험 통과 답안으로, 제시어는 '인사人事'였다. 이 답안의 시각이 어떻게 느껴지는지, 글을 끝까지 읽게 되는지 생각해가면서 읽어보자.

> 국민들의 눈에는 '전관예우 변호사'로 보이는 사람이 왜 청와대 인사위원회에서는 '혁신 검사'로 보였을까. 인사청문회도 가보지 못하고 여론의 질타 속에 사퇴한 안대희 '전 총리 후보자' 이야기다. 인사위원회가 인사과정에서 고려하지 않은 점이 무엇이었을까? 우리의 인사검증 시스템에 구멍이 뚫린 걸까?
>
> 시스템의 문제라기보다는 사람의 문제였다. 이미 집단구성 내에 문제가 존재하고 있었다. 인사위원회의 중요한 축을 담당하는 민정라인의 80%는 대형 로펌 출신이었다. 김기춘 비서실장은 검찰총장, 법무부 장관을 지낸 뒤 법률사무소를 연 인물이다. '전관예우'라는, 사람들에게는 중요한 문제가 이들에게 중요하지 않은 문제가 되는 이유가 바로 여기에 있다. 이들은 비슷한 생각과 배경을 공유하고 있었으며 그들만의 프레임으로 후보자를 평가했다.

『우리는 왜 극단에 끌리는가』의 저자 캐스 선스타인의 말을 빌리자면, 이들은 '라이벌들의 팀Team of Rivals'이 아니었다. 인사위원회에는 같은 생각을 가진 사람들, 즉 라이벌이 아닌 사람들이 모여 있었다. 라이벌이 아닌 사람들로 팀이 짜이면 팀 구성원들은 자신들이 틀릴 수 있다는 생각을 하지 못하거나 하지 않게 된다. 그런 집단은 극단으로 흐르게 된다. 미국의 부시행정부가 대표적이다. 부시는 자신과 같은 의견을 가진 사람들을 기용했고, 자신과 의견이 다른 사람은 '충성심 부족'으로 간주했다. 그 결과 부시 행정부의 경우 이라크 전 등에서 집단 극단화가 만개했다.

인사人事에서 가장 중요한 원칙은 집단 구성의 다양성이어야 한다. 구성원이 집단에 종속되지 않고 독립적으로 사고할 수 있어야만 조직이 극단으로 흐르지 않는다. '라이벌들의 팀'을 이룰 수 있어야 한다. 성공적으로 평가받는 링컨 행성부는 그런 집단이었다. 링컨은 자신의 생각에 이의를 제기할 수 있는 사람들을 일부러 선택하고 이들의 주장을 경청했다. 그것이 가장 합리적인 판단에 이르는 길이라고 믿었기 때문이다.

이 글은 박근혜 정부 당시에 있었던 안대희 국무총리 후보자 사퇴가 소재다. 안대희 후보자는 변호사 개업 후 불과 5개월 동안 16억 원 이상의 수익을 올린 사실이 총리 후보 지명 이후 드러났다. 그래서 안대희 후보자가 검찰 고위직과 대법관, 집권여당의 특위위원장을 맡았던 덕에 과도한 수임료를 받은 것이 아니냐는 논란이 벌어졌다.

이 일이 있기 1년여 전에는 박근혜 정부의 첫 국무총리 후보자였던 김용준 전 헌법재판소장이 부동산 투기 의혹 때문에 후보직을 사퇴한 일이 있었던 터라, 정부의 고위공직자 인사 검증 과정에 허점이 있는 것이 아니냐는 언론보도가 쏟아졌다. 그런 도덕성 문제가 있는 인물인지를 후보 지명 전의 인사 검증 과정에서 찾아내지 못해 이런 문제가 일어나는 게 아니냐는 문제 제기였다.

그러나 이 글은 인사 검증 시스템보다는 인사를 담당한 위원회의 인적 구성이 문제라는 시각을 담고 있다. 이 글 이전에 잇따랐던 수많은 언론보도와 다른 시각이다. 독자는 '이게 무슨 이야기지?' 하고 궁금증이 생겨 글에 관심을 가질 수 있다. 첫 단락의 '전관예우 변호사'와 '혁신 검사' 이야기, '라이벌이 아닌 팀' 이야기도 독자의 관심을 끌만한 이야기지만, 기본적으로는 글 전체를 관통하는 남다른 시각이 독자의 관심을 끄는 것이다.

4. 패러디 활용

패러디parody 역시 독자가 글에 흥미를 느껴 끝까지 읽도록 만드는 좋은 방법이다. 패러디는 특정 작품의 소재나 문체, 인물, 배경, 설정, 내용을 흉내내어 글 쓰는 것을 의미한다. 그냥 흉내만 내는 것은 아니고 원작을 익살스럽게, 재미있게 혹은 풍자적으로 바꿔 표현하는 것이 요령이다.

유명한 패러디 작품 중 하나를 예로 들어보자. 독일이 제2차 세계대전에서 패전하기 직전 히틀러의 최후 10일을 다룬 영화 〈다운폴The Downfall〉 일부를 패러디한 약 3분 30초짜리 동영상이다. 이 패러디가 만들어진 배경은 이렇다. 2012년 런던 올림픽때 펜싱 여자 에페 종목 준결승전에서 심판 판정이 잘못된 것이 아니냐는 논란이 벌어졌다. 우리나라 신아람 선수가 독일의 브리타 하이데만에게 석연치 않은 이유로 졌다는 판정을 받은 것이다. 신아람 선수는 치열한 접전 끝에 연장전에서 승기를 잡았지만, 경기가 끝났다고 여겨지던 시간 0.57초 뒤에 이뤄진 하이데만의 공격이 유효타로 인정되는 탓에 결승에 진출하지 못했다. 논란이 국제적으로 번지자 국제펜싱연맹은 신아람 선수에게 특별상을 주겠다며 무

* 신아람 선수 관련 〈다운폴〉 패러디 영상

마에 나서기도 했다.

이 문제는 당시 국내외 여러 콘텐츠에서 비판적으로 다뤄졌지만, 국내에서는 특히 히틀러 영화를 패러디한 이 동영상이 큰 관심을 끌었다. 그로부터 10년이 지난 지금까지도 포털사이트에서 관련 동영상이 수없이 많이 검색될 정도다. 처음 만들어진 패러디 동영상에 공감하는 이들이 계속 퍼트렸기 때문이다. 비속어가 섞여 있긴 하지만, 보는 이의 마음을 후련하게 만드는 아

주 재미있는 동영상이다. 글을 패러디하는 법도 동영상 패러디 법과 본질적으로 같으니까 참고로 감상해보자. 포털사이트에서 '히틀러 패러디'라는 검색어로 찾으면 금방 찾을 수 있다.

이 패러디의 원작은 영화 〈다운폴〉이다. 제26회 런던 비평가 협회 남우주연상과 외국어 영화상을 수상하고, 77회 미국 아카데미상 외국어영화상 후보에 올랐던 유명한 영화다. 국내에서는 2014년에 개봉했다. 독일 사학자 요하임 페스트가 목격자들의 증언을 토대로 쓴 같은 이름의 원작과 히틀러의 타이피스트 트라우들 융개의 회고록을 바탕으로 히틀러의 생애 최후 10일을 그렸다.

위 패러디는 영화 〈다운폴〉 중 히틀러가 마지막 작전회의를 주관하는 장면을 활용했다. 패러디의 대사, 즉 글이 영화 속 히틀러를 비롯한 출연진의 연기나 표정과 아주 잘 어울려 마치 이들이 신아람 오심 논란을 통쾌하게 질타하는 것처럼 느껴진다. 출연진의 대사 한마디 한마디가 신아람 오심 사건과 딱 맞아떨어진다. 히틀러가 오심 관련자들을 나무라는 모습을 보면 속이 후련해져 영상을 끝까지 보게 된다. 패러디는 관련 요소를 원작의 내용과 얼마나 딱 떨어지게 맞추느냐가 핵심이다.

영화 〈다운폴〉의 마지막 작전 회의 장면은 세계적으로 패러디 소재로 오

*패러디 원작 영화 〈다운폴〉의 마지막 작전 회의 장면

랜 기간 많이 활용됐다. 원작을 감상해두면 나중에 활용하게 될지도 모른다, 이 기회에 원작을 감상하고, 패러디 영상과 비교까지 해보면 더 좋다.

글을 꼭 일정한 형식으로 써야 한다고 생각하는 것은 잘못된 고정관념일 수 있다. 가령 논술은 꼭 신문의 사설처럼 서론, 본론, 결론의 형식으로 써야 하고, 작문은 꼭 이야기 형식으로 써야 한다고 생각하는 것이 그런 예가 될 수 있다. 글의 형식은 과거 어느 시점에 어떤 필요 때문에 만들어진 것이다. 글의 목적을 잘 달성하는 데 도움이 된다면 상황에 따라 얼마든지 바꿀 수 있다. 가령 요즘 주요 언론매체에 매일 실리는 오피니언 칼럼은 옛날 신문에는 없었던 형식의 글이다. 옛날 신문 오피니언 콘텐츠는 사설뿐이었다. 칼럼은 독자가 더 흥미롭게 읽도록 하기 위해서 나중에 개발된 것이다. 내가 공들여 쓴 글이 무수히 많은 다른 글이나 동영상에 파묻혀 사장되지 않게 하려면 형식을 과감하게 바꿔보는 것도 좋다. 글의 성격에 잘 맞기만 하면 된다.

글쓰기 제4 목표 : 끝까지 읽게 하기
- 관심 유발 장치 고안하기
- 창의적으로 형식 바꿔보기
- 시각의 차별화
- 패러디 활용

제8장

글쓰기 제5 목표

: 표현의 완성도 높이기

100점 중 20점. 국내 최대의 글쓰기 대회 중 하나인 대한민국 신문논술대회가 밝힌 문장 표현 관련 배점이다. 이 대회는 한국 조사기자협회가 주최하고 교육부와 한국언론진흥재단이 후원한다. 글을 맞춤법에 맞도록 썼는지, 문장 표현이 올바른지 등에 전체 점수의 20%를 준다. 제주특별자치도가 개최한 2020년 슬로건 공모전의 심사기준 중 표현의 완성도 배점 비율은 40%다. 이 공모전은 표현의 명확성과 참신성, 표현의 완성도라는 세 가지 심사기준 중 표현의 완성도에 100점 중 40점을 준다. 표현의 완성도가 얼마나 중요한지 짐작할 수 있는 지표들이다.

필자는 사실 표현보다는 내용을 중시한다. 표현이 엉망이라도 내용이 아주 좋으면 글로서의 가치가 충분하다고 생각하는 편이다. 그러나 생각해봐야 할 점이 있다. 표현의 완성도는 독자가 글을 외면하게 만드는 요인으로 작용할 수 있다. 독자 중에는 완성도가 낮은 표현에 실망하는 이가 있을 수 있다. 표현이 서투르거나 어설프거나 나쁘면 글의 내용도 그럴 것으로 오해할 수 있다. 표현은 글 쓰는 사람의 생각을 반영하기 때문이다.

다른 한 편으로 표현의 완성도를 높이는 것은 독자에 대한 배려이자 도리다. 요즘과 같이 읽을 것, 볼 것이 많아지고 할 일이 많아 바쁜 세상에서 내 글을 누군가 읽어준다는 것은 고마운 일이다. 나 혼자 읽으려는 것이 아니라 남이 읽도록 쓰는 글이라면 읽을 분에게 감사하는 마음으로 최선을 다해서 완성도를 높여야 한다. 이번 장에서는 글을 더 좋은 것으로 만들기 위해 목표로 삼아야 할 마지막 다섯 번째 목표, 즉 표현의 완성도를 높이는 방법에 관해 이야기를 나눠보자.

1. 명확하지 않은 문장 개선

다음은 서해 공무원 피격사건 재수사 논란을 다룬 글이다. 서해 공무원 피격사건은 문재인 정부 시절이던 2020년, 해양수산부 소속 공무원이 북방한계선 이북 서해상에서 북한군에게 사살된 뒤 시신까지 소각된 사건이다.

당시 문재인 정부는 이 공무원이 '정신적 공황 상태에서 월북하려다 그런 일을 당한 것'으로 발표했지만, 유족들은 이 공무원이 '표류하다 참변을 당한 것'이라며 진실규명과 관련자 책임추궁을 요구해왔다. 2022년의 윤석열 정부 출범 이후 이 사건에 대한 수사가 시작되면서 여당과 야당 간에 뜨거운 공방이 벌어졌다. 다음은 이 일에 대한 자기 생각을 설득하려고 한 글의 일부다. 고쳐야 할 표현이 없는지 살펴보자.

> (전략) 서해 공무원 피격사건도 마찬가지다. 재발 방지를 위해서라도 정부가 제대로 된 조사와 절차를 거쳐 범법자로 판단한 것인지, 그 과정에서 다른 의도는 없었는지 수사해야 한다. 문제는 전 정권에 대한 수사를 넘어, 정치적 공방으로 확전되고 있다는 점이다. (후략)

이 글에는 얼핏 아무런 문제가 없는 듯이 보인다. 글을 쓴 학생 본인이 퇴고 과정에서 문제점을 발견하지 못했고, 수업 시간에 이 글을 함께 검토한 동료 학생들도 문제점을 지적하지 않았다. 그러나 글쓴이가 자기 생각을 독자에게 정확히 알리려면 고쳐야 할 점이 있다. 윗글 세 문장 중에서 두 문장이나 손질해야 한다.

우선 두 번째 문장, 즉 "재발 방지를 위해서라도 정부가 제대로 된 조사와 절차를 거쳐 범법자로 판단한 것인지, 그 과정에서 다른 의도는 없었는지 수사해야 한다"라는 문장을 개선해야 한다. 이유는 이렇다. 이 문장의 서술어 '수사해야 한다'에 호응하는 주어는 '정부'다. 이 사건의 진상을 밝히려 하는 것은 윤석열 정부다. 이런 점을 보면 두 번째 문장의 주어 '정부'는 윤석열 정부를 말하는 것임이 분명하다.

그러나 주어 '정부'가 이 문장의 술어 '수사해야 한다'로 바로 이어지지 않고, '제대로 된 조사와 절차를 거쳐 범법자로 판단한 것인지'로 이어졌다. 이 논란의 배경을 모르는 독자라면 범법자로 판단한 것도 윤석열 정부이고, 수사 대상도 윤석열 정부라는 뜻으로 오해할 수 있다.

서해 공무원 피격 사건은 문재인 정부 시절에 일어났고, 윤석열정부가 들어서자 진실규명을 위한 수사가 시작됐다. 이런 배경을 모르는 독자를 오도하지 않으려면 이 문장의 주어 '정부'가 어떤 정부인지를 명확하게 밝혀야 한다. 가령 개선 글❶처럼 고쳐야 한다. 개선 글❶의 두 번째 문장이 다소 길어 가해성이 떨어지는 듯하다면, 개선 글❷처럼 고쳐도 좋다.

원문의 두 번째 문장	재발 방지를 위해서라도 정부가 제대로 된 조사와 절차를 거쳐 범법자로 판단한 것인지, 그 과정에서 다른 의도는 없었는지 수사해야 한다.
개선 글❶	현 정부는 재발 방지를 위해서라도 사건을 수사해야 한다. 이전 정부가 제대로 된 조사와 절차를 거쳐 피격 공무원을 범법자로 판단한 것인지, 그 과정에서 다른 의도는 없었는지 수사해야 한다.
개선 글❷	현 정부는 재발 방지를 위해서라도 사건을 수사해야 한다. 이전 정부가 제대로 된 조사와 절차를 거쳐 피격 공무원을 범법자로 판단한 것인지 수사해야 한다. 그 과정에서 다른 의도는 없었는지도 마땅히 수사 대상이다

원문에서 세 번째 문장, 즉 "문제는 전 정권에 대한 수사를 넘어, 정치적 공방으로 확전되고 있다는 점이다"도 개선이 필요하다. 이 문장은 전 정권에 대한 수사를 넘어 정치적 공방으로 확전되고 있는 것이 문제라고 지적했다. 그러나 무엇이 전 정권에 대한 수사를 넘은 것인지, 무엇이 정치적 공방으로 확전되고 있다는 것인지 아무 설명이 없다. 넘은 것, 확전되고 있다는 것의 주체를 밝혀야 한다. 물론 해당 문장 이전에 그런 내용이 있다면 이 문장에서 다시 설명하지 않아도 된다. 맥락으로 무슨 이야기인지 알 수 있기 때문이다. 그러나 이 문장 앞에는 관련 내용이 전혀 없었다. 이 사안에 대해 배경지식이 없는 독자들을 위해, 개선 글❸처럼 관련 설명을 적절하게 해줘야 한다. 개선 글❸에서는 편의상 집어넣지 않았지만, 원문의 "전 정권에 대한 수사를 넘어"라는 내용까지 담으려면 개선 글❹처럼도 바꿀 수 있다.

원문의 세 번째 문장	문제는 전 정권에 대한 수사를 넘어, 정치적 공방으로 확전되고 있다는 점이다.
개선 글❸	문제는 '수사 착수 여부를 둘러싼 여야의 이견이 정치적 공방으로 확전되고 있다'는 점이다.
개선 글❹	문제는 '수사 착수 여부를 둘러싼 여야의 이견이 정치적 공방으로 확전되고 있다'는 점이다. 단순히 피격 공무원의 범법자 여부나, 피격사건의 진실을 가리는 차원을 넘어서고 있다.

이런 표현상의 잘못은 누구나 저지를 수 있는 실수다. 쓰는 이는 알아채지 못하지만, 글에 문제가 남아있는 경우가 비일비재하다. 독자 관점이 아니라 쓰는 사람의 관점에서 보기 때문이다. 글을 늘 독자 관점에서 쓰려고 노력해야 한다.

2. 적확한 표현 구사

표현의 완성도는 문장 표현을 최대한 적확한 것으로 골라 쓰는 방법으로도 높일 수 있다. 적확한 표현이란, 내가 글에서 독자들에게 전하고 싶은 이야기를 가장 잘 전달하고 납득하도록 할 수 있는 표현을 말한다. 멋있는 표현, 세련된 표현, 유식해 보이는 듯한 표현, 소위 있어 보이는 표현보다 적확한 표현을 쓰는 것이 더 중요하다.

글의 내용 전달력이나 주제 설득력은 기대만큼 크지 않다. 쓰는 이의 문장 표현력이나 읽는 이의 이해력, 주의력에는 일정한 한계가 있다. 독자 중에 글을 정독하는 이가 많지 않기도 하다. 많은 공을 들여 글을 써도 독자들이 수긍하기는커녕 무슨 말인지조차 정확히 모르는 경우가 허다하다. 적확한 표현을 써야 글의 전달력과 설득력을 높여 글 쓰는 목적을 더 잘 달성할 수 있다. 멋있고 세련된 표현이 들어가면 금상첨화겠지만, 그보다는 적확한 표현을 쓰는 것이 우선이다.

예를 하나 들어보자. 다음은 〈아주경제〉 기자 한 명이 언론사 입사 준비 시절에 쓴 연습 글의 도입부다. '윤석열 정부의 전 정권 수사가 정치 보복을 위한 것이라는 오해를 부르지 않도록 하려면 누구에게 수사를 맡기느냐가 중요하다'가 글의 주제였다. 글은 앞서 제7장에서 설명한 것처럼 '독자 관심 유발하기'를 시도했다.

❶"왼손에 물을 묻혀서 열 번 배꼽에 돌려보세요." ❷길 가던 낯선 사람이 당신에게 이런 요구를 한다면 어떨까? ❸아마 10명 중 9명은 제정신이 아니라며 자리를 피할 것이다. ❹놀랍게도 EBS 연구팀은 이러한 엽기적인 지시를 곧이곧대로 따르는 집단이 있음을 알아냈다. ❺의사를 독대한 환자였다. ❻가운을 걸친 보조출연자가 환자들에게 '혀 끝을 코 끝에 대보라'거나 '왼쪽 신을 벗어 손으로 들어보라'는 것 같은 지시를 하자, 이들은 그가 시키는 대로 했다. ❼껄끄러운 명령이었음에도 환자들이 곧이곧대로 따른 이유는 무엇일까? ❽명령의 주체가 '의사'였기 때문이다. (후략)

이 글은 EBS 〈다큐프라임〉의 사회심리 실험 내용을 활용해 쓴 것이다. 실험 내용은 2008년 8월, '인간의 두 얼굴 제1부 상황의 힘' 편을 통해 방송됐다. 인간이 상황의 영향을 강하게 받는다는 점을 실증적으로 보여준다.

글이 인용한 사회심리 실험 내용은 글의 주제와 잘 맞는다.

황당한 일도 의사가 시키면 곧이곧대로 따른다는 내용, 다시 말해 '누가 시키느냐에 따라 따르지 않을 일도 따르게 될 수 있다'라는 실험의 함의가 '전 정권 수사를 누가 하느냐에 따라 오해가 생기지 않을 수 있다'라는 글의 주제에 잘 맞는다. 실험 내용은 재미있기도 하다. 잘 살리면 독자가 글을 끝까지 읽도록 만들려는 실험 내용 인용 목적을 잘 이룰 수 있다.

그러나 글은 그렇게 하지 못했다. 누가 시키느냐, 즉 행위의 주체가 누구인지가 중요하다는 점을 충분히 부각하지 못했다. 그 점을 부각하는 데 필요하지 않은 내용을 없애고 필요한 내용을 보강해야 한다. 가령 문장❷의 '길 가던 낯선 사람'이나 문장❹의 '놀랍게도', 문장❺의 '의사를 독대한', 문장❻의 '가운을 걸친 보조출연자' 같은 표현은 불필요하다. 없애도 문제가 없다. 그런 내용을 빼고 다음 개선 글처럼 행위의 주체가 누구냐가 중요하다는 점을 부각할 수 있는 표현으로 바꿔야 주제가 더 잘 드러난다.

글의 핵심 단어 중 걸맞지 않은 표현도 더 적절한 것으로 바꿀 필요가 있다. 지시, 명령 같은 단어를 더 적절한 것으로 바꿔야 좋다. 지시나 명령은 하는 사람과 받는 사람의 관계가 동등하지 않다. 보통 상하관계에서 쓰는 말이다. 의사와 환자는 상하관계가 아니다. 그런 표현은 듣는 환자가 불편하게 느낄 수 있다. 문장❹의 '집단'은 '환자'로, 문장❼의 '껄끄러운'은 '이상한'

이나 '황당한' 같은 형용사[1]로 바꾸는 것이 더 좋다. 그런 표현이 이 글의 상황과 더 잘 어울린다.

아래 개선 예시는 원문의 이런 문제를 해결해 글의 전달력과 설득력을 높이려고 한 것이다. 학생의 원문과 비교해 읽어보자. 밑줄 친 곳이 바뀐 표현이다.

원문	"왼손에 물을 묻혀서 열 번 배꼽에 돌려보세요." 길 가던 낯선 사람이 당신에게 이런 요구를 한다면 어떨까? 아마 10명 중 9명은 제정신이 아니라며 자리를 피할 것이다. 놀랍게도 EBS 연구팀은 이러한 엽기적인 지시를 곧이곧대로 따르는 집단이 있음을 알아냈다. 의사를 독대한 환자였다. 가운을 걸친 보조출연자가 환자들에게 '혀끝을 코끝에 대보라'거나 '왼쪽 신을 벗어 손으로 들어보라'는 것 같은 지시를 하자, 이들은 그가 시키는 대로 했다. 껄끄러운 명령이었음에도 환자들이 곧이곧대로 따른 이유는 무엇일까? 명령의 주체가 '의사'였기 때문이다.
개선 글	"왼손에 물을 묻혀서 열 번 배꼽에 돌려보세요." 누군가 이런 황당한 일을 시킨다면 어떻게 될까? 대개는 정신 나간 사람 취급을 하거나 화를 낼 것이다. 그러나 의사가 시키면 달라진다. EBS 연구팀은 2008년 8월, 한 안과병원에서 환자가 지시를 얼마나 잘 따르는지 실험해봤다. 진료와 상관없이 환자가

---

1 언어 사물의 성질이나 상태를 나타내는 품사

> 따를지 의사조차 의심한 지시였다. 그러나 환자들은 '혀끝을 코끝에 대보라'거나 '왼쪽 신을 벗어 손으로 들어보라'는 것 같은 이상한 지시를 순순히 따랐다. 의사가 시키니까 무언가 이유가 있을 것이라는 막연한 생각에서였다. '누가 하느냐에 따라 반응이 다르게 나타남'을 시사하는 사회심리 실험이다.

원문은 공백을 제외하고 236자였다. 그중 고친 내용이 공백을 제외하고 183자다. 원문 내용의 77.5%를 고친 것이다. 글을 더 좋게 만들기 위해 원문의 대부분을 고쳐야 했다.

글에 무언가를 인용할 때는 인용할 글감을 최대한 잘 파악하여 내 것으로 만들어야 한다. 관련 내용은 물론 함의까지 제대로 이해해야 글감의 가치를 다 살릴 수 있다. 그래야 관련 내용 중 가장 적절한 것을 목표지향적으로 글에 담을 수 있다.

필자는 제자가 글에서 인용한 EBS의 사회심리 실험 방송프로그램을 찾아내어 시청해보고 관련 자료까지 검토한 후 개선 예시를 만들었다. 제자의 글이 흥미롭기는 하지만, 주제를 잘 살리지 못했다고 생각했기 때문이다. 제자는 필자처럼 관련 자료 조사 과정을 거치지 않았다. 언젠가 수업 시간에 배운 EBS의 사회심리 실험 내용을 기억에서 꺼내 글에 인용하기만 했다.

이런 글쓰기 준비 과정의 차이가 글의 차이를 만든다. 글을 쓸 때는 글감에 대해 철저히 조사하고 이해하여 글감을 온전하게 내 것으로 만드는 소화 과정을 거쳐야 한다. 그래야 글감을 목표지향적으로 제대로 활용할 수 있다는 점을 유념하자.

3. 피부에 와닿는 표현 활용

같은 내용이라도 어떻게 표현하느냐에 따라 독자가 받는 인상이나 그 효과가 다르다. 글의 목적을 최대한 잘 달성하려면 더 효과적인 표현을 쓰려고 노력해야 한다. 그중 하나가 '피부에 와닿는 표현'을 쓰는 것이다.

사회현상이나 사회문제를 다루는 논술에서 특히 이런 표현을 쓰는 것이 중요하다. 논술은 자신의 주장을 설득하는 글이다 보니 통계수치를 논거로 활용하는 경우가 많다. 수치는 꾸며낸 것이 아닌 한 상대가 반박하기 어려워서 논거로 많이 활용된다. 그러나 통계는 단점도 있다. 수치로 설명하려는 사안의 중요성이나 심각성, 규모 등을 그 액면가만큼 전하기가 어렵다는 것이다. 관련 지식이나 경험이 없는 독자들은 수치가 담고 있는 사안의 중요성이나 심각성, 규모를 실감하지 못하는 경우가 대부분이다. 예를 들어보자. 다음은 한 언론고시생이 대통령 후보 선거 공약에 관해 쓴 연습 글의 일부다.

이재명 더불어민주당 대선 후보는 기본소득, 윤석열 국민의 힘 대선후보
는 연금 지원 확대, 각종 수당 확대 등을 공약으로 내걸고 있다. 이런 현
금성 지원에만 각각 200조 원 정도가 필요할 것으로 예상된다. (후략)

이 글에는 '200조'라는 수치가 나온다. 학생은 대선 후보가
지나치게 많은 돈이 들어가는 공약을 경쟁적으로 내거는 것이
나라에 문제가 된다고 생각해서 이 글을 썼다. 그 근거로 이 수
치들을 글에 제시한 것이다. 그러나 일반 독자는 200조라는 돈
이 과연 얼마나 많은 돈인지 헤아리기 어렵다. 막연히 천문학적
으로 많은 액수라고 느낄 뿐, 지나치게 많다면 과연 그 정도가
얼마나 지나친 것인지 알 수 없다. 다음 예시에서 밑줄 친 부분
처럼 부연 설명을 하면 달라진다. 독자가 문제의 심각성을 더 잘
느낄 수 있다.

이재명 더불어민주당 대선 후보는 기본소득, 윤석열 국민의 힘 대선후보
는 연금 지원 확대, 각종 수당 확대 등을 공약으로 내걸고 있다. 이런 현
금성 지원에만 각각 <u>200조 원 정도가 필요할 것으로 예상된다. 200조는
우리나라의 전 국민 5162만여 명에게 1인당 387만여 원을 나눠줄 수 있
는 돈이다. 우리나라의 평균 가족 수가 2.3명이니까 평균적으로 한 가족
에 891만 원 정도씩 나눠줄 수 있는 돈이기도 하다. 387만 원은 우리나
라 임금 근로자의 월 평균 소득보다도 많은 액수다.</u>

예를 하나만 더 들어보자. 다음 글은 러시아의 우크라이나 침공에 관해 쓴 글이다. 이 글에도 수치가 4개 나온다. 전쟁의 피해가 얼마나 큰지 알리려고 활용한 수치들이다. 과연 피해가 심각하다는 느낌이 드는지 생각하면서 읽어보자.

> 1000억 달러(122조 8000억 원). 러시아의 우크라이나 침공이 2주 넘게 이어지면서 우크라이나가 입은 물적 피해 규모. 달리 말하면 힘없고 동맹도 없는 나라가 치른 '기회비용opportunity cost'이다. 돈으로 환산할 수 없는 민간인 사상자(474명)와 우크라이나에서 탈출한 난민(200만 명)은 말할 것도 없다. 국가 존망 위기까지 내몰린 우크라이나 사태는 튼튼한 국방력과 주도적인 자강自强 외교가 얼마나 중요한지 일깨워주는 사례다.

글은 우크라이나가 전쟁 두 달 만에 입은 물적 피해가 엄청나다는 점을 강조하기 위해 피해액 1000억 달러(122조 8000억 원)로 이야기를 시작했다. 이런 시도가 성공하려면, 즉 독자가 '와, 전쟁 피해가 정말 크구나!' 이런 생각이 들도록 하려면, 1000억 달러가 얼마나 엄청나게 큰돈인지 독자가 실감해야 한다. 그러나 일반인들이 이를 실감하기 어렵다. 그저 많은 액수겠거니 하고 생각할 뿐이다.

이렇게 표현을 바꾸면 어떨까? 우크라이나 국민 전체가 전쟁 바로 전인 2021년 1년 동안 벌어들인 돈, 정확히 말하자면 국민총생산액이 약 2000억 달러였다. 그렇다면 글이 이야기한 피해액 1000억 달러는 우크라이나 국민이 1년 동안 피땀 흘려 번 돈의 절반이나 된다. 그 돈을 전쟁 발발 후 불과 두 달 만에 다 잃은 것이다. 이런 내용을 담아 설명하면 단순히 피해액만 이야기하는 것보다 효과적이지 않을까?

글 뒷부분에 나오는 난민 수 200만 명도 마찬가지다. 200만 명은 우크라이나 전체 인구 4300만 명의 4.65%, 수도 키이우 전체 인구 295만 명의 67.8%다. 우크라이나 국민 20명 중의 1명, 수도 키이우 시민 10명 중 6~7명이 난민 신세를 면하지 못한 꼴이다. 이런 내용을 200만 명이라는 수치에 덧붙이면 사태의 심각성을 독자들이 더 살 알 수 있지 않을까?

4. '옥의 티' 없애기

옥玉으로 불리는 광물이 있다. 옥구슬이나 옥비녀, 옥반지, 비취반지의 소재가 되는 광물이다. 원석을 적당한 크기로 잘라 광택이 날 정도로 만질만질하게 연마해 반지 같은 장신구나 구슬 같은 장식품으로 만든다. 동양에서 고대로부터 귀하게 여겨 왔다. 금보다 귀하게 여겨진 적도 있다고 한다. 특히 흰색의 옥은 '미의 상징'으로 여겼다. 뽀얗게 보이는 예쁜 얼굴을 '백옥 같은 얼굴'로, 좋게 보이는 피부를 '백옥처럼 하얀 피부'로 부르는 것이 좋은 예다. 요즘에는 미용 상품의 이름에도 쓰인다. '백옥 크림'이나 '백옥 주사' 같은 표현이 그런 예다.

그러나 옥 원석을 잘 연마했다 하더라도 흠이 있으면 그 아름다움이 빛을 잃는다. 흠이 없는 제품보다 가치가 떨어진다. 요즘도 시계나 반지, 목걸이 같은 귀금속 제품에 미세하게라도 흠이 생기면 새 제품이라도 소비자가 제값을 주고는 잘 사지 않는다. 이렇게 옥에 남아 옥 제품의 가치를 떨어뜨리는 흠을 '옥의 티'라고 한다. 티는 먼지 같은 잔부스러기나 조그마한 흠이다. 글에도 '옥의 티' 같은 것이 있다. 불과 몇 글자 때문에 글의 가치가 떨어진 사례들이다. 구체적으로 알아보자.

사례 1

프랑스의 정치사상가 몽테스키외는 '법의 정신'이라는 저서에서 **삼권분립 제도**를 확립했다. 그는 "사법이 입법과 행정에서 독립되지 않으면 진정한 자유는 없을 것"이라고 말했다. 사법부, 입법부, 행정부 세 기관의 견제와 균형을 강조했고 이를 민주정의 이상적인 정치체제로 봤다. 한 사람이 통치하는 왕정이나 독재정과 달리 민주정은 다수가 서로를 감시하고 더 나은 방향으로 나아가게 한다. 적어도 3개의 기관이 독립성을 가지고 상호견제 해야 국민의 뜻을 제대로 반영시킨다는 취지에서다. 그러나 현재 3개의 권력기관이 상호 견제하는 것과는 거리가 있어 보인다. 특히 선출직이 아닌 사법부의 독립이 위태로워지고 있다는 점에서 더욱 그렇다.

이 글 첫 문장은 삼권분립 제도를 몽테스키외가 확립했다고 했다. 그러나 몽테스키외가 확립한 것은 삼권분립 '제도'가 아니라 삼권분립 '이론'이다. 독일 철학자 칸트와 영국 철학자 로크를 거쳐 오랫동안 논의됐던 삼권분립 개념이 몽테스키외에 이르러 이론으로 확립됐다고 학자들은 말한다. 이런 사실을 아는 독자가 이 글을 읽으면 '삼권분립 제도에 대해 잘 알고 쓴 이야기야?' 이런 반응을 보일지도 모른다. '제도'라는 단 두 글자가 글의 인상을 흐릴 수 있다. '제도'를 '이론'으로 바로잡아야 한다.

사례 2

우리 정부가 북한과 종전선언을 하는 것은 시기상조다. 종전선언은 평화적 상황이 뒷받침되었을 때를 전제로 한다. 하지만 작금의 상황은 평화보다는 대립관계에 더 가깝다. 북한은 핵무력의 완성작인 신형ICBM과 SLBM을 열병식에서 선보였고, 남북공동연락사무소를 **폭발했다.** 더불어 자국민이 바다 위에서 처참하게 살해당하기도 했다. 보수정권에서도 가능했던 남북이산가족 상봉과 관광교류, 스포츠 협력도 단절됐다. 이미 수차례의 정상회담, 공동성명 등이 나왔으나 역시나 언제 깨져도 이상하지 않을 '약속' 수준에 머물렀다.

글 셋째 줄 끝의 '폭발했다'는 '이'나 '가' 같은 주격조사[2] 뒤

---

2 문장 안에서, 체언이나 체언 구실을 하는 말 뒤에 붙어 주어의 자격을 가지게 하는 격조사

에 쓰는 동사[3]다. '주유소가 폭발했다'라거나 '감정이 폭발했다'라는 식으로 쓴다. 이 글처럼 '남북공동연락사무소를' 뒤에 쓰려면 '폭발했다'가 아니라 '폭파했다'라고 써야 한다. '을'이나 '를' 같은 목적격 조사[4] 뒤에는 폭파했다고 쓰는 것이 바른 표현이다. 이 글 역시 '폭발'이라는 단 두 글자 때문에 인상을 흐렸다. 다른 문장의 표현들이야 큰 문제가 없지만, 이 표현은 꼭 바로잡아야 한다.

표현의 완성도를 최대한 높이는 방법은 앞서 설명한 것처럼 주로 글을 퇴고堆敲하는 과정에서 이뤄진다. 퇴고는 글을 지을 때 여러 번 생각하여 고치고 다듬는 것을 말한다. 그러니까 표현의 완성도 높이기는 퇴고를 거듭하는 것, 다시 말해 글 다듬기를 마음에 들 때까지 되풀이하는 것이다. '마음에 들 때까지'는 글의 목적을 잘 달성했다고 판단될 때까지를 말한다. 즉, 내 생각을 정확하게 전달하고 독자를 설득하거나 독자의 공감을 유발했다고 여겨질 때까지 퇴고해야 한다.

그러나 글 훈련을 받는 학생 중에는 맞춤법 검사기 프로그램을 이용해 오탈자나 맞춤법에 어긋나는 표현만 바로잡고 마는 이들이 적지 않다. 이런 퇴고로는 글의 전달력과 설득력, 흡

---

3   사물의 동작이나 작용을 나타내는 품사
4   문장 안에서, 체언이나 체언 구실을 하는 말 뒤에 붙어 목적어 자격을 가지게 하는 격 조사

인력 수준을 높이기는커녕 잘못 사용된 단어도 찾아내지 못한다. 글 실력도 키울 수 없다.

직업적으로 글을 쓰는 분들은 글이 글 쓰는 목적을 달성하기에 부족하다고 생각되면 아예 다시 쓰기도 한다. 그런 버릇을 들여야 한다. 이 과정이 쌓여야 글 실력도 늘고 글이 점점 더 좋아진다. 노벨문학상을 탄 미국의 세계적인 소설가 헤밍웨이도 『무기여 잘 있거라』 도입부를 최소 50번 이상 다시 썼다고 술회한 적이 있다. 어렵거나 번거롭거나 귀찮다고 생각하지 말고 최선을 다해 글 수준을 높이려고 애써보자. 그런 노력이 쌓여야 글 실력이 기대한 만큼 는다.

글쓰기 제5 목표 : 표현의 완성도 높이기

- 명확하지 않은 문장 개선
- 적확한 표현 구사
- 피부에 와닿는 표현 활용
- '옥의 티' 없애기

이 책에는 여러 예문이 실려 있다. 그중 가장 잘 썼다고 할 만한 글은 어떤 것일까? 필자는 천경훈 서울대 로스쿨 교수의 〈중앙일보〉 시론 「사시존치론, 조선 말 과거제 집착과 비슷하다」(119쪽)를 꼽고 싶다. 가해성을 설명한 부분에 소개돼 있다. 사법고시를 당초 예정대로 2017년에 폐지해야 한다고 주장한 글이다.

천경훈 교수의 글을 가장 좋은 글로 꼽은 것은 이 글이 이 책의 예문 중에서 글의 목적을 가장 잘 달성했다고 보기 때문이다. 천경훈 교수가 〈중앙일보〉에 이 시론을 기고한 2015년 12월 초는 오랫동안 계속된 사법고시 존폐 논란이 절정에 이를 때였다. 사법고시로 법조인을 뽑는 제도를 그대로 둘 것이냐, 사법고시 제도를 없애고 대신 로스쿨로 법조인을 양성할 것이냐의 문제는 우리 사회의 뜨거운 논란거리였다. '사법고시를 없애면 개천에서 용 나는 일이 더이상 없을 것'이라는 주장과 '법조인의 전문성을 키우고 고시 낭인을 줄이려면 사법고시 대신 로스쿨 제도를 둬야 한다'라는 주장이 팽팽히 맞섰다. 여론은 사법고시를 폐지하지 말아야 한다는 쪽으로 기울었다. 천경훈 교수의 시론은 이런 여론과는 정반대의 주장을 펴는 글이었다.

필자는 사회적 계층 이동 기회가 점점 줄어드는 시점에 사법시험까지 없애서 사회적 약자의 희망과 꿈을 빼앗으면 안 된다는 생각에, 사법고시 폐지를 반대하는 입장이었다. 그러나 천경훈 교수의 시론은 이런 생각을 뒤흔들었다. 이웃나라가 수백만의 서구식 군대를 키우던 때에 온 나라 인재가 과거시험에 매달려 망국의 길로 간 19세기 말 조선의 잘못을 되풀이하면 안 된다는 그의 주장에 공감했다. '개천 용' 신화나 '고시 낭인'만 생각할 일이 아니라고 깨달았다.

천경훈 교수의 글은 본래 사법고시 폐지 반대론에 속했던 필자의 관점을 바꿨으니, 글쓰기의 궁극적 목적인 독자 설득이나 공감 유발에 성공한 글이라고 할 수 있다.

잘 썼다고 생각하는 글 한 편을 더 꼽는다면, 「대한민국은 헬조선이 맞다」(226쪽)라는 제자의 연습 글이다. 이 글은 독자 관심 유발 장치를 설명하며 소개했다. 필자는 이 글을 읽기 전까지 우리나라를 헬조선으로 부르는 젊은 세대를 이해하기 어려웠다.

우리 사회가 여러 심각한 문제가 많은 것은 사실이지만, 과거에도 그랬다. 지금보다 더 심각한 문제가 있었던 적도 있다. 우리 사회가 여러 면에서 진일보한 것도 사실이다. 우리나라보다 형편이 더 나빠도 자기 나라를 지옥으로 부르지 않는 나라도 있다. 젊은이 몇몇이 아니라 젊은 세대가 집단적으로 우리나라를 지옥이라고 조롱하는 것을 납득하기 어려웠다. 그러나 지옥은 먹을 것이 없어서가 아니라 맛있는 음식이 눈앞에 그득한데도 먹지 못해 더 괴롭다는 이 글을 읽으니 일리가 있다고 생각했다. 상대적 박탈감이 젊은 세대를 괴롭게 만들 수 있겠구나, 하고 처음으로 그들을 이해한 것이다.

글쓴이와 생각이 같은 독자를 설득하기는 상대적으로 쉽다. 생각이 다른 사람을 설득하는 것이 어렵다. 천경훈 교수의 글과 제자의 글은 생각이 달랐던 필자를 납득시켜 이 어려운 일을 해냈다는 점에서, 글쓰기의 궁극적 목적을 아주 잘 달성한 글이라고 할 수 있다.

언론매체는 다양한 의견을 반영해야 하지만, 다수 여론에 배치되는 글을 싣는 것은 부담스러운 일이다. 뜨거운 쟁점 사안일수록 더 그렇다. 〈중앙일보〉가 천경훈 교수의 시론을 싣기로 한 것은 이 글과 반대 입장인 독자까지도 공감할만한 것으로 판단했기 때문 아닐까. 글은 이렇게 생각이 다른 독자까지 설득할 수 있어야 좋다. 여러분이 입사 시험용 글이나 짧은 설득문으로서 본보기가 될만한 글을 찾는다면, 이 두 글을 참고하라고 권하고 싶다.

필사筆寫를 해보는 것도 좋다. 필사는 본받고 싶은 글을 손으로 한 자 한 자 옮겨 써보는 것이다. 글을 눈으로만 읽으면 글의 좋은 점이 눈에 잘 들어오지 않는다. 손으로 옮겨 써봐야 글쓴이가 주제를 전달하기 위해 어떤 논거를 활용했는지, 전체적으로 논리를 어떻게 구성했는지, 내용 전개를 어떻게 했는지, 어떤 표현이 배울만한지 등을 바탕으로 글쓰기 5대 목표를 잘 달성했는지 더 잘 알 수 있다.

글은 결국 오랜 기간이 지나면서 굳어진 생각 방식과 언어 습관의 결과다. 아무 노력 없이 금방 바뀌지 않는다. 좋은 글을 오랜 기간 꾸준히 읽고 필사하면 다르다. 생각 방식과 언어 습관을 더 좋게 바꿀 수 있다. 필사는 가장 빠른 기간 안에 글을 개선할 수 있는 가장 현실적인 방법의 하나다. 그러므로 글이 좀처럼 늘지 않는다면 좋은 글을 찾아서 매일 옮겨 적어보기를 권한다. 필자의 제자 중에는 6개월 정도 필사하면서 상당한 효과를 본 이도 있다.

하나 더 밝혀두고 싶은 것이 있다. 이 책의 내용이 글 고민을 해결하는 완벽한 방법은 아니라는 점이다. 그저 필자가 오랜 세월 기자 생활과 연구, 글쓰기 지도를 통해 발견하고 효과를 확인한 글 고민 해법의 하나일 뿐이다. 더 좋은 해법이 얼마든지 있을 수 있고, 또 앞으로 더 좋은 해법이 나오길 바란다. 그래야 글쓰기 문제를 해결하는 데 진보와 발전이 있다.

마지막으로 이 긴 글을 끝까지 읽어주신 독자 여러분께 깊이 감사드린다. 이 책이 여러분의 글 고민을 덜어주는 데 조금이라도 도움이 되길 진심으로 바란다.

이 책은 21년 기자 경험과 17년 글쓰기 선생 경험이 녹아 있는 결과물입니다. 그리고 그 바탕에는 기자가 되려 하지만 길을 모르는 젊은이들에 대한 따뜻한 마음이 담겨 있습니다. 학생들은 청라에서 태릉까지, 춘천에서 신촌까지 글쓰기 노하우를 익히기 위해 지각 한번 없이 수업에 찾아왔습니다. 홍성욱 저자는 그렇게 150명의 젊은이가 신문과 방송사, 통신사에서 자리 잡고 일할 수 있도록 도와준 최고의 글쓰기 코치입니다. 이 책을 구성하는 글쓰기 5대 목표는 저자가 기자로 일하며 몸으로 익힌 그만의 비법을 정리한 내용입니다. 이 책에는 초고들이 어떻게 간결하고 명료한 글로 바뀔 수 있는지 다양한 실제 사례를 바탕으로 보여주는, 홍성욱 선생의 교육 현장이 그대로 담겨 있습니다. 글쓰기를 제대로 배운 적 없는 사람도 이 책을 읽다 보면 효과적으로 좋은 글을 쓸 수 있을 것입니다.

— 이재경(이화여대 저널리즘 교육원장)

언론사 입사를 준비하던 시절, 글쓰기 5대 목표를 늘 염두에 두고 글 연습을 했습니다. 연습을 거듭해야 달성할 수 있는 어려운 목표지만, 시험장에서 글을 쓸 때 큰 자산이 됐습니다. 기자로 일한 지 올해로 8년 차, 여전히 글쓰기 5대 목표를 잊지 않으려고 노력하고 있습니다.

— 노지원(〈한겨레〉 베를린 특파원)

언론인 지망생이 아니어도, 글을 잘 쓰면 할 수 있는 일들이 참 많습니다. 비록 원하던 PD가 되지 못했지만, 저는 선생님의 수업 덕에 런던정경대 석사과정을 최고 성적으로 졸업한 뒤 논문을 국제저널에 기재하고, 지금은 박사과정을 밟고 있습니다. 현재 일하고 있는 미국 회사에서도 영어로 정책 제안서를 쓰고 있습니다. 언론고시생 시절, 글쓰기 5대 목표를 필통에 붙이고 다니며 글 쓸 때마다 눈앞에 두고 제 글을 점검했습니다. 언론고시를 접은 직후에는 공부했던 시간이 허무하게 느껴졌지만, 지금은 감사한 마음입니다. 그때 배운 기본기로 외국에서 공부도

하고 일도 하고 있으니까요!

— 박정원(영국 아마존 글로벌콘텐츠 정책팀, 런던정경대학 박사과정)

'왜 떨어진 걸까?' 항상 궁금하고 답답했습니다. 내 글의 어떤 점이 부족해 논술시험의 문턱을 넘지 못하는지 알 수 없었습니다. 글쓰기 5대 목표 수업을 듣고 난 이후부터는 이전만큼 답답하지 않았습니다. 불합격 이유를 알려주는 사람은 여전히 없었지만, 시험장에서 썼던 답안이 글쓰기 5대 목표를 얼마나 잘 달성했는지를 하나하나 뜯어보면 다음에 내가 채워야 할 부족함이 무엇인지 눈에 들어왔습니다. 글쓰기 5대 목표는 내 생각을 적확하게 글로 풀어내도록 도와주는 좋은 길잡이 같습니다. 글쓰기 시험을 앞두고 고민이 많아지는 이들에게 큰 힘이 될 것입니다.

— 오주비(《조선일보》 기자)

기자가 되려고 준비하던 시기, 적당한 무게의 글을 쓰지 못해 고민하던 때가 있었습니다. 글 안에 때로는 너무 많은 것을 담았고, 때로는 지나치게 빈약한 알맹이를 담았습니다. 그랬던 제게 홍성욱 선생님이 알려주신 글쓰기 5대 목표는 글에 알맞은 중량감을 알려주는 무게추와도 같았습니다. 군더더기는 과감하게 버리고 사실만 더 충실하게 담다 보니, 글의 부피는 줄고 밀도는 높아졌습니다. 그렇게 달라진 글 덕분에 저는 기자라는 꿈에 안전하게 도착할 수 있었습니다. 매일 복잡한 이슈를 다루는 지금도 갈피를 잡지 못하는 순간마다 글쓰기 5대 목표를 떠올리곤 합니다. 오늘도 글 앞에서 무력감을 느꼈을 당신이, 이 책과 함께 돌파구를 찾아 나가길 소망합니다.

— 이유민(KBS 기자)

글을 잘 쓰고 싶은 당신에게

초판 1쇄 인쇄 2022년 12월 1일
초판 1쇄 발행 2023년 1월 2일

지은이   홍성욱
펴낸이   허대우

책임편집   김세나
기획편집   김서연, 이정은
디자인   김정연
영업·마케팅 김은석, 김정훈, 안보람, 양아람
경영지원   곽차영, 정지원

펴낸곳   ㈜좋은생각사람들
주소   서울시 마포구 월드컵북로22 영준빌딩 2층
이메일   jelee@positive.co.kr
출판등록   2004년 8월 4일 제2004-000184호

ISBN 979-11-87033-92-9 (03300)

좋은생각은 긍정, 희망, 사랑, 위로, 즐거움을 불어넣는 책을 만듭니다.
@positivebook_insta   www.positive.co.kr